Eckhard Jedicke

Die Amphibien Hessens

65 Farbfotos
21 Zeichnungen
24 Karten
10 Tabellen

W0195800

VERLAG
EUGEN
ULMER

Gefördert mit Mitteln
der Stiftung Hessischer Naturschutz

Die Deutsche Bibliothek – CIP-Einheitsaufnahme

Jedicke, Eckhard:
Die Amphibien Hessens : 10 Tabellen / Eckhard Jedicke. [Hrsg.
in Zusammenarbeit mit dem Hessischen Ministerium für
Landesentwicklung, Wohnen, Landwirtschaft, Forsten und
Naturschutz]. – Stuttgart : Ulmer, 1992
   ISBN 3-8001-3462-4

© 1992 Eugen Ulmer GmbH & Co.
Wollgrasweg 41, 7000 Stuttgart 70 (Hohenheim)
Printed in Germany
Einbandgestaltung: A. Krugmann, Freiberg am Neckar
Lektorat: Werner Baumeister
Herstellung: Jürgen Sprenzel
Satz: Typobauer Filmsatz GmbH,
Ostfildern-Scharnhausen
Druck: Karl Grammlich, Pliezhausen
Bindung: Dollinger, Metzingen
Gedruckt auf Phöno-matt der Papierfabrik Scheufelen, Oberlenningen,
hergestellt aus 100% chlorfrei gebleichtem Zellstoff

Willy Bauer in memoriam

Zum Geleit

Unsere heimischen Frösche, Kröten, Molche, Unken und Salamander werden von den Zoologen unter den Bezeichnungen Lurche oder Amphibien in das Tierreich eingeordnet. Die Amphibien vollzogen vor rund 360 Millionen Jahren die für die Geschichte aller Landwirbeltiere bedeutsame Verwandlung vom Wasserbewohner zum auf dem Land lebenden Tier. Aus Fischen entwickelten sich die Amphibien und aus diesen später wiederum die Reptilien, die »Ahnen« von Vögeln und Säugetieren.

Dieser Übergang von fischähnlichem Wasserleben zum Landleben findet bei Fröschen, Kröten und Molchen in der Regel in den ersten Lebensmonaten statt. Bei der Umwandlung von der Kaulquappe zum Frosch wird die Entwicklungsgeschichte, die sich eigentlich schon vor mehreren hundert Millionen Jahren abspielte, heute noch einmal im Zeitraffertempo wiederholt. Im Verlauf der Umwandlung bilden sich Kiemen und Schwanz zurück, stattdessen entwickeln sich Lungen und Beine: Ein Lebewesen, das zum Landleben befähigt ist, ist nun entstanden.

Dieser Exkurs in die Welt der Lurche erinnert an die unfaßbaren langen Zeiträume, in denen sich Pflanzen, Tiere und schließlich der Mensch entwickelten. Bei genauem Hinsehen erleben wir heute noch bei diesen, nur auf den ersten Blick unscheinbar wirkenden Lebewesen das »Wunder der Schöpfung«.

Aufgrund ihrer Entwicklungsgeschichte sind alle heimischen Amphibienarten auf mehrere Lebensräume – also Laichgewässer, Sommer- und Winterquartiere – angewiesen. Das Hessische Naturschutzgesetz und das Bundesnaturschutzgesetz sollen die weitere Vernichtung ihrer Lebensräume verhindern und gleichzeitig den Schutz der Tiere gewährleisten.

Zwischen 1979 und 1985 fand eine Amphibienkartierung statt, um auf der Basis umfassender ökologischer Kenntnisse und Daten Schutz-, Pflege- und Entwicklungsmaßnahmen einleiten zu können. Seitdem wurden mit großer finanzieller Unterstützung des Landes Hessen zahlreiche Feuchtgebiete als Schutzgebiete ausgewiesen, gepflegt und neu angelegt.

Straßen zerschneiden jedoch vielerorts die Jahreslebensräume von Amphibien. Während die Wanderwege bei Neubauprojekten erhalten werden müssen, besteht an vorhandenen Straßen keine gesetzliche Verpflichtung zum Bau von Amphibiendurchlässen. Unabhängig hiervon haben die für den Straßenbau und den Naturschutz zuständigen hessischen Ministerien schon 1987 im Rahmen eines gemeinsamen Erlasses den Bau von Amphibiendurchlässen für bestehende Landstraßen geregelt. Es wurden inzwischen rund 200 stationäre Amphibienschutzanlagen (Amphibiendurchlässe mit Schutzzäunen) und auch mobile Schutzzäune errichtet.

Mit dem hier vorgelegten Buch wird eine Wissenslücke im hessischen Amphibienschutz geschlossen. Erstmals wird die Verbreitung aller heimischen Lurcharten karthographisch dargestellt, darüber hinaus werden Kennzeichen, Ökologie, Lebensräume und Gefährdungsursachen beschrieben. Die Angaben beruhen auf rund 350000 Einzeldaten, die im Rahmen der genannten Amphibienkartierung im wesentlichen von ehrenamtlich tätigen Mitarbeiterinnen und Mitarbeitern erhoben wurden. Ihnen danke ich besonders, da die Kartierung und somit die Veröffentlichung dieses Buches ohne ihre Hilfe nicht möglich gewesen wäre.

Ganz besonders freut es mich, wenn Leserinnen und Leser diese Buches angeregt werden, Amphibien selber in der freien Natur zu beobachten und sich – als nächsten Schritt – aktiv im Amphibienschutz zu engagieren.

Jörg Jordan
Hessischer Minister für Landesentwicklung, Wohnen, Landwirtschaft, Forsten und Naturschutz

Der Name »Amphibien« – aus dem Griechischen entlehnt – weist schon auf die Besonderheit hin: Die »Doppel- oder Beidlebigen« sind, da sie einen Teil ihres Lebens im Wasser und den anderen Teil an Land verbringen, auf mehrere intakte Lebensräume angewiesen. Die Wanderung zwischen diesen Arealen wird häufig zur tödlichen Falle. Die Zerschneidung der Lebensräume durch Verkehrsbänder, aber auch die Zerstörung ihrer Biotope sind Hauptursachen des drastischen Rückgangs der Bestände bei mehreren Arten. Aus diesen Gründen mußten leider alle 18 heimischen Amphibienarten in die »Rote Liste der Lurche« aufgenommen werden.

Diese negative Entwicklung war Anlaß, in den Jahren 1979 bis 1985 eine landesweite Kartierung in Hessen über das Amphibienvorkommen durchzuführen, an der 385 (!) freiwillige Helfer mitgewirkt haben.

Leider ist seinerzeit eine vollständige Auswertung der Kartierung nicht erfolgt. Das hat nun Dr. Eckhard Jedicke, 1979 mit seiner Forschungsarbeit über Amphibien im Raume Arolsen Preisträger im Bundeswettbewerb »Jugend forscht« und 1982 mit dem Hessischen Jugendpreis für Ökologie ausgezeichnet, nachgeholt.

Die erhobenen Daten werden den in Hessen heimischen Lurcharten zugeordnet, kommentiert und durch Verbreitungskarten veranschaulicht. Vorangestellt findet der Leser u.a. Aussagen zur naturräumlichen Gliederung des Landes, zu Klima, Boden und Vegetation sowie eine Bestimmungshilfe für die verschiedenen Arten.

Sehr instruktiv sind die Abschnitte zur Gefährdungssituation und den Ursachen der Bedrohung sowie zum Amphibienschutz.

Denn das sind die Hauptanliegen, wie sie vom Autor in seinem Vorwort betont werden:
– Naturschützern, Planern und Naturnutzern möglichst genaue Aussagen über Gefährdung und Schutz der Amphibien in die Hand zu geben,
– breite Bevölkerungskreise zu motivieren, sich mit dieser Tierklasse zu befassen und um Schutz selbst bemüht zu sein,
– um ein größeres Verständnis für die Amphibien und ihre besonderen Lebens- und Schutzbedürfnisse zu werben.

Diese Intension entspricht genau den satzungsgemäßen Zielen der Stiftung Hessischer Naturschutz, die deshalb den Druck durch einen Zuschuß ermöglicht hat.

Herr Jedicke hat »Die Amphibien Hessens« Herrn Willy Bauer gewidmet. Willy Bauer, unvergessener Streiter für alle Belange des Naturschutzes, konnte den Abschluß des von ihm geförderten Werkes leider nicht mehr erleben. Wenn »Die Amphibien Hessens« das Interesse finden, welches sie verdienen, dann kann er einen weiteren Erfolg für sich buchen.

Prof. Hans-Peter Goerlich
Vorsitzender des Stiftungsrates
der Stiftung Hessischer Naturschutz

7

Vorwort

Die Amphibien Hessens – lange wurden die Lurche kaum beachtet, nur wenige biologisch Interessierte befaßten sich näher mit den vorkommenden Molchen, Salamandern, Kröten, Fröschen und Unken an ihrem Wohnort. Die Kenntnisse über Verbreitung, Häufigkeit, Ökologie und Gefährdung der einzelnen Arten blieben recht lückenhaft. Erst in der zweiten Hälfte der 70er Jahre wuchs das Interesse, und als ein Ergebnis entstand unter der Regie und Koordination der Hessischen Landesanstalt für Umwelt in Wiesbaden eine erste landesweite Amphibienkartierung. An ihr beteiligten sich von 1979 bis 1985 insgesamt 385 weitgehend ehrenamtliche Helfer, die die Feldarbeiten durchführten. Größere Lücken wurden 1985 durch eine Nachkartierung geschlossen.

Eine abschließende Bilanz der Kartierungsergebnisse wurde der Öffentlichkeit bisher nicht vorgelegt. Das Versäumnis soll dieses Buch aufholen, indem es den gegenwärtigen Kenntnisstand über die Amphibienfauna in Hessen darstellt – nicht als abschließende Bilanz, sondern quasi als ein Zwischenbericht. Denn vertiefende Untersuchungen der Amphibien bleiben notwendig. Damit verfolgt dieses Buch vier Hauptziele:

1. Bisherige Erkenntnisse über Verbreitung und Ökologie der einzelnen Arten aufzuzeigen und auf Forschungsdefizite hinzuweisen.
2. Dem Naturschutz, Planern und Eingriffs-Verursachern möglichst genaue Aussagen über Gefährdung und Schutz der Amphibien in die Hand zu geben.
3. Die Mitarbeiter der Kartierung und breite Bevölkerungskreise zu motivieren, sich auch weiterhin mit dieser Tiergruppe zu befassen.
4. Um ein größeres Verständnis für die Amphibien und ihre Schutzbedürfnisse zu werben und Interessierten das nötige Wissen über Erkennungsmerkmale und Lebensweise der Lurche zu vermitteln.

Dieser Überblick über die hessische Amphibienfauna wurde nur möglich durch den engagierten und ehrenamtlichen Einsatz der Kartierer, die namentlich am Ende des Buches genannt sind. Ihnen sei herzlich für ihr Engagement gedankt, das vielfach über die Erfassungsarbeit hinaus in praktische Schutzaktionen vor Ort mündete. Gerade dazu möchte auch diese Veröffentlichung anregen und anleiten: zum Amphibienschutz durch einen umfassenden Naturschutz, von dem auch andere Tierarten und Pflanzen profitieren.

Besonderer Dank gilt Hans-Jürgen Reiter, der in der Hessischen Landesanstalt für Umwelt in Wiesbaden die landesweite Amphibienkartierung initiierte, während mehrerer Jahre koordinierte und tatkräftig begleitete.

Beratend wirkten bei der Konzeption der Kartierung Dr. Bruno Viertel, Mainz, und Dr. Konrad Klemmer, Forschungsinstitut Senckenberg in Frankfurt/Main, mit. An der Datenauswertung beteiligten sich als Mitarbeiter der Hessischen Landesanstalt für Umwelt Dieter Herrchen und Hans Jungelen, als Mitarbeiter des Naturschutzzentrums Hessen Christoph Stern (alle Wiesbaden). Dem Hessischen Ministerium für Landesentwicklung, Wohnen, Landwirtschaft, Forsten und Naturschutz danke ich für die Bereitstellung der Unterlagen und das Einverständnis zu dieser Publikation.

Der Stiftung Hessischer Naturschutz gebührt Dank für ihren finanziellen Zuschuß zur Drucklegung dieses Buches. Somit ließ sich trotz der guten Ausstattung des Bandes durch den Verlag Eugen Ulmer ein akzeptabler Verkaufspreis realisieren. Für die wiederum sehr angenehme Zusammenarbeit sei Verleger Roland Ulmer und seinen Mitarbeitern gedankt.

Gewidmet sind »Die Amphibien Hessens« Herrn Willy Bauer, dem leider viel zu früh verstorbenen Nestor und Motor des hessischen Naturschutzes. Seinem unermüdlichen Wirken sind ungezählte, oft hart erfochtene Erfolge zu verdanken, auch im Amphibienschutz. In seiner Eigenschaft als Präsident der Stiftung Hessischer Naturschutz engagierte er sich auch für die Förderung dieses Buches, dessen Drucklegung er nicht mehr erleben konnte. In seinem Sinne der Appell: Lassen wir nicht locker im gemeinsamen Bemühen um mehr Naturschutz. Der Amphibienschutz ist durch umfassende Maßnahmen des Arten- und Biotopschutzes ein sehr wichtiger Teil dabei.

Arolsen, im Herbst 1992   Dr. Eckhard Jedicke

Inhaltsverzeichnis

1 Einführung und Datengrundlage

16 Amphibienarten kommen in Hessen vor, wobei der Grünfrosch-Komplex als eine Art gerechnet wird. Angesichts dieser überschaubaren Artenzahl verwundert es, daß bislang noch keine landesweite Übersicht über die Amphibienfauna existiert. Zudem ist die Bestimmung der Arten, wiederum abgesehen von den Grün- oder Wasserfröschen und dem Springfrosch, auch für den Laien vergleichsweise leicht zu erlernen. Ein Bestimmungsbuch und etwas Geländeerfahrung genügen bereits, um selbst Vorkommen der verschiedenen Arten aufzuspüren, die einzelnen Arten auseinanderhalten zu lernen oder im Falle der Froschlurche ihre Stimmen zu unterscheiden.

Gleichwohl den Lurchen in Teilen der Bevölkerung das Negativ-Image als »eklig und glitschigunangenehm« anhaftet, vermag bereits eine einzige Exkursion unter sachkundiger Führung solche Vorurteile aus der Welt schaffen: wenn an lauen Frühlingsabenden im Nieselregen die Erdkröten wandern, wenn ein klammer Molch über die eigene Hand läuft. Anfängliche Berührungsängste sind meist rasch verflogen. Hier liegt ein wesentliches Ziel dieses Buches: Es will Jugendliche und Erwachsene für die heimischen Amphibien begeistern und ihnen – ebenso wie Fachleuten in Politik, Planung, Behörden und Naturschutz – wichtiges Fachwissen zur Biologie, Ökologie und Verbreitung, zur Gefährdung und zum Schutz der Lurche vermitteln. Denn nur eine solide Kenntnis der Arten und ihrer Lebensweise ermöglicht einen konsequenten und richtigen Naturschutz.

Die Grundlage für diese Veröffentlichung liefert die landesweite Amphibienkartierung in Hessen, die in den Jahren 1979 bis 1985 unter der Federführung der Hessischen Landesanstalt für Umwelt in Wiesbaden weitgehend durch ehrenamtliche Kräfte erfolgte. Beteiligt waren insgesamt 385 Mitarbeiter, die einen großen Teil der Gewässer im Lande und deren Umgebung auf mögliche Amphibienvorkommen untersuchten. Dabei wurden 3893 Laichgewässer und Laichgewässerkomplexe erfaßt, in denen mindestens eine Amphibienart nachgewiesen werden konnte. Jedes Vorkommen wurde, mit einer laufenden Nummer versehen, lagegenau in die topographische Karte im Maßstab 1:25000 (Meß-tischblatt, MTB) eingetragen und in einem Karteiblatt beschrieben. Dabei wurden Angaben zu folgenden Punkten erfragt:

– im Kopf des Bogens Name des Bearbeiters, Aufnahmejahr, Meßtischblatt-Nummer, Laichgewässer-Nummer und Höhe über Normalnull sowie die Lage des Gewässers im Meßtischblatt anhand von MTB-Sechzehnteln;
– Art, Zustand, Nutzung, Umgebung und Gefährdung des Gewässers;
– beobachtete Arten mit geschätzter Anzahl und ihre Wanderrichtung zum Laichgewässer;
– Gefährdung der Tiere durch Straßenverkehr.

Die dem Bearbeiter dieser Publikation überlassenen Daten und die begrenzten finanziellen Mittel erlegten der Auswertung leider einige Einschränkungen auf, so daß die Aussagen zur Gewässer-Struktur sehr allgemein gehalten und quantitative Aussagen zur Bestandsgröße auf Grundlage der Kartierungsdaten nicht möglich sind. Dennoch erschien es ratsam, die verfügbaren Erkenntnisse – insbesondere zur Verbreitung – zum jetzigen Zeitpunkt zu veröffentlichen.

In der Auswertung der Kartierungsergebnisse wird die Verbreitung der einzelnen Arten anhand von Rasterkarten dargestellt. Als Bezugsraum dienen dabei Meßtischblatt-Viertel; eine Punktsignatur in einem Quadranten symbolisiert den Nachweis der betreffenden Art an mindestens einem Punkt innerhalb dieser Fläche, unabhängig von ihrer Häufigkeit. Ein Vorteil dieser Methode ist, daß Außenstehende aus diesen Karten nicht mühelos auf die exakte Lokalität des Vorkommens der Arten schließen und diese im Gelände aufsuchen können. So ist es zwar sehr wünschenswert, wenn sich viele Menschen um die Erfassung und den Schutz von Amphibienvorkommen kümmern – doch könnte im Falle kleiner, bedrohter Vorkommen gerade der seltenen Arten der Druck durch intensiven Besucherverkehr zum Verschwinden solcher Populationen führen. Schließlich soll die Unsitte, einen Laubfrosch als vermeintlichen Wetterfrosch in ein Glas zu sperren, allen gesetzlichen Verboten zum Trotz noch immer nicht der Vergangenheit angehören.

12

Die große Zahl beteiligter Mitarbeiter begründet einige Unsicherheiten. So unterscheidet sich die Erfassungsgenauigkeit auf den einzelnen Meßtischblättern zwangsläufig. Fehlbestimmungen sind nie ganz auszuschließen, ja sie erscheinen zumindest beim Springfrosch wahrscheinlich (siehe Artkapitel). Nicht immer lieferten die Kartierer die auf den Erhebungsbögen erwünschten Angaben zur Gestalt der Gewässer, ihrer Umgebung und Gefährdung. Somit müssen einige Aussagen zur Situation der Arten in Hessen leider etwas oberflächlich bleiben, wenngleich versucht wurde, aus eigener Geländebeobachtung stammende Erfahrungen und Angaben aus lokalen Untersuchungen in Hessen, die andernorts publiziert wurden, zusammenzufassen.

Dieses Buch kann und will lediglich einen Zwischenbericht über die Kenntnis und Wissenslücken in bezug auf die hessische Amphibienfauna geben, um vertiefende Untersuchungen und eine erneute landesweite Kartierung in den nächsten Jahren anzuregen. Denn es ist eine traurige Tatsache, daß nicht wenige noch Anfang der 80er Jahre erfaßten Populationen in der Zwischenzeit verschwunden sind – ihre Laichgewässer wurden zerstört, die wandernden Alttiere ein Opfer des Straßenverkehrs oder die Kaulquappen durch erhöhten Nutzfisch-Besatz in Teichen ausgerottet.

2 Zur Gliederung und Geoökologie des Landes Hessen

2.1 Lage und politische Gliederung

Das Bundesland Hessen liegt im Zentrum der Bundesrepublik Deutschland. Die äußeren Grenzpunkte des Landes befinden sich in folgender geographischer Lage:
- im Norden bei Bad Karlshafen (Landkreis Kassel) in 51°39′ nördlicher Breite und 9°30′ östlicher Länge;
- im Osten bei Wanfried (Werra-Meißner-Kreis) in 51°11′ nördlicher Breite und 10°14′ östlicher Länge;
- im Süden bei Neckarsteinach (Kreis Bergstraße) in 49°24′ nördlicher Breite und 8°51′ östlicher Länge;
- im Westen bei Lorch (Rheingau-Taunus-Kreis) bei 50°04′ nördlicher Breite und 7°46′ östlicher Länge.

Hessen grenzt mit einer gesamten Grenzlänge von 1411 km an die Länder Nordrhein-Westfalen und Niedersachsen im Norden, Thüringen im Osten, Bayern im Südosten, Baden-Württemberg im Süden, Rheinland-Pfalz im Südwesten und Nordrhein-Westfalen im Nordwesten. Die Landesfläche umfaßt 21 113,97 km² (Hessisches Statistisches Landesamt 1991).

Abb. 1 zeigt die politische Gliederung in drei Regierungsbezirke und die Kreise und kreisfreien Städte sowie die Einteilung und Nummerierung der Meßtischblätter. Tab. 1 faßt die Nummern und Namen der Meßtischblätter (Maßstab 1 : 25000) zusammen und kann so die Zuordnung der Kartierungsergebnisse in den Verbreitungskarten des Buches erleichtern.

2.2 Naturräume in Hessen

In der naturräumlichen Gliederung der Bundesrepublik Deutschland besitzt Hessen Anteile an vier übergeordneten Regionen (siehe KLAUSING 1988):
1 Süddeutsches Schichtstufen-Tafelland
2 Oberrheinische Tiefebene
3_{0-3} Grundgebirgs-Schollenland
3_{4-7} Hessisches Bruchschollen-Tafelland

Tab. 1. Verzeichnis der hessischen Meßtischblätter.

Nummer	Name
4322	Bad Karlshafen
4323	Uslar
4421	Borgholz
4422	Trendelburg
4423	Oedelsheim
4519	Marsberg
4520	Warburg
4521	Liebenau
4522	Hofgeismar
4523	Münden
4617	Brilon
4618	Adorf
4619	Mengeringhausen
4620	Arolsen
4621	Wolfhagen
4622	Kassel-West
4623	Kassel-Ost
4624	Hedemünden
4625	Witzenhausen
4717	Niedersfeld
4718	Goddelsheim
4719	Korbach
4720	Waldeck
4721	Naumburg
4722	Kassel-Niederzwehren
4723	Oberkaufungen
4724	Großalmerode
4725	Bad Sooden-Allendorf
4726	Grebendorf
4727	Küllstedt
4818	Medebach
4819	Fürstenberg
4820	Bad Wildungen
4821	Fritzlar
4822	Gudensberg
4823	Melsungen
4824	Hess.-Lichtenau
4825	Waldkappel
4826	Eschwege
4827	Treffurt
4917	Battenberg (Eder)
4918	Frankenberg (Eder)

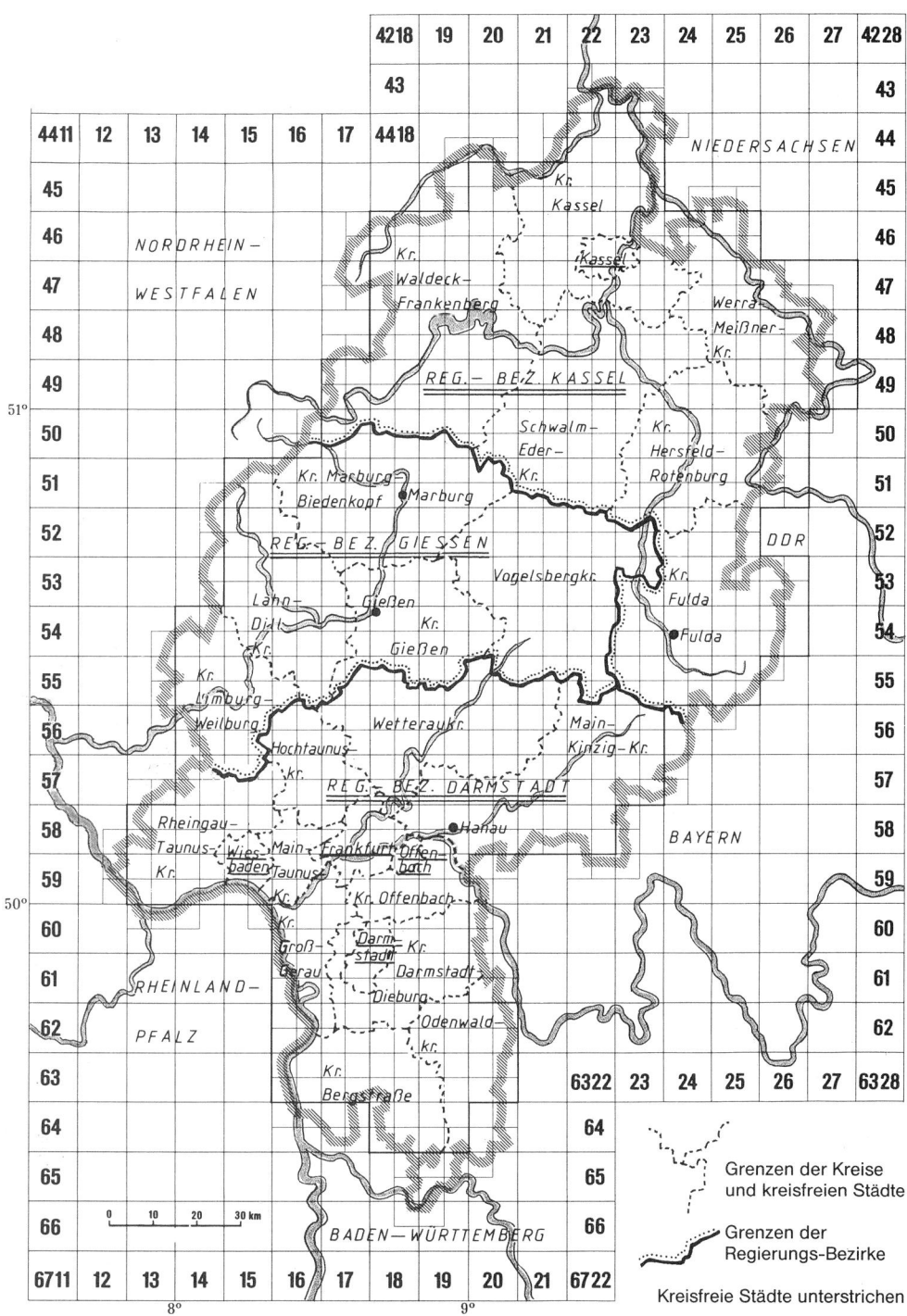

	4218	19	20	21	22	23	24	25	26	27	4228
	43										43

NIEDERSACHSEN

4411 12 13 14 15 16 17 4418

NORDRHEIN-

WESTFALEN

Kr.
Kassel

Kr.
Kassel

Kr.
Waldeck-
Frankenberg

Werra-
Meißner-
Kr.

REG. - BEZ. KASSEL

Schwalm-
Eder-
Kr.

Kr.
Hersfeld-
Rotenburg

Kr. Marburg-
Biedenkopf ●Marburg

REG. - BEZ. GIESSEN

DDR

Vogelsbergkr.

Kr.
Fulda

Lahn-
Dill-
Kr.

Gießen

Kr.
Gießen

●Fulda

Kr.
Limburg-
Weilburg

Wetteraukr.

Main-
Kinzig-Kr.

Hochtaunus-
kr.

REG. BEZ. DARMSTADT

Rheingau-
Taunus-
Kr.

Main-
Wies- Taunus-
baden kr.

Frankfurt Offen-
bach

●Hanau

BAYERN

Kr. Offenbach

Groß-
Gerau

Darm-
stadt

Kr.
Darmstadt

RHEINLAND-

Dieburg

PFALZ

Odenwald-
kr.

Kr.
Bergstraße

BADEN-WÜRTTEMBERG

Grenzen der Kreise
und kreisfreien Städte

Grenzen der
Regierungs-Bezirke

Kreisfreie Städte unterstrichen

51°

50°

6322 23 24 25 26 27 6328

6711 12 13 14 15 16 17 18 19 20 21 6722

8°   9°

0 10 20 30 km

Abb. 1: Politische Gliederung des Landes Hessen mit den
drei Regierungsbezirken Kassel, Gießen und Darmstadt
sowie den Kreisen und kreisfreien Städten (nach
BEHRENS et al. 1985).

15

Tab. 1. Verzeichnis der hessischen Meßtischblätter (Fortsetzung)

Nummer	Name	Nummer	Name	Nummer	Name
4919	Frankenau	5323	Schlitz	5813	Nastätten
4920	Armsfeld	5324	Hünfeld	5814	Bad Schwalbach
4921	Borken (Hessen)	5325	Spahl	5815	Wehen
4922	Homberg (Efze)	5326	Tann	5816	Königstein i.Ts.
4923	Altmorschen			5817	Frankfurt a.M.-West
4924	Seifertshausen	5414	Mengerskirchen	5818	Frankfurt a.M.-Ost
4925	Sontra	5415	Merenberg	5819	Hanau
4926	Herleshausen	5416	Braunfels	5820	Langenselbold
4927	Creuzburg	5417	Wetzlar	5821	Bieber
		5418	Gießen	5822	Wiesen
5016	Laasphe	5419	Laubach		
5017	Biedenkopf	5420	Schotten	5913	Presberg
5018	Wetter (Hessen)	5421	Ulrichstein	5914	Eltville a. Rhein
5019	Gemünden (a.d. Wohra)	5422	Herbstein	5915	Wiesbaden
5020	Gilserberg	5423	Großenlüder	5916	Hochheim a. Main
5021	Ziegenhain	5424	Fulda	5917	Kelsterbach
5022	Schwarzenborn	5425	Kleinsassen	5918	Neu-Isenburg
5023	Ludwigseck	5426	Hilders	5919	Seligenstadt
5024	Rotenburg a.d. Fulda			5920	Alzenau in Unterfranken
5025	Hönebach	5514	Hadamar		
5026	Berka a.d. Werra	5515	Weilburg	6013	Bingen
		5516	Weilmünster	6016	Groß-Gerau
5115	Ewersbach	5517	Cleeberg	6017	Mörfelden
5116	Eibelshausen	5518	Butzbach	6018	Langen
5117	Buchenau	5519	Hungen	6019	Babenhausen
5118	Marburg a.d. Lahn	5520	Nidda		
5119	Kirchhain	5521	Gedern	6116	Oppenheim
5120	Neustadt (Hessen)	5522	Freiensteinau	6117	Darmstadt-West
5121	Schrecksbach	5523	Neuhof	6118	Darmstadt-Ost
5122	Neukirchen	5524	Weyhers	6119	Groß-Umstadt
5123	Niederaula	5525	Gersfeld	6120	Obernburg a. Main
5124	Bad Hersfeld				
5125	Friedewald	5614	Limburg a.d. Lahn	6216	Gernsheim
5126	Vacha	5615	Villmar	6217	Zwingenberg
		5616	Grävenwiesbach	6218	Neunkirchen
5215	Dillenburg	5617	Usingen	6219	Brensbach
5216	Oberscheld	5618	Friedberg	6220	Wörth a. Main
5217	Gladenbach	5619	Staden		
5218	Niederwalgern	5620	Ortenberg	6316	Worms
5219	Amöneburg	5621	Wenings	6317	Bensheim
5220	Kirtorf	5622	Steinau	6318	Lindenfels
5221	Alsfeld	5623	Schlüchtern	6319	Erbach
5222	Grebenau	5624	Bad Brückenau	6320	Michelstadt
5223	Queck				
5224	Eiterfeld	5714	Kettenbach	6417	Mannheim Nordost
5225	Geisa	5715	Idstein	6418	Weinheim
		5716	Oberreifenberg	6419	Beerfelden
5314	Rennerod	5717	Bad Homburg v.d. Höhe	6420	Mudau-Schlossau
5315	Herborn	5718	Ilbenstadt		
5316	Ballersbach	5719	Altenstadt	6519	Eberbach
5317	Rodheim-Bieber	5720	Büdingen		
5318	Allendorf a.d. Lumda	5721	Gelnhausen		
5319	Londorf	5722	Salmünster		
5320	Burg-Gemünden	5723	Altengronau		
5321	Storndorf				
5322	Lauterbach				

Die Regionen 1 bis 3 sind Bestandteil der **Groß-region** der Mittelgebirge. Als Einheiten zweiter Ordnung lassen sich die **Regionen** – beschränkt auf die politischen Grenzen des Landes Hessen – in 13 verschiedene **Haupteinheitengruppen** gliedern, die in der Systematik der naturräumlichen Gliederung mit zweistelligen Kennziffern bezeichnet werden (siehe Abb. 2). Sie werden nachfolgend in enger Anlehnung an Klausing (1988) mit ihren hessischen **Haupteinheiten** (dreistellige Nummern) beschrieben; diese feinere Untergliederung ist in Abb. 3 dargestellt.

Hessisch-Fränkisches Bergland (14)

Mit Odenwald, Spessart und Südrhön besitzt Hessen relativ geringe Flächenanteile am Nordwestrand des Süddeutschen Schichtstufen-Tafellandes. In den Kerngebieten sind die drei von Südwesten nach Nordosten streichenden Bergländer aus zum Teil stark zertalten, nach Südosten einfallenden Tafeln des Buntsandstein aufgebaut. Nach Nordwesten sind sie gegen die Oberrheinische Tiefebene und das Rhein-Main-Tiefland teilweise mit einer schroffen Stufe des an der Basis freigelegten kristallinen Sockels abgesetzt. Tektonische Bruchlinien und aufgelagerte Vulkangesteine grenzen die Haupteinheitengruppe nach Norden zum Vogelsberg und zur Hohen Rhön ab.

Das sehr (laub-)waldreiche Hessisch-Fränkische Bergland erreicht in Odenwald, Spessart und Südrhön Höhen von über 500 m über NN; zu den Nekkar- und Tauber-Gäuplatten und den Mainfränkischen Platten fällt es auf unter 300 m über NN ab.

Gegliedert ist das Bergland in folgende naturräumliche Einheiten vierter Ordnung:

Südrhön (140): stark bewaldeter Südteil der Rhön;
Sandstein-Spessart (141): waldreich, flachrückig, im Schlüchterner Becken nährstoffreiche, tiefgründige Böden mit vorherrschender Ackernutzung;
Vorderer Spessart (142): kristallines Rumpfgebirge mit stellenweise über 300 m hohem Bruchrand an der Mainebene; von bewaldeten Höhenrücken umschlossenes, schüsselförmiges Kuppenland mit dem weiten Tal der Aschaff im Kern;
Büdinger Wald (143): nach Norden über die Kinzig vorspringender Spessart-Ausläufer in Richtung zur Vogelsberg-Südabdachung, durch Schichtstufe des Unteren Buntsandstein von etwa 100 m relativer Höhe herausgehoben; im wesentlichen Sandstein-Hochfläche in 350 bis 410 m über NN Höhe mit fast geschlossener Walddecke, schmalen Wiesentälern und geringer, in der Regel meist randlicher Besiedlung;

Sandstein-Odenwald (144): stark zertaltes, waldreiches Buntsandstein-Tafelland mit Höhenlagen zwischen 150 und 550 m über NN, grenzt an Bergstraße, Kraichgau, Bauland, Maintal und Spessart, Untermainebene und Vorderer Odenwald; mit Kiefernforsten, Rodungsinseln im Wald und rückläufiger landwirtschaftlicher Nutzung auf Grenzertragsstandorten; stark zertalt;
Vorderer Odenwald (145): gegenüber der Rheinebene um bis zu 400 m tektonisch herausgehoben, freigelegter Grundgebirgsstock zwischen 200 und 600 m über NN, waldreiches Buchenwald-Gebiet, auf Lößhängen in Südlage thermophile Buchen- und Eichenwälder; fein verzeigtes Gewässernetz mit großer Mannigfaltigkeit des Reliefs, relativ dicht vom Menschen besiedelt.

Nördliches Oberrhein-Tiefland (22)

Eine scharfe Begrenzung durch Randgebirge prägen das innerhalb des Oberrheintal-Grabens gelegene Nördliche Oberrhein-Tiefland. Es gliedert sich typisch in Stromniederung, Terrassenebene und Randhügel. Im nördlichen Teil sind durchschnittlich um und unter 600 mm Jahresniederschlag zu erwarten, bei Höhenlagen von 100 m über NN und darunter beträgt die Jahresmitteltemperatur etwa 9,5 °C. Gravierende Eingriffe in den Naturhaushalt sind mit der vor etwa 150 Jahren begonnenen Rheinkorrektur verbunden: Aus der Verkürzung des Laufes resultieren Sohleinschneidungen und Absenkungen des Grundwasserspiegels, verstärkt durch massive Entwässerungen und Wasserentnahmen. Die Folgen zeigen sich anhaltend besonders im früher grundfeuchten Hessischen Ried.

Im hessischen Bereich sind drei Haupteinheiten zu unterscheiden:

Nördliche Oberrhein-Niederung (222): stromnahe Eintiefung des Rheins im Bereich seiner früheren Aue, zur Hessischen Rheinebene durch Geländestufe abgesetzt; gegliedert durch Altarme, verlandete Flußschlingen, Flugsandgebiete und Düneninseln; Auenwälder nur noch in Fragmenten erhalten; fast siedlungsfrei;
Hessische Rheinebene (225): Hauptteil der rechtsrheinischen, sandigen Niederterrasse zwischen Main und Neckar mit Flugsand- und Dünengebieten, Neckarschwemmlehm und der feuchten Rinne des Neckarrieds; genutzt durch Kiefernforsten und Spargelanbau, vor allem aber Ackerbau;
Bergstraße (226): untere warme Hangzone des Odenwald-Westrandes zwischen etwa 120 und 220 m über NN mit mächtigen Lößauflagen, heute waldfrei, für Wein- und Obstbau genutzt.

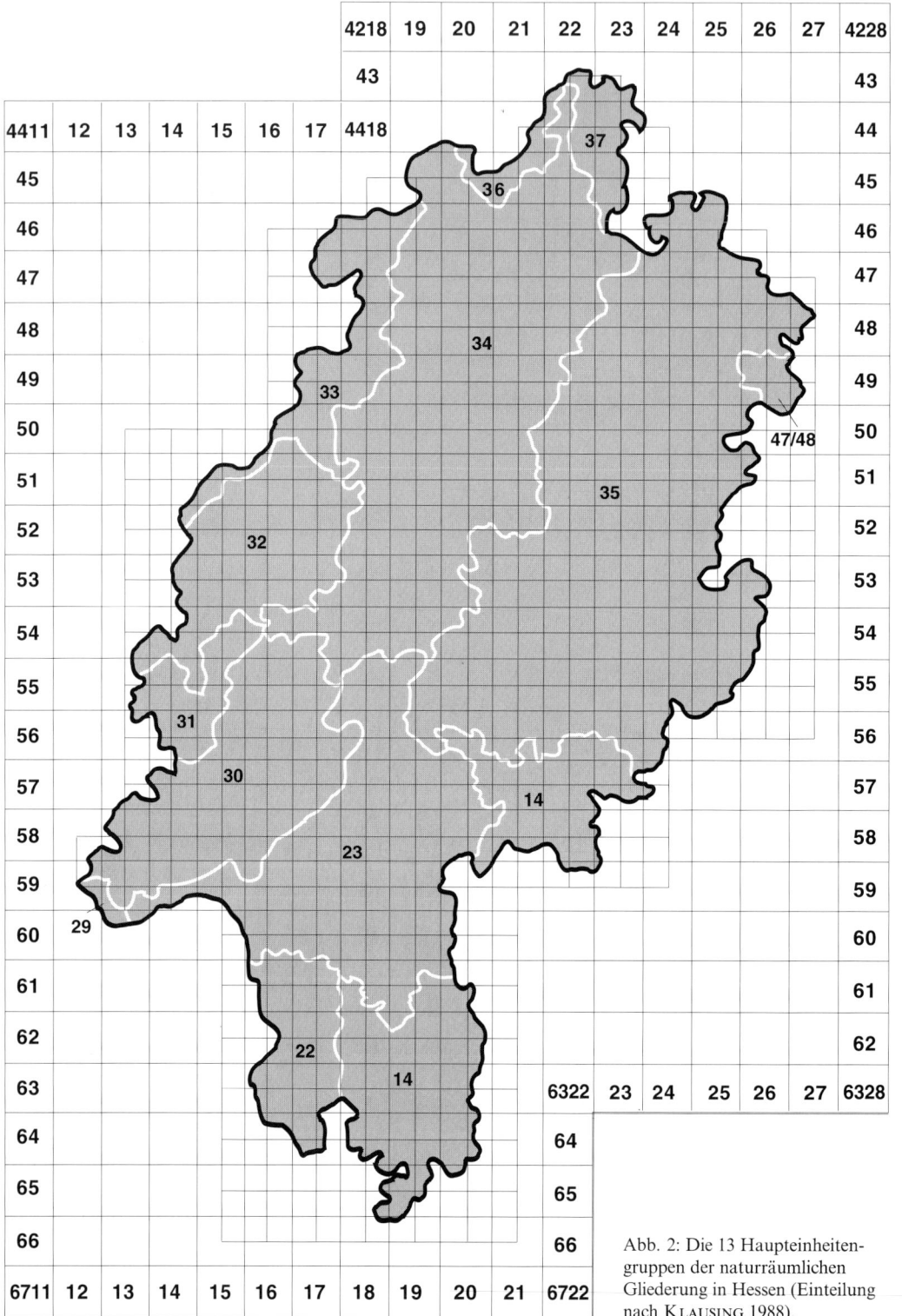

Abb. 2: Die 13 Haupteinheiten-gruppen der naturräumlichen Gliederung in Hessen (Einteilung nach KLAUSING 1988).

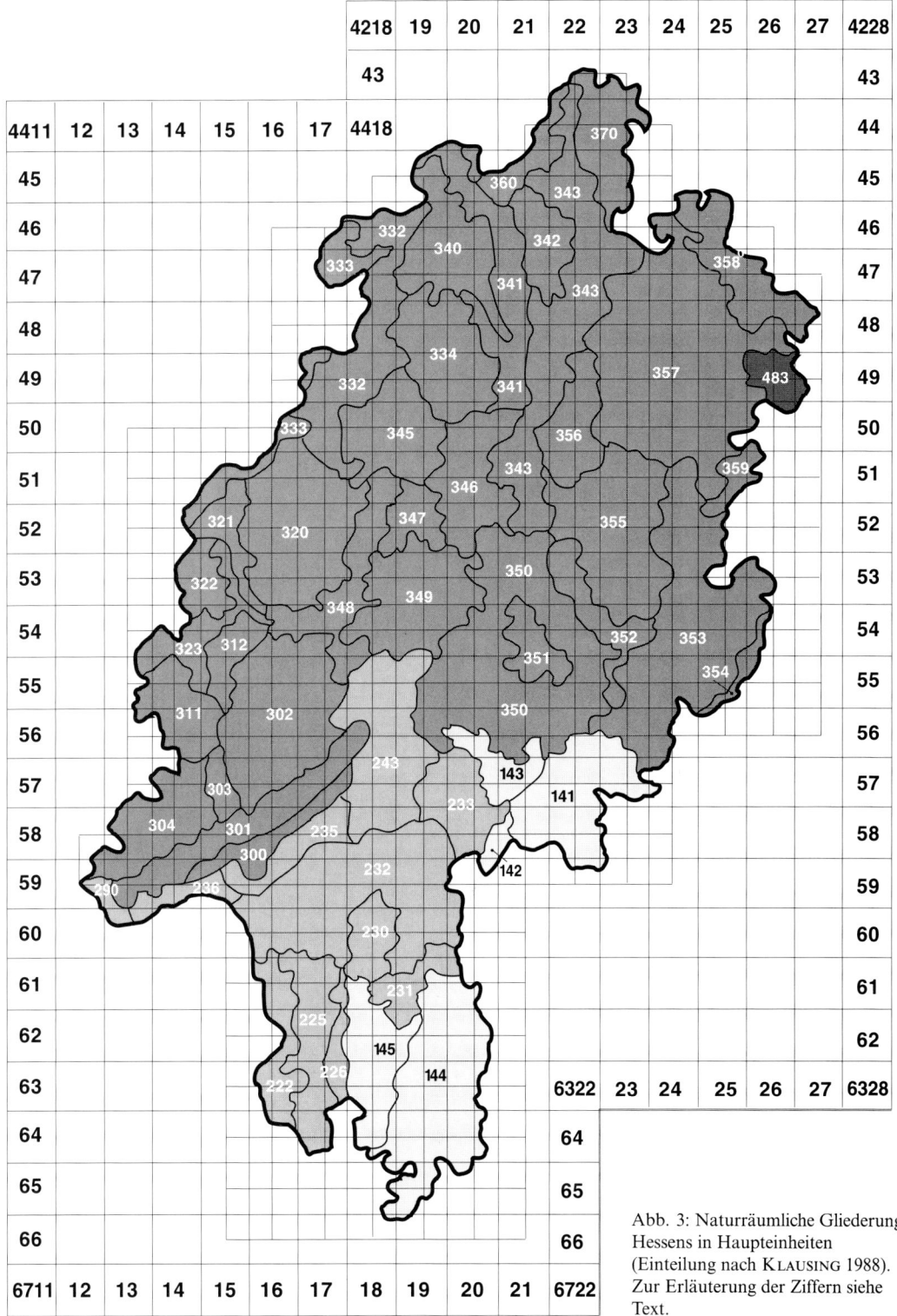

Abb. 3: Naturräumliche Gliederung Hessens in Haupteinheiten (Einteilung nach KLAUSING 1988). Zur Erläuterung der Ziffern siehe Text.

19

Rhein-Main-Tiefland (23)

Der Oberrheintal-Graben spaltet sich an seinem nördlichen Ende fächerartig auf und führt nach Norden und Nordosten geologisch in die Hessische Senke. Das daraus entstandene Rhein-Main-Tiefland besteht im Kern aus der Untermainebene (232) und der Ingelheimer Rheinebene (237), die randlich von Hügelländern umgeben sind. Folgende Haupteinheiten sind von Belang:

Messeler Hügelland (230): flachrückiges Hügelland im Höhenbereich zwischen 130 und 230 m über NN im Rotliegenden, heute überwiegend bewaldet mit stark degradierten Böden und aus Hude- und Mittelwäldern entstandenen Laubwäldern, vorgeschichtlich dicht besiedelt und zeitweilig stark entwaldet;

Reinheimer Hügelland (231): überwiegend waldfreies Lößhügelland am Odenwald-Nordrand zwischen 140 und 280 m über NN, fast ausschließlich ackerbaulich genutzt;

Untermainebene (232): vorwiegend sandige Ebene in 88 bis etwa 150 m über NN, meist sandige, nährstoffarme Böden mit Wald, Acker- und Obstbau, in jüngster Zeit zunehmend Sozialbrache; flächenhaft überbaut;

Büdingen-Meerholzer Hügelland (233): zwischen Nidder und Kinzig im Nordostteil des Rhein-Main-Tieflandes gelegenes, dem Büdinger Wald vorgelagerte Randhügelland aus Schichten des Rotliegenden; Böden aus Löß und Rotliegend-Letten mit intensiver Landwirtschaft, nur auf Basalt und Sandstein Laubwälder;

Wetterau (234): fruchtbarste Lößlandschaft innerhalb des Rhein-Main-Tieflandes, ertragreichste Ackerlandschaft Hessens, Höhenlagen im wesentlichen unter 250 m über NN, nahezu waldfrei; von der Nidda und ihren Nebenflüssen in Rücken und Senken gegliedert, in Niederungen der Horloff und anderer Flüsse Braunkohle-Lagerstätten;

Main-Taunusvorland (235): Randhügelland vor dem Taunus mit Lößböden und tertiären Schichten, klimatisch durch besonders frühen Beginn der Sommerperiode gekennzeichnet; ehemals thermophile Buchenwälder wichen weitgehend ertragreichem Acker- und Obstbau, starker Landschaftsverbrauch durch Siedlungen;

Rheingau (236): Südost-Abdachung des Taunus zwischen Biebrich und Binger Loch bis etwa 300 m über NN Höhe; lößbedeckt, in verschiedene Flußterrassen gegliedert, diese durch zahlreiche Täler vom Taunus her zergliedert; klimatischer Gunstraum mit Acker- und besonders Weinbau, geringe Niederschläge und hohe Verdunstung;

Ingelheimer Rheinebene (237): überwiegend zu Rheinland-Pfalz gehörig, rechtsrheinisch nur schmaler Saum mit Müllauffüllungen, die zum Teil für Weinbau kultiviert wurden.

Mittelrheingebiet (29)

Von dem Durchbruchstal des Rheins durch das Rheinische Schiefergebirge besitzt Hessen nur an einer Haupteinheit flächenmäßig Anteil:

Oberes Mittelrheintal (290): schmalstes und am tiefsten eingeschnittenes Teilstück des Rheindurchbruchs des Binger Lochs und Bacharacher Rheintals mit 25 bis 30° steilen und zum Teil über 400 m hohen Talwänden, an den oberen Hangkanten im Binger Loch weniger als 2 km breit; Taunusquarzit, ursprünglich bodensaure Eichen- und Eichen-Hainbuchenwälder sowie thermophiler Eichen-Elsbeerenwald, Weinbau.

Taunus (30)

Südlich der Lahn bildet der südöstliche Teil des Rheinischen Schiefergebirges den Taunus, den der Steilabfall zur Oberrheinischen Tiefebene begrenzt. Die Firstlinie der deutlich asymmetrischen Abdachung bildet harter Taunusquarzit. Der Taunus gliedert sich in fünf Haupteinheiten:

Vortaunus (300): südöstlicher Vorsprung des Grundgebirgs-Schollenlandes gegen das Oberrhein-Tiefland, Höhenzug zwischen 300 und 500 m über NN, überwiegend bewaldet, vor allem Buche und Eiche auf meist nährstoffarmen Silikatverwitterungsböden;

Hoher Taunus (301): 75 km langer, durchschnittlich nur 4 km breiter Quarzitkamm in südwestlich-nordöstlicher Richtung, im wesentlichen über 500 m über NN, Feldberg (880 m über NN) als höchste Erhebung; außer des Nauheimer Taunussporns fast vollständig bewaldet mit bodensauren Buchenwäldern, Niederschlagssumme 800 bis 1000 mm im Jahr, als Trinkwasserspeicher bedeutsam;

Östlicher Hintertaunus (302): vom Kamm des Hohen Taunus zum Weilburger Lahntal hin abgedachte Hochfläche, springt an seiner nördlichsten Stelle in das Marburg-Gießener Lahntal vor; zu einer Rumpffläche eingeebnete, stark gefaltete devonische Tonschiefer (überwiegend), im Usinger Becken Landwirtschaft auf Lößauflagen, sonst meist Wald mit rückläufiger Landwirtschaft; Hainsimsen-Buchenwald-Gebiet, durch mittelalterliche Waldwirtschaft bis in die heutige Zeit hoher Eichenanteil, seit dem 17. Jahrhundert viele Fichten-Aufforstungen;

Naturschutzgebiet an der Vorsperre des Twistestausees bei Arolsen – ein typischer Landschaftsausschnitt aus der Waldecker Tafel im Westhessischen Berg- und Senkenland. Massiver Straßentod ist auf angrenzenden Straßen ein Problem.

Idsteiner Senke (303): Grabensenke als Fortsetzung des Limburger Beckens zwischen Westlichem und Östlichem Hintertaunus, 3 bis 4 km breit und lößbedeckt;

Westlicher Hintertaunus (304): als Rumpfhochfläche mit meist flachgründigen Böden im hessischen Teil weitgehend dem Östlichen Hintertaunus gleichend.

Gießen-Koblenzer Lahntal (31)

Großräumig erstreckt sich die Trogfläche des Rheinischen Schiefergebirges zwischen Hunsrück und Taunus im Süden sowie Eifel und Westerwald im Norden als mit der Gebirgsbildung entstandene Senke; rechtsrheinisch bildete sich hier das Gießen-Koblenzer Lahntal aus. Auf hessischem Gebiet betrifft das zwei Haupteinheiten:

Limburger Becken (311): tektonisch in die Trogfläche eingesenktes Becken mit Lößüberdeckung; flaches, fast waldfreies Hügelland mit ackerbaulicher Nutzung, überwiegend 150 bis 200 m über NN gelegen, die Lahn teilweise tief eingeschnitten, zum

Teil staunasse Böden, aber entwässert; Niederschlags-Armut;

Weilburger Lahntal (312): mit steilen Hängen 40 bis 80 m tief in die Rumpfflächen von Oberwesterwald und Östlichem Hintertaunus eingeschnitten, Talaue mit Grünland-Nutzung, Hänge bewaldet.

Westerwald (32)

Nur knapp zur Hälfte auf hessischem Gebiet liegt der sich zwischen Lahn und Sieg erstreckende Westerwald; die Haupteinheiten 320 und 321 liegen ganz auf hessischem Gebiet, nur zum Teil die jeweils östlichen Teile des Hohen und des Oberwesterwaldes. Somit sind vier Haupteinheiten von Belang:

Gladenbacher Bergland (320): waldreiches Mittelgebirge am Ostrand des Rheinischen Schiefergebirges zur Hessischen Senke; bis zu 600 m über NN hoch, schildförmig zu Randtälern und Senken abfallend; Jahresniederschlag im Regenschatten des Hochsauerlands von 950 mm (Schelder Wald) bis 650 mm (Ost- und Südrand) abnehmend; geologisch vielfältig, lokal Ackerstandorte auf Löß, sonst recht naturnah zusammengesetzte Buchenwälder (Perlgras- und Hainsimsen-Buchenwald), geringer Nadelholz-Anteil; auf Grenzertragsböden zurückgehende landwirtschaftliche Nutzung;

Dilltal (321): schmal eingeschnittenes Tal, die

Struth zwischen oberer Dill und Dietzhölze einge-
schlossen; weitgehend waldfrei, nur die Struth – ein
rund 500 m hoch gelegener Bergrücken – ist fast
vollständig bewaldet;

Hoher Westerwald (322): zu Hessen gehört die 500
bis 600 m über NN gelegene Westerwälder Basalt-
hochfläche, heute nahezu waldfreie Weideland-
schaft mit eingesprengten Basaltblöcken und nied-
rigem Baum- und Buschbewuchs, windreiches
Klima als Folge der Entwaldung für frühere Erz-
verhüttung, 6 °C Jahresmitteltemperatur und
1 000 mm Niederschlag im Jahr;

Oberwesterwald (323): fließend in das Limburger
Becken übergehender Rumpfflächensockel, den gegenüber liegenden Teilen des Gladenbacher Berglandes ähnelnd.

Bergisch-Sauerländisches Gebirge (Süderbergland) (33)

Das Süderbergland bilden geologisch den Nordost-
flügel des Rheinischen Schiefergebirges mit Bergi-
schem Land und Sauerland. Hessen besitzt daran
nur geringen Flächenanteil, und zwar in zwei
Haupteinheiten:

Ostsauerländer Gebirgsrand (332): in viele Sporne
und Buchten aufgelöster Ostabfall des Bergisch-
Sauerländischen Schiefergebirges zwischen Eder
und Diemel von etwa 600 m über NN zu Burgwald,
Kellerwald und Waldecker Tafel; Schiefergesteine
mit geringer Wasserspeicher-Fähigkeit, daher extreme Niedrig- und durch hohe Niederschläge im
Gebirge auch Hochwasserführung der Fließgewässer; Hainsimsen-Buchenwald-Gebiet, zunehmend
mit Fichtenforsten;

Hochsauerland (Rothaargebirge) (333): in Hessen
nur Randbereiche wie vor allem Kalteiche, Sackpfeife und Upland von Bedeutung; Kalteiche und
Haincher Höhe als geschlossenes Waldgebiet der
submontanen Buchenstufe mit heute hohem Fich-
ten-Anteil, Wasserscheide zwischen Dill und Sieg;
Sackpfeife (400 bis 674 m über NN) aus harten
Kellerwaldquarziten als bewaldeter Ausläufer des
Hochsauerlandes zwischen Lahn und Eder; Waldecker Upland mit weicherem Relief, oberdevoni-
schen Mergeln und Tonschiefern sowie Kalksand-
stein, 500 bis 700 m über NN gelegen, teilweise ge-
rodete Walddecke und Hochheiden.

Westhessisches Berg- und Senkenland (34)

In der Hessischen Senke setzt sich die Tektonik des
Oberrheintal-Grabens nach Norden entlang des
Ostrandes des Rheinischen Schiefergebirges fort.

Die Haupteinheitengruppe läßt sich grob dreiglie-
dern in eine nördliche Senke mit den Haupteinheiten 340 bis 343, eine mittlere Schwelle (344 und
346) sowie eine südliche Senke (345, 347 bis 349).
Besonders das Vorherrschen ausgesprochener Ak-
kerlandschaften infolge der eingesenkten Lage und
stark lößbetonter Böden unterscheidet das Westhessische Berg- und Senkenland von dem östlich
stärker herausgehobenen Osthessischen Bergland.

Zehn Haupteinheiten sind zu unterscheiden:
Waldecker Tafel (340): Zechstein- und Buntsandstein-Tafelland zwischen Eder und Diemel, mittlere
Höhe um 400 m über NN im Regenschatten des
Hochsauerlandes, unterteilt in die weitgehend
waldfreie Waldecker Gefilde und die fast geschlossen bewaldete Buntsandstein-Hochfläche des Waldecker Waldes; Hainsimsen-Buchenwaldgebiet,
aber zunehmend durch Fichte und Kiefer ersetzt;

Ostwaldecker Randsenken (341): überwiegend me-
sozoischer Senkenzug zwischen Waldecker Tafel/
Kellerwald und Westhessischer Senke mit tektoni-
schen Gräben und Staffelbrüchen, zwischen 200
und gut 300 m über NN mit einzelnen Bergkuppen
bis 500 m über NN; floristisch artenreiches Gebiet
auf Buntsandstein, Basalt und Muschelkalk mit
wärme- und trockenheitsliebenden Arten, Jahresniederschlag unter 600 mm; weitgehend waldfrei
und ackerbaulich genutzt;

Habichtswälder Bergland (342): vulkanisch entstandene Gruppe isolierter, plumper Berge mit Höhen
bis über 600 m über NN mit dazwischen liegenden
flachen Plateaus und breiten, waldfreien Tälern; im
Bereich der Kegel, Rücken und Hochplateaus recht
geschlossen bewaldet, die Senken sind meist ackerbaulich genutzt; auf Basalten Perlgras-Buchenwald;

Westhessische Senke (343): Zone stärkster Absenkung im nördlichen Teil der großen Hessischen
Senke am Rande des Osthessischen Berglandes;
langgestreckt, im wesentlichen von Norden nach
Süden verlaufend, nach Norden zur Weser entwässernd; Kette von Niederungen, Becken und flachen
Schwellen mit überwiegender Lößbedeckung, nahezu waldfrei, fruchtbares Ackerbaugebiet mit
guten Weizen- und Zuckerrüben-Erträgen, Braunkohle-Lagerstätten bei Borken; ehemals überwiegend Perlgras-Buchenwald mit ausgedehnten Fluß-
auenwäldern;

Kellerwald (344): geologisch Ausläufer des Rheinischen Schiefergebirges, vorwiegend aus paläozoi-
schen Gesteinen (Kellerwaldquarzit) aufgebaut,
durch die Eder und Itter abgetrennt; um fast 400 m
gegenüber dem Umland der Hessischen Senke erhoben, stark reliefiert und fast vollständig bewaldet; auf flach- bis mittelgründigen, nährstoffarmen

Böden bodensaure Hainsimsen-Buchenwälder; durch den Edersee im Norden stark verändert;

Burgwald (345): hufeisenförmig überwiegend zur Lahn hin entwässerndes Buntsandsteinplateau; Hochflächen mit knapp 400 m über NN Höhe auf nährstoffarmen Böden fast geschlossen bewaldet (eines der größten geschlossenen Waldgebiete Hessens), neben naturnahen Eichen- und Buchenwäldern zunehmend Kiefer und Fichte; intensiver Akkerbau nur in der Wetschaft-Senke am West- und im Wohratal am Ostrand; Burgwald floristisch reichhaltig, mannigfaltige Standorte von extrem podsolierten Buntsandsteinböden mit Heideresten bis dystroph-anmoorigen Böden über wasserstauenden Schichten;

Oberhessische Schwelle (346): trennt mit dem Kellerwald das Westhessische Berg- und Senkenland in einen nordöstlichen Teil (zur Weser hin entwässernd) und einen südwestlichen Teil (über die Lahn zum Rhein entwässernd); flacher als der Kellerwald ausgeformter Buntsandsteinhorst, etwa 100 m höher als das Amöneburger und Schwalmstädter Becken; teils lößbedeckt und dann genutzt für ertragreichen Ackerbau, teils nährstoffärmere Buntsandsteinböden mit Waldbedeckung, durch Forstwirtschaft viele Kiefern;

Amöneburger Becken (347): völlig waldfreie Senke um 200 m über NN, über die der Basaltkegel der Amöneburg um 160 m hinausragt; Grünlandaue der Ohm, daran südlich anschließend der Ebsdorfer Grund als flaches Lößhügelland mit rein ackerbaulicher Nutzung;

Marburg-Gießener Lahntal (348): Gießener Becken im Süden als Kernstück und am weitesten abgesenkter Teil des Westhessischen Berg- und Senkenlandes; auf dessen Senkungsfeld steigt nach Norden die Buntsandsteintafel des Marburger Berglandes zum Burgwald auf; Marburger Rücken und Lahnberge mit basenarmen Buntsandsteinböden überwiegend bewaldet (statt Hainsimsen-Buchenwald heute viel Kiefernforsten), im Lahntal und im südlich anschließenden Großenlindener Hügelland (praktisch waldfrei) Ackerbau, im Gießener Lahntal zurückgehende Landwirtschaft zugunsten vordringender Bebauung (Siedlungen und Industrie) sowie Kiesabbau;

Vorderer Vogelsberg (349): flächenhaft ausgebreitete vulkanische Gesteine (Basalttuffe, Feldspatbasalt und Trapp) des östlich gelegenen Vogelsberges bis ins Lahntal über dem südlichen Senkungsgebiet des Westhessischen Berg- und Senkenlandes; überwiegend fruchtbare Löß- und Basaltböden mit intensiver Landwirtschaft bei flachem Anstieg, nur über Trapp flachgründig-trockene Böden meist mit

Kiefernwald; inselartig überragt von einzelnen Basaltkuppen mit artenreichen Buchenwäldern (zunehmend mit Fichten-Beimischung).

Osthessisches Bergland (35)

Gegenüber dem Westhessischen Berg- und Senkenland ist das Osthessische Bergland als relativ geschlossene Bruchscholle herausgehoben. Es bildet das östliche Glied des Hessischen Bruchschollen-Tafellandes. Buntsandstein ist fast durchgängig vertreten, Teile wurden vulkanisch durch Basalt überlagert, und in Gräben und Horsten sind Muschelkalk und Zechstein erhalten. Tertiärer Vulkanismus ließ großflächig den Vogelsberg und in fast gleichem Abstand nördlich und östlich Knüll und Rhön entstehen. Mit fluviatilen Einschneidungen gliederten vor allem Fulda und Werra die nördlich anschließenden Einheiten.

Auch hier sind zehn naturräumliche Haupteinheiten zu differenzieren:

Unterer Vogelsberg (350): den Hohen Vogelsberg ringförmig als maximal 20 km breiter Ring umschließend mit radial erstreckten, flachen Basaltrücken und Riedeln, mit Höhenlagen zwischen 300 und 500 m über NN, größtenteils Lößauflage und nur noch inselartiger Bewaldung (Perlgras-Buchenwaldgebiet), größtenteils landwirtschaftlich mit vorherrschendem Grünland genutzt; auf dem östlich austretenden Buntsandsteinsockel des Gieseler Forstes ein geschlossenes Waldgebiet (dort statt Hainsimsen-Buchenwald heute Kiefernforsten);

Hoher Vogelsberg (mit Oberwald) (351): vor allem klimatisch von Einheit 350 unterschieden mit Jahresniederschlägen über 1000 mm bis 1200 mm in den höchsten Lagen, lange während Schneedecke und mit zunehmender Höhe rankerartig flacher werdenden Böden; weit verbreitetes Grünland in extensiv als Hutungen genutzte Borstgrasrasen übergehend, als »Mütze« in der Gipfellage erhaltener Buchenwald wird Oberwald genannt;

Fuldaer Senke (352): waldfreie Senke mit überwiegend aus Muschelkalk, Keuper und Löß gebildeten Böden, außer Talauen mit Grünland-Nutzung vorherrschend Ackerbau; im Regenschatten des Vogelsberges mit 650 mm Jahresniederschlag;

Vorder- und Kuppenrhön (353): hufeisenförmige Umfassung der zentralen Hohen Rhön von Norden her, Plateaulandschaft, zwischen spitzen basaltischen Kegeln und breiteren vulkanischen Kuppen stark von Gewässern zerschnitten; basaltischer Landrücken verbindet den Vulkanismus von Vogelsberg und Rhön; Tafel des mittleren Buntsandstein, Schichten des Röt, Muschelkalk und Keuper;

Blick vom Meißner im Fulda-Werra-Bergland, das zur
Haupteinheitengruppe des Osthessischen Berglandes
zählt.

Marburg-Gießener Lahntal: Blick vom Altenberg bei
Lollar-Odenhausen in nordnordöstliche Richtung (West-
hessisches Berg- und Senkenland).

Rhön-Landschaft nördlich Rodenbach bei Gersfeld – im Grenzbereich zwischen den Naturräumen der Kuppenrhön und der Hohen Rhön nahe der hessisch-bayerischen Grenze.

relativ waldarm, Landwirtschaft mit Weilersiedlungen und Einzelhöfen sowie Flächenmosaik aus inselartigen Ackerflächen und zungenförmig verbundenen Grünlandflächen;

Hohe Rhön (354): basaltisches Mittelgebirge mit bis zu 950 m über NN Höhenlage (Wasserkuppe) und Jahresniederschlägen bis über 1100 mm, um 25 % höhere Schneemenge als im Vogelsberg; stark vom Wald entblößt, zahlreiche Blockschutthalden und aus Hangmooren austretende Quellen; Borstgrasrasen infolge aufgegebener Hutung durch Wiederbewaldung bedroht;

Fulda-Haune-Tafelland (355): fast ganz bis auf den mittleren Buntsandstein abgetragen, meist 200 bis 400 m über NN, im Basaltmassiv des Rimbergs bis 592 m über NN; durch Jossa, Fulda und Haune zerschnittene Tafel mit vorherrschender Bewaldung auf Hochflächen, Rücken und steileren Hängen, früher Hainsimsen-Buchenwälder, heute Kiefern- und Fichtenforsten sowie Lärchen (Perlgras-Buchenwald und Schluchtwald am Rimberg); Jahresniederschlag um 650 mm, Ackerbau nur auf tiefgründigeren Talhängen, seltener auf Plateaulagen;

Knüll-Hochland (356): einer Miniaturausgabe des Vogelsberges ähnlicher und mit diesem über Basaltkuppen des Fulda-Haune-Tafellandes verbundener Naturraum, Hochknüll allerdings nur 500 bis 550 m hoch mit den herausragenden Kuppen von Knüllköpfchen (634 m) und Eisenberg (636 m), vielgestaltige Gesteine wie Basalte und Tuffe, Buntsandstein, Muschelkalk, tertiären Sanden und Tonen sowie teils Lößüberdeckung, ökologisch mannigfaltige Gliederung, von Trockenrasen über Perlgras-Buchenwälder bis zu feuchten Eichen-Hainbuchenwäldern, überwiegend waldbedeckt mit hohem Laubwaldanteil;

Fulda-Werra-Bergland (357): größte und nördlichste Bruchscholle des Osthessischen Berglandes, ausgedehnte Buntsandsteintafel, zwischen einer westlichen Teil- und einer östlichen Hauptscholle ist der Muschelkalkgraben des Wichtetales und der Witzenhausen-Altmorschener Talung eingesenkt; Meißner und Hirschberg sowie einige weitere Basaltkuppen und die Buntsandstein-Flächen bewaldet (letztere mit Hainsimsen-Buchenwäldern sowie Fichten und Kiefern), waldfreie Standorte meist mit fruchtbarem Ackerland, nur stellenweise Kalkmagerrasen und Kalkbuchenwald-Reste; Sonderstellung des Hohen Meißners als 720 bis 754 m hohes Basaltplateau (höchster Berg Nordhessens) mit Blockhalden, farnreichen Buchen- und Eschen-

Ahorn-Schluchtwäldern, stark verändert durch früheren Braunkohle-Tagebau;

Unteres Werraland (358): Eschweger Becken, durch Ausräumung und Absinken infolge unterirdischer Zechstein-Auslaugung entstanden, mit umgebenden Einheiten; waldfrei und vorwiegend landwirtschaftlich genutzt sind Eschweger Becken und die Täler, das schwachgeneigte Meißnervorland und das Kleinalmeroder Hügelland, Auen teils mit Kies- und Sandabbau; Soodener Bergland und nördlich der Werra ansteigende Hänge bewaldet; um Eschwege mit weniger als 600 mm Jahresniederschlag am trockensten;

Salzunger Werrabergland (359): salztektonisch entstandene Senke mit zentralem Berkaer Becken, nur randlich in Hessen liegend.

Oberes Weserbergland (36)

Die tektonische Fortsetzung der Hessischen Senke im Oberen Weserbergland berührt lediglich mit der Warburger Börde und dem Oberwälder Land hessisches Terrain. In der Warburger Börde sind die lößbedeckte, waldfreie und intensiv ackerbaulich geprägte Muschelkalkplatte der Diemelbörde und die bewaldete Muschelkalktafel der Steigerplatte von Bedeutung; die zum Oberwälder Land gehörenden Beverplatten bilden eine von der Diemel tief zerschnittene, auf den Höhen bewaldete Muschelkalktafel.

Weser-Leine-Bergland (37)

In den nördlichsten Zipfel Hessens ragt in erster Linie mit dem Reinhardswald das Weser-Leine-Bergland, das hier an den Kaufunger Wald und somit an das Osthessische Bergland anschließt. Der **Reinhardswald** ist eine nach Westen schwach geneigte Buntsandsteintafel am Ostrand der Hessischen Senke zwischen Esse, Diemel, Fulda bzw. Weser mit einer mittleren Höhenlage um 400 m über NN. Er ist bis auf wenige Rodungsinseln vollständig bewaldet, mit 850 mm Jahresniederschlag und oft zu Staunässe neigenden oligotroph-podsoligen Böden ist er kein reines Hainsimsen-Buchenwaldgebiet, sondern weithin ein Eichen-Buchenwald. Eichen – früher durch Waldhutung begünstigt – wurden weitgehend durch Fichten ersetzt.

Die Engtäler von Fulda und Werra umfaßt die **Mündener Fulda-Werra-Talung** mit Buntsandstein und steilen, bewaldeten Hängen. Die schmalen Flußterrassen werden als Ackerland genutzt, die Auen meist als Grünland.

Bei Hannoversch-Münden vereinen sich die Täler von Fulda und Werra zum **Weser-Durchbruchstal** mit stellenweise geweiteter Aue und fruchtbaren Äckern auf Lößböden auf der breiten Mittelterrasse; der linke Talrand zum Reinhardswald hin zeigt einen schroffen Anstieg.

Thüringer Becken (mit Randplatten) (47/48)

Ebenfalls nur mit Randeinheiten greift das östlich gelegene Thüringer Becken nach Hessen über, und zwar in erster Linie angrenzend an das Fulda-Werra-Bergland mit dem **Ringgau** – ein breiter Muschelkalkgraben, der von Südosten in den Buntsandstein dieser Einheit eingreift und hier eine mit teils scharfen Rändern begrenzte Hochfläche mit zentral eingesenkter trogartiger Mulde bildet. Im Süden herrscht hier Ackerbau vor, im Norden dagegen gerade im hessischen Teil Bewaldung mit Orchideen-Buchenwäldern auf Rendzinen.

2.3 Gewässernetz, Waldverteilung und Höhenstufen

Das hessische Gewässernetz wird durch die Flußsysteme von Rhein (im südlichen und westlichen Teil) und Weser (im Norden und Nordosten des Landes) bestimmt. Zwischen beiden Gebieten verläuft die Wasserscheide etwa vom Rothaargebirge in östlicher Richtung über Kellerwald und Knüll, dann in südlicher Richtung über den Vogelsberg und schließlich zwischen Spessart und Rhön auf das Grabfeld.

Im Norden sind vor allem die Einzugsgebiete von Eder, Diemel, Fulda und randlich Werra von Bedeutung; die beiden letztgenannten vereinen sich in Hannoversch-Münden zur Weser. Die Eder mündet zuvor in die Fulda, während die Diemel erst der Weser zustrebt. Zum Rhein im Südwesten entwässern die Lahn und – über den gegenüber von Mainz in den Rhein mündenden Main – Wetter, Nidda, Kinzig und Gersprenz.

Auf hessischem Gebiet verlaufen folgende Fließgewässer-Strecken (Hessisches Statistisches Landesamt 1991):

– 533 km Gewässer erster Ordnung, und zwar Abschnitte von Rhein, Fulda, Lahn, Main, Werra, Weser, Neckar sowie Altrheinarme, die im Eigentum des Bundes stehen;
– 1040 km Gewässer zweiter Ordnung, welche die Wasserbehörden der Regierungspräsidenten verwalten;
– rund 17000 km Gewässer dritter Ordnung von geringer wasserwirtschaftlicher Bedeutung unter Aufsicht der Landräte und Oberbürgermeister.

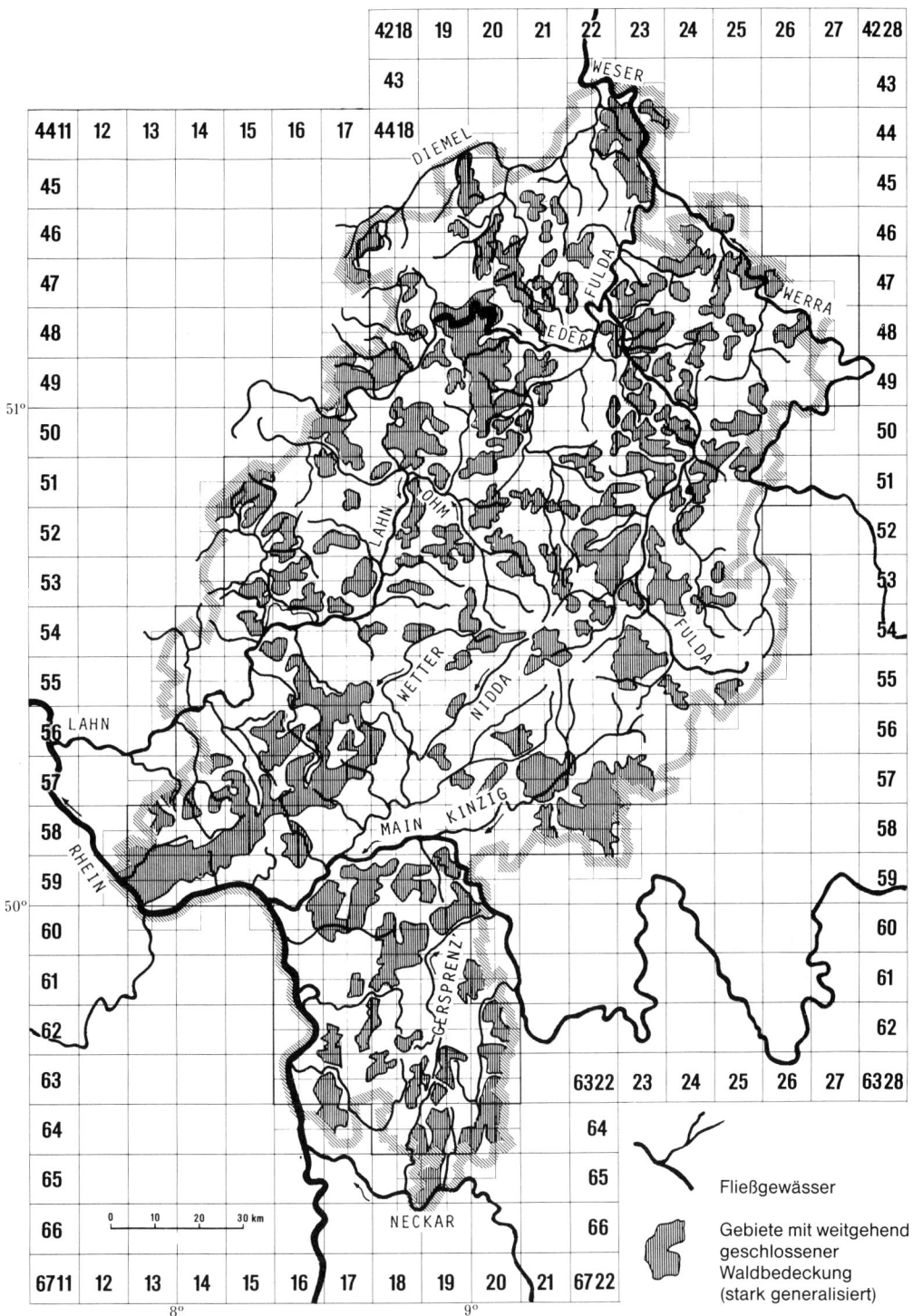

Abb. 4: Hauptfließgewässer und Gebiete mit weitgehend geschlossener Bewaldung in Hessen (nach BEHRENS et al. 1985).

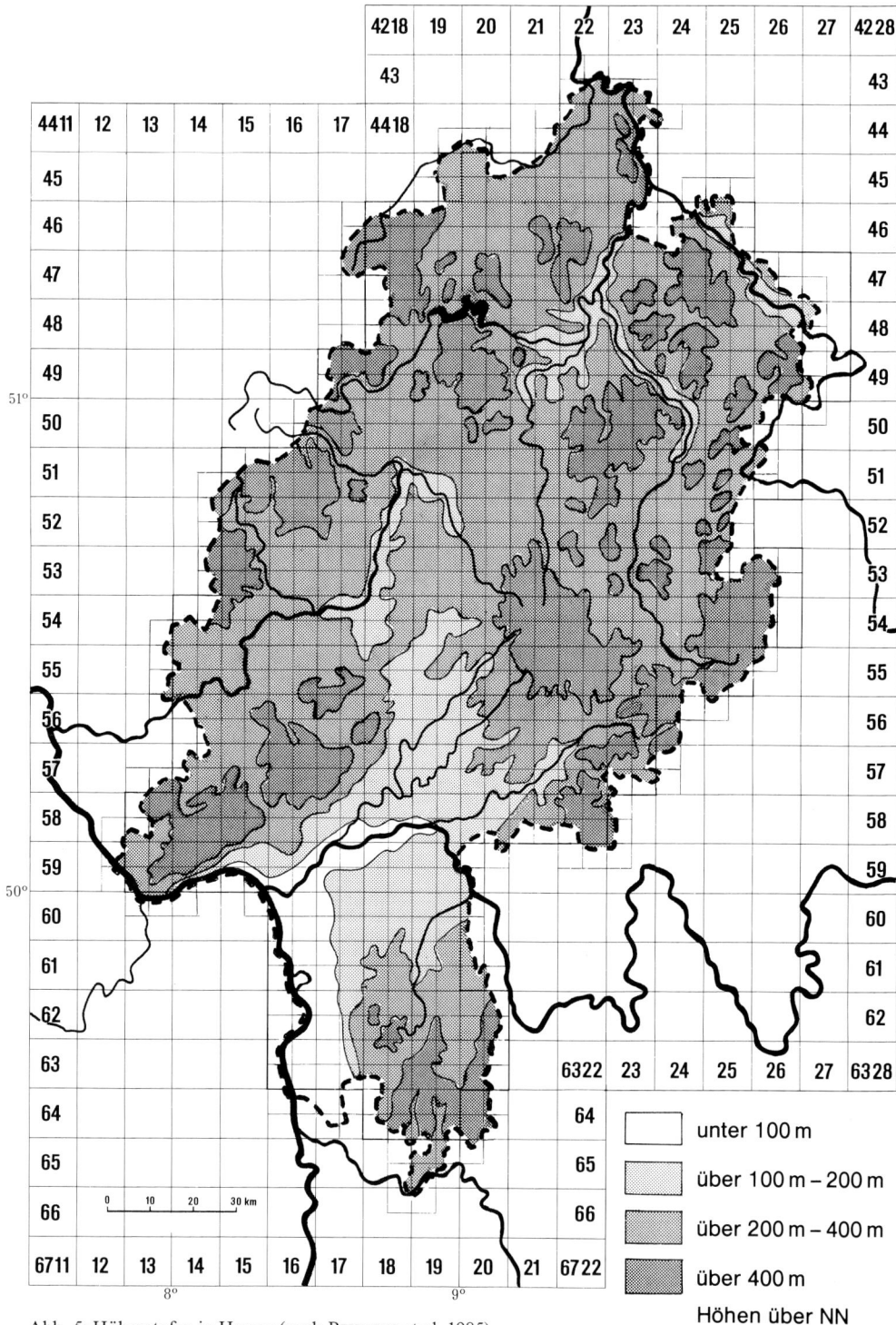

| 4218 | 19 | 20 | 21 | 22 | 23 | 24 | 25 | 26 | 27 | 4228 |
| 43 | | | | | | | | | | 43 |

4411	12	13	14	15	16	17	4418			44
45										45
46										46
47										47
48										48
49										49
50										50

51°

51										51
52										52
53										53
54										54
55										55
56										56
57										57
58										58
59										59

50°

60										60
61										61
62										62
63						6322	23	24	25	26	27	6328

unter 100 m
über 100 m – 200 m
über 200 m – 400 m
über 400 m
Höhen über NN

64									64
65									65
66									66

0 10 20 30 km

| 6711 | 12 | 13 | 14 | 15 | 16 | 17 | 18 | 19 | 20 | 21 | 6722 |

8°   9°

Abb. 5: Höhenstufen in Hessen (nach BEHRENS et al. 1985).

28

In Abb. 4 sind die landschaftsprägenden Fließgewässer zusammen mit der Waldverteilung dargestellt. Dabei mußten die Waldflächen stark generalisiert und auf die großflächigen Gebiete mit überwiegender Waldbedeckung beschränkt werden; der kleine Maßstab erlaubt nicht die Darstellung der Vorkommen kleiner Waldparzellen, die gerade in Hessen weit verbreitet sind. Dennoch spiegelt die Karte die überregionale Waldverteilung gut wider.

Ebenso wie die Waldverteilung wirkt sich auch die Höhenlage auf die Verbreitung von Amphibien aus. Abb. 5 zeigt in einer vereinfachten Gliederung die grobe Höhenstufung des Landes (vergleiche BEHRENS et al. 1985):

– Höhenlagen unter 100 m über NN bezeichnen Gebiete mit ausgesprochenem Tieflandcharakter;
– 100 bis 200 m über NN hoch gelegen sind in erster Linie die Beckenlandschaften;
– 200 bis 400 m über NN bilden das typische Niveau der vorwiegend hügeligen Landschaften mit mäßigen Reliefunterschieden;
– über 400 m über NN erheben sich Mittelgebirgs-Regionen mit meist starker Reliefierung.

Die geringsten Höhen befinden sich in der Aue des Rheins mit rund 80 m über NN. Topographisch besonders herausragende Gebiete sind Vogelsberg (773 m), Taunus (880 m) und Rhön (950 m über NN).

2.4 Klima

Eine Zusammenfassung des in Hessen wirksamen Klimas gibt PLETSCH (1989), dem die nachfolgenden Angaben entnommen wurden. Demnach prägen besonders die fast meridional verlaufenden morphologischen Großstrukturen das Klima: Das Rheinische Schiefergebirge im Westen zwingt bei den häufigen Westlagen (rund ein Viertel im Jahresmittel) die ostwärts driftenden Luftmassen zum Aufsteigen. Als Folge treten an den Westseiten und in den Höhenlagen der Gebirge hohe Niederschlagsmengen auf, während die Ostseiten weit weniger beregnet sind. Dieser Luv-Lee-Effekt zeigt sich extrem in der Westhessischen Senke, über der die atlantischen Luftmassen unter Erwärmung absinken – damit nehmen die Bewölkungsintensität und Niederschlagsmenge ab, die Sonnenscheindauer steigt. Bei Nord- und Nordostlagen dagegen erlaubt die nach Norden geöffnete Westhessische Senke ein weites Eindringen arktischer Luftmassen in den nordhessischen Raum. Südhessen profitiert

bei solchen Lagen von der Leewirkung des Vogelsberges, die besonders zwischen Februar und Juni Kaltlufteinbrüche mildert. Steigende Niederschläge und abnehmende Temperaturen kennzeichnen mit wachsender Höhenlage wiederum das Klima im Osthessischen Bergland. Somit lassen sich in Hessen in Anlehnung an die orographische Grobgliederung zwei klimatisch unterschiedliche Großräume differenzieren:

1. Die Mittelgebirge zeigen ein stärker maritimes Klima mit
   – weniger großen Temperaturextremen im Jahresgang,
   – einer gleichmäßigeren Niederschlagsverteilung mit einem winterlichen Maximum,
   – weniger weit auseinanderklaffenden Extremwerten der einzelnen Klimaelemente.
2. In den Senken- und Beckenlagen sind stärker kontinentale Klimaverhältnisse zu beobachten, die sich äußern in
   – geringeren Niederschlagssummen,
   – extremeren Temperaturen mit einer höheren Amplitude im Jahresgang,
   – geringeren Windgeschwindigkeiten,
   – einem Regenmaximum im Sommer.

Daneben macht sich im Vergleich zwischen den westlichen und den östlichen Landesteilen bereits auch die in dieser Richtung wachsende Kontinentalität bemerkbar. Beträchtlich sind die phänologischen Unterschiede zwischen Nord- und Südhessen.

Besonders variieren in einem kleinräumigen Mosaik, wie angedeutet, die Niederschlagssummen. Im langjährigen Jahresmittel fallen in den höchsten Lagen von Vogelsberg, Rhön, Spessart und Odenwald über 1000 mm (Station Herchenhain/Vogelsberg in 608 m über NN 1189 mm). In den Becken- und Talgebieten hingegen sind nur 600 bis 700 mm, teilweise sogar noch deutlich unter 600 mm zu verzeichnen; besonders niederschlagsarm sind zum Beispiel Fritzlarer Becken und Schwalmgebiet, Wetterau, das hessische Oberrheingebiet und Rheinhessen.

2.5 Böden

Die ausgesprochen vielgestaltigen Böden des Landes können hier nur am Rande erwähnt werden (vergleiche Überblick bei PLETSCH 1980 und vor allem SCHÖNHALS 1954). Hessen befindet sich klimatisch innerhalb des Verbreitungsgebietes der mitteleuropäischen Braunerden mit typischem

A_h-B_v-C-Profil, die sich vielerorts aber durch Verlagerungsvorgänge im Boden zu Parabraunerden mit A_h-A_l-B_t-C-Profil weiterentwickelten.

Zwei grundlegende klimatische Faktoren beeinflussen die Bodenentwicklung: zum einen die Niederschläge durch Auswaschung von Nährstoffen und Basen, die zu umso stärkerer Verarmung der Böden führen, je höher die Jahresniederschläge sind. Zum anderen wirkt sich die Temperatur aus: Je niedriger sie liegt, desto geringer ist die Verdunstung und desto leichter kann es – in Abhängigkeit vom geologischen Substrat – zu Staunässe oder, bei durchlässigem Untergrund, zu erhöhter Auswaschung und damit Podsolierung des Bodens kommen; schlechte Nutzungsmöglichkeiten sind die Folge.

In den begünstigten Senkenlagen hingegen bewirken geringerer Niederschlag, höhere Temperaturen, teils mächtige Lößbedeckung oder Sedimentation von Auenlehmen sowie günstigere hydrographische Bedingungen eine intensive, meist landwirtschaftliche Nutzung durch den Menschen.

Damit läßt sich unter grober Vereinfachung folgende Gliederung der vorherrschenden Böden in Hessen geben:

1. Geringe Auswaschung kennzeichnet die Böden in den Beckenlandschaften, in denen Braunerden und Parabraunerden vorherrschen, zum Teil (besonders Wetterau) auch Schwarzerden. Trotz eigentlich großer Durchlässigkeit der Sandböden im Rhein-Main-Gebiet zeigen auch diese infolge einer niedrigen Niederschlagssumme relativ geringe Auswaschung. Von früheren Lößeinwehungen profitieren die Böden großflächig vor allem in Wetterau und Limburger Becken, kleinräumiger auch in den verschiedenen nord- und osthessischen Beckenlagen.

2. Klimabedingt ist in den Mittelgebirgen eine stärkere Auswaschung zu beobachten. Die Böden differenzieren sich hier stark nach dem anstehenden Ausgangsgestein der Bodenbildung:

   – Braunerden mit hoher Basensättigung sind auf Basalt verbreitet, vor allem in Vogelsberg, Westerwald, Rhön, Knüll, Habichtswald und Meißner.
   – Ebenfalls weitgehend basengesättigte Böden finden sich zum Beispiel auf Diabasen und Melaphyren des Rheinischen Schiefergebirges sowie auf Diorit und Gabbro im kristallinen Odenwald und Vorspessart.
   – Sehr minderwertige Braunerden und geringe Basensättigung sowie stark podsolierte Böden, etwa im Odenwald, entwickelten sich auf kieselsäurereichen Graniten.

   – Arme Böden kennzeichnen die weiten Vorkommen des Mittleren Buntsandstein mit sehr starker Auswaschung und Versauerung (pH-Wert zwischen 4,1 und 4,5); bei eingelagerten Tonhorizonten treten Staunässe und Vergleyung des Bodens auf, fehlen diese, kann die Auswaschung ungehindert wirken.
   – Podsolierung tritt auch im Bereich anderer basenarmer Muttergesteine auf, etwa auf den Grauwacken, Schiefern und Quarziten (zum Beispiel im Rheinischen Schiefergebirge), besonders in den niederschlagsreichen Hochlagen von Taunus, Rothaargebirge und den kristallinen Teilen von Odenwald und Spessart.
   – Rendzinen und Pararendzinen sind beschränkt über Kalkstein, Dolomit und Mergel aus Muschelkalk und Keuper in Ost- und Südhessen verbreitet; sie werden bei nicht zu starker Flachgründigkeit als Acker genutzt.

Die Bodeneigenschaften zeigen sich deutlich in der unterschiedlichen Nutzungsverteilung: Gute Böden werden intensiv landwirtschaftlich genutzt, vor allem ackerbaulich, während die grundfeuchten Talauen – wo die Entwässerung nicht zu weit fortgeschritten ist – vorwiegend Grünland-Nutzung erfahren. Die ärmeren, stärker ausgewaschenen Böden tragen vorzugsweise Waldbedeckung. Neben den Nährstoffgehalten entscheidet vor allem die Bodenfeuchte (modifiziert zum Beispiel durch stauende Bodenhorizonte) die Nutzungsmöglichkeiten; auf an sich guten Basalt-Verwitterungsböden finden sich häufig so hohe Feinerde- und Tongehalte, daß sie für die Ackernutzung zu viel Wasser einlagern bzw. stauen und somit nur für Grünlandnutzung geeignet sind.

2.6 Vegetation und Landnutzung

Von Natur aus wäre Hessen wie fast ganz Mitteleuropa von weitgehend geschlossenem Wald bedeckt. Darin würde die Rotbuche (*Fagus sylvatica*) vorherrschen, vielerorts durchsetzt mit Eichen (*Quercus* spec.). Differenzierter lassen sich verschiedene Wuchszonen unterscheiden, die vor allem klimatisch und orographisch bedingt sind. In Abb. 6 und Tab. 2 ist Hessen etwas allgemeiner in zwölf verschiedene forstliche Wuchsgebiete untergliedert, wobei auch die Höhenlagen und verschiedene klimatische Parameter Berücksichtigung finden. Aus Platzgründen wird hier nicht näher auf die Ausprägung der potentiellen natürlichen Vegetation eingegangen.

0 10 30 50 km

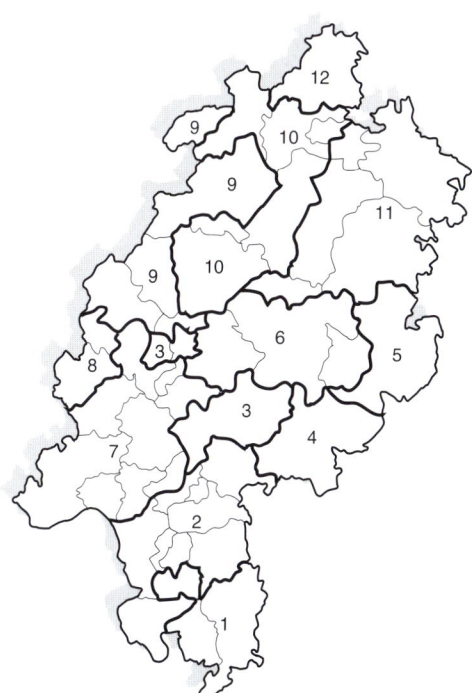

Buchenwald herrscht von Natur aus in Hessen vor.

Abb. 6: Einteilung Hessens in zwölf forstliche Wuchsgebiete (zur Erläuterung siehe Tab. 2). Zur besseren Orientierung sind die Kreisgrenzen eingezeichnet (vergleiche dazu Abb. 1).

Der Mensch veränderte die natürliche Vegetationsdecke zum einen durch Zurückdrängen des Waldes, zum anderen auch durch die qualitative Veränderung der forstlich geprägten Wälder. So nahm in den 60er Jahren die Fichte 30 % der Holzbodenfläche im Hessischen Bergland ein, die Kiefer 20 % und die Buche nur noch 40 %, obwohl letztere von Natur aus ehemals fast allgegenwärtig war.

Hessen ist im Vergleich mit den anderen Bundesländern heute das waldreichste Land – mit 39,7 % seiner Fläche.

Tab. 3 schlüsselt die Flächengliederung Hessens in bezug auf die Bodennutzung näher auf und stellt dabei Angaben aus den Jahren 1938, 1959, 1979 und 1989 nebeneinander. Dabei fällt insbesondere die zunehmende Gebäude-, Frei- und Verkehrsfläche und eine Abnahme der Landwirtschaftsfläche auf. Reduziert haben sich sowohl Acker- als auch Grünland-Fläche, besonders stark (wenngleich zahlenmäßig weniger ins Gewicht fallend) der Obstbau.

31

Tab. 2. Forstliche Wuchsgebiete in Hessen mit ihren wichtigsten Merkmalen (aus ZIMMERMANN 1989).

Wuchs-gebiete	Höhenlage über NN	Ausgangssubstrat (ohne Deckschutt)	mittl. Jahrestemp. Zeitraum 1891–1955	mittl. Jahresniederschlag Zeitraum 1891–1955	mittl. Temp. Mai–Sept. 1891–1955	mittl. Niederschlag Mai–Sept. 1891–1955	Klimafeuchte	mittl. Dauer d. Veg. zeit (Tage über 10° C)	Wuchszonen (n. R. KNAPP)
	m		° C	mm	° C	mm			
1	2	3	4	5	6	7	8	9	10
601 Odenwald	100–600	Buntsandstein, kristalline Gesteine, Lößlehm	7,5–10,0	650–1200	14,0–17,0	320–500	schw. sub-kont. bis s. st. sub-atlant.	145–180	Randl. Ei-Mischw.-Z. bis Unt. Bu-Zone
602 Hess. Rhein-Main-Ebene	80–300	Hochflutablagerungen, Flugsand, Terrassensand, Rotliegendes, Lößlehm	8,5–10,0	500–780	15,0– üb. 16,0	280–390	mäß. sub-kont. bis schw. sub-atlant.	155–175	Zentr. Ei-Mischw.-Z. Unt. Bu-Mischw.-Z.
603 Wetterau und Gießener Becken	80–357	Lößlehm, Tone	8,5–9,5	530–700	15,0–16,0	270–340	mäß. sub-kont. bis schw. sub-kont.	155–170	Randl. Ei-Mischw.-Z. bis Unt. Bu-Mischw.-Z.
604 Spessart	100–585	Buntsandstein, kristalline Gesteine, Basalt, Muschelkalk	7,0–9,0	750–1100	13,5–15,5	330–480	schw. sub-kont. bis s. st. sub-atlant.	140–165	Unt. Bu-Mischw.-Z. bis Unt. Bu-Zone
605 Rhön	200–950	Basalt, Buntsandstein, Muschelkalk	4,5–8,0	630–1150	11,0–14,5	320–500	schw. sub-kont. bis s. st. sub-atlant.	110–150	Unt. Bu-Mischw.-Z. bis Ob. Bu-Zone
606 Vogelsberg u. östl. angrenzende Sandsteingebiete	140–773	Buntsandstein, Lößlehm, Basalt, Bims	5,5–9,0	550–1300	12,0–15,5	290–500	mäß. sub-kont. bis s. st. sub-atlant.	120–165	Unt. Bu-Mischw.-Z. bis Ob. Bu-Zone
607 Taunus	140–880	Taunusquarzit, Hunsrückschiefer, Lößlehm, Tonschiefer, Grauwacke	5,0–9,5	600–1000	11,5–16,0	280–430	mäß. sub-kont. bis s. st. sub-atlant.	120–165	Randl. Ei-Mischw.-Z. bis Ob. Bu-Zone
608 Westerwald	150–650	Diabas, Schalstein, Tonschiefer, Basalt, Lößlehm	5,5–8,5	700–1100	12,0–15,5	290–450	mäß. sub-kont. bis s. st. sub-atlant.	120–160	Randl. Ei-Mischw.-Z. bis Unt. Bu-Zone
609 Nördliches hess. Schiefergebirge	200–843	Diabas, Schalstein, Grauwacke, Tonschiefer, Kieselschiefer, Quarzit	5,0–8,5	600–1450	11,5–15,0	290–580	mäß. sub-kont. bis s. st. sub-atlant.	115–155	Unt. Bu-Mischw.-Z. bis Ob. Bu-Zone
610 Nordwesthessisches Bergland	200–615	Buntsandstein, Tone, Basalt, Lößlehm, Muschelkalk, Zechstein	6,5–8,5	500–800	12,5–15,0	270–360	mäß. sub-kont. bis mäß. sub-atlant.	125–160	Randl. Ei-Mischw.-Z. bis Unt. Bu-Zone

Fortsetzung Tab. 2

Wuchs-gebiete	Höhenlage über NN (m)	Ausgangs-substrat (ohne Deckschutt)	mittl. Jahres-temp. Zeitraum 1891–1955 (°C)	mittl. Jahres-niederschlag Zeitraum 1891–1955 (mm)	mittl. Temp. Mai–Sept. 1891–1955 (°C)	mittl. Nie-derschlag Mai–Sept. 1891–1955 (mm)	Klima-feuchte	mittl. Dauer d. Veg.zeit (Tage über 10° C)	Wuchszonen (n. R. KNAPP)
1	2	3	4	5	6	7	8	9	10
611 Nord-osthessisches Bergland	200–750	Buntsandstein, Basalt, Zech-stein, Muschel-kalk, Lößlehm	5,5–8,5	550–1000	12,0–15,0	280–420	mäß. sub-kont. bis st. sub-atlant.	115–160	Unt. Bu-Mischw.-Z. bis Ob. Bu-Zone
612 Weser-bergland	110–472	Mittl. Buntsand-stein, Lößlehm	6,5–8,0	700–900	13,0–14,5	340–400	schw. sub-kont. bis mäß. sub-atlant.	135–155	Unt. Bu-Mischw.-Z. bis Unt. Bu-Zone

Tab. 3: Bodennutzung in Hessen in den Jahren 1938, 1959, 1979 und 1989 (Quellen: Hessisches Statististisches Landesamt 1948, 1961, 1981, 1991).

	1938 km²	1938 %	1959 km²	1959 %	1979 km²	1979 %	1989 km²	1989 %
Gebäude- und Freifläche	1574	7,4	613	2,9	1119	5,3	1358	6,4
Betriebsfläche			—[2]		68	0,3	74	0,4
Erholungsfläche			—[2]		71	0,3	134	0,6
Verkehrsfläche			1063	5,1	1279	6,1	1355	6,4
Verschiedenes[1]	315	1,5	?	3,7	?	1,8	?	2,1
Waldfläche	8329	39,4	8268	39,5	8321	39,4	8383	39,7
Landwirtschaftsfläche	10931	51,7	10217	48,8	9877	46,8	9382	44,4
davon entfallen auf[3]:								
– Ackerland	7319	34,8	6622	31,6	5105[4]	29,9	5096[4]	29,1
– Dauergrünland	3284	15,6	3174	15,1	2787[4]	16,3	2619[4]	14,9
– Obstanlagen	296	1,4	55	0,3	20[4]	0,1	14[4]	0,1
– Gartenland			314	1,5	?	?	?	
– Rebfläche	32	0,2	31	0,1	30[4]	0,2	33[4]	0,2
– Sonstige	?	0,3	?	0,2	37[4]	0,2	21[4]	0,1

[1] zum Teil »Öd- und Unland«, Gewässer etc.

[2] nicht gesondert aufgeführt

[3] Prozent-Angaben auf die Gesamtfläche des Landes, nicht allein auf die Landwirtschaftsfläche bezogen

[4] Hektar-Angaben nicht mit den Zahlen früherer Jahre vergleichbar, da auf landwirtschaftlich genutzte Fläche bezogen, die per Definition nicht identisch ist mit Landwirtschaftsfläche

3 Bestimmungshilfen für Amphibien: Alttiere, Laich und Kaulquappen

Ein wesentliches Anliegen dieses Buches ist die Vermittlung grundlegenden Wissens über die Erkennung und Lebensweise der heimischen Amphibienarten. Daher wird der Beschreibung von Kennzeichen und Ökologie in den nachfolgenden Artkapiteln besonderes Gewicht gegeben. Um dem noch relativ unbedarften Laien die Artansprache zu erleichtern, werden in Tab. 4 bis 6 die wesentlichsten Kennzeichen der metamorphosierten Amphibien, ihres Laichs und der Kaulquappen zusammengefaßt. Diese Übersichten können und wollen keine vollständige Darstellung der im Feld wichtigen Merkmale sein, sondern allein einem ersten Einengen der in Frage kommenden Arten dienen, soll ein gefundener Molch oder Laichballen bestimmt werden. Sie können das anschließende Nachschlagen in den Artbeschreibungen und in Zweifelsfällen auch in grundlegender Bestimmungsliteratur nicht ersetzen.

Es spricht nichts dagegen, metamorphosierte Amphibien zur Bestimmung kurzzeitig und behutsam in die Hand zu nehmen, falls sie sich problemlos einfangen lassen. Doch sollte das nur mit nassen Händen geschehen, um die empfindliche Haut der Tiere nicht zu schädigen. Im Wasser befindliche Tiere kann man auch für ein, zwei Minuten in einen wassergefüllten Eimer setzen – danach sind sie so bald wie möglich exakt an jener Stelle in die Freiheit zu entlassen, an der sie zuvor eingefangen wurden.

Abb. 7: Formen des Amphibienlaichs mit Laichklumpen, Laichschnüren und Einzeleiern (aus JEDICKE 1990b).
a = große Laichklumpen: Braun- und Grünfrösche;
b = kleine Laichklumpen: Laubfrosch; c = zwei- bis vierreihige Laichschnüre: echte Kröten; d = dicke Laichschnüre: Knoblauchkröte; e = Einzeleier und/oder kleine Klumpen: Gelbbauchunke; f = Einzeleier zwischen eingeknickten Blättern: Molche.

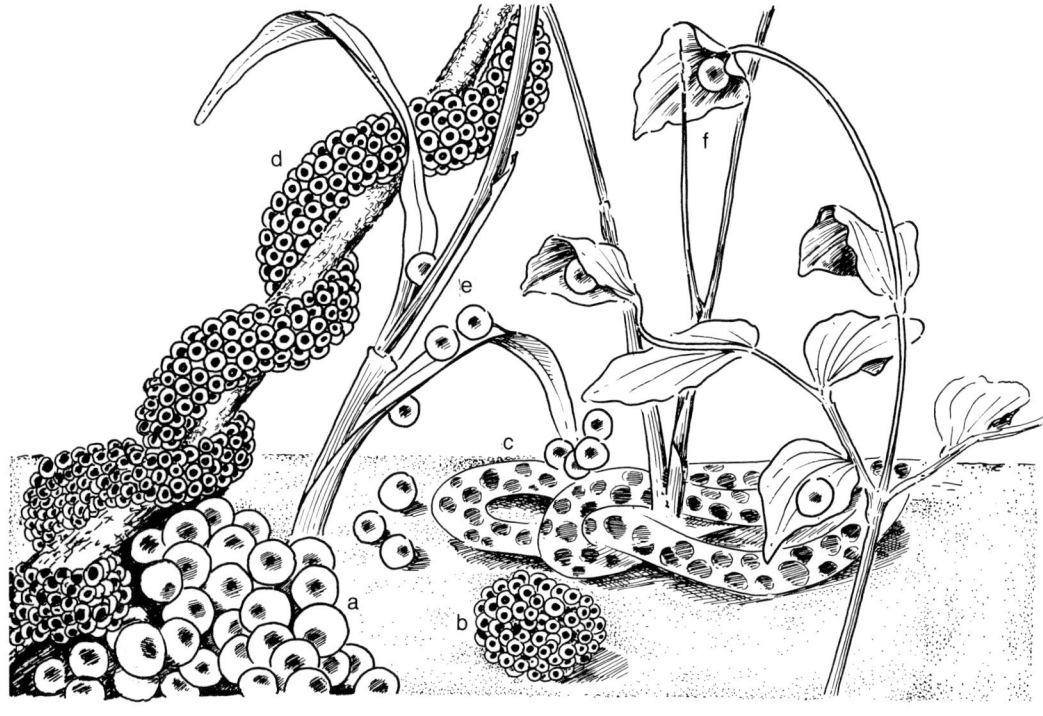

Tab. 4. Vereinfachte Übersicht der Hauptmerkmale ausgewachsener Amphibien. Dabei sind nur diejenigen Arten genannt, die in Hessen vorkommen.

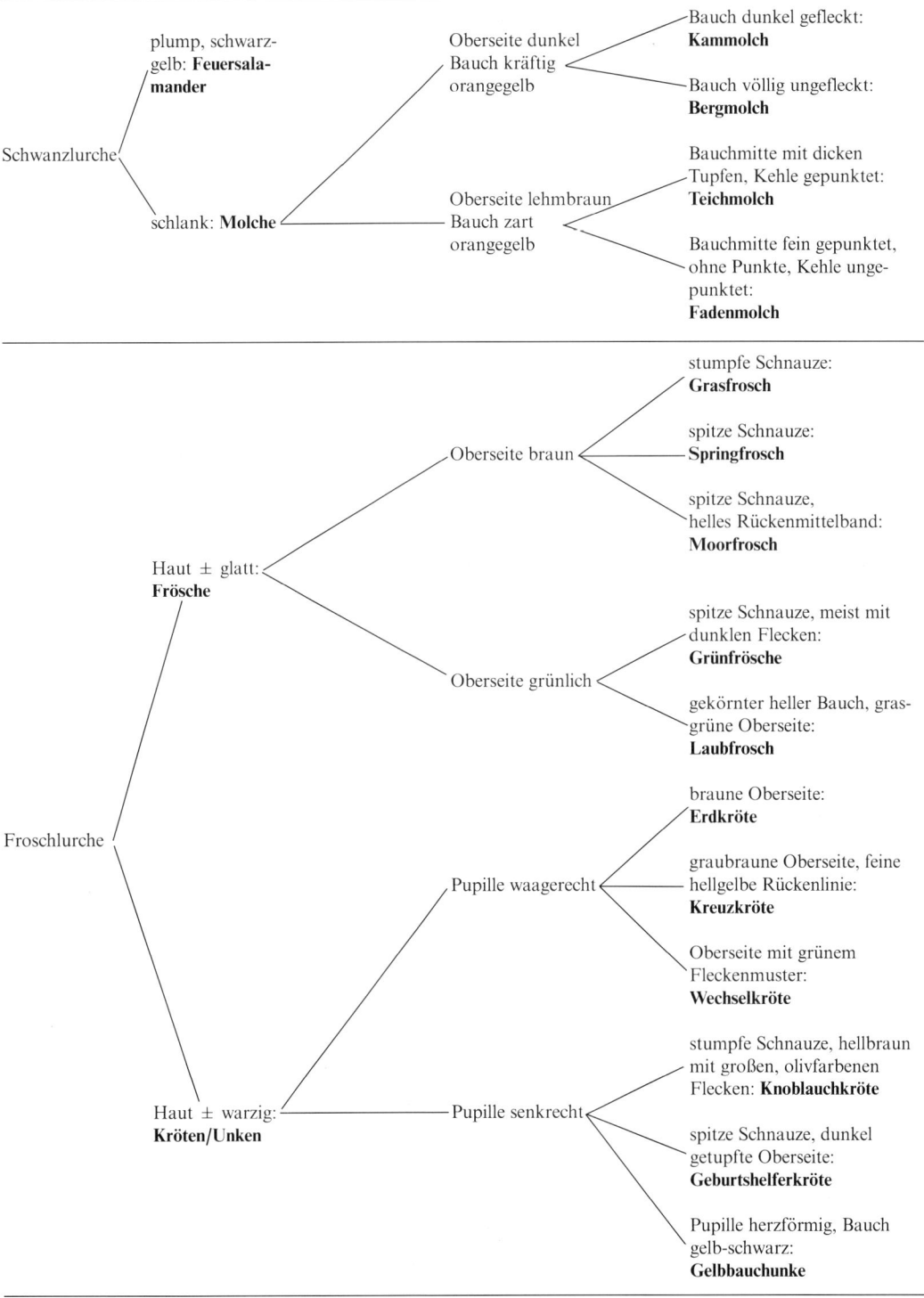

Schwanzlurche
- plump, schwarz-gelb: **Feuersalamander**
- schlank: **Molche**
  - Oberseite dunkel Bauch kräftig orangegelb
    - Bauch dunkel gefleckt: **Kammolch**
    - Bauch völlig ungefleckt: **Bergmolch**
  - Oberseite lehmbraun Bauch zart orangegelb
    - Bauchmitte mit dicken Tupfen, Kehle gepunktet: **Teichmolch**
    - Bauchmitte fein gepunktet, ohne Punkte, Kehle ungepunktet: **Fadenmolch**

Froschlurche
- Haut ± glatt: **Frösche**
  - Oberseite braun
    - stumpfe Schnauze: **Grasfrosch**
    - spitze Schnauze: **Springfrosch**
    - spitze Schnauze, helles Rückenmittelband: **Moorfrosch**
  - Oberseite grünlich
    - spitze Schnauze, meist mit dunklen Flecken: **Grünfrösche**
    - gekörnter heller Bauch, grasgrüne Oberseite: **Laubfrosch**
- Haut ± warzig: **Kröten/Unken**
  - Pupille waagerecht
    - braune Oberseite: **Erdkröte**
    - graubraune Oberseite, feine hellgelbe Rückenlinie: **Kreuzkröte**
    - Oberseite mit grünem Fleckenmuster: **Wechselkröte**
  - Pupille senkrecht
    - stumpfe Schnauze, hellbraun mit großen, olivfarbenen Flecken: **Knoblauchkröte**
    - spitze Schnauze, dunkel getupfte Oberseite: **Geburtshelferkröte**
    - Pupille herzförmig, Bauch gelb-schwarz: **Gelbbauchunke**

35

Bei der Bestimmung anhand Tab. 4 und der Artbeschreibungen ist die Frage wichtig, ob es sich um ein Tier in Paarungs- oder Wassertracht handelt, die vielfach deutlich farbenkräftiger als die Landtracht ausfällt. Das trifft besonders für die Molche, aber auch für die Frösche zu.

Abb. 7 und Tab. 5 fassen die Hauptmerkmale des Amphibienlaichs zusammen. Unberücksichtigt bleibt dabei der Feuersalamander, dessen Larven sich bereits im Mutterleib so weit entwickeln, daß sie aus den Eiern schlüpfen, unmittelbar bevor sie ins Wasser abgesetzt werden. Mit Ausnahme der Geburtshelferkröte bilden alle heimischen Amphibienarten eine durchsichtige Gallerthülle als Schutz um die einzelnen Eier – ganz gleich, ob sie Einzeleier, Laichklumpen oder Laichschnüre ablegen.

Ausgesprochen schwierig zu identifizieren sind die Kaulquappen, die Larven der Amphibien. Problemlos möglich ist nur die Unterscheidung zwischen den Larven von Schwanzlurchen (Molche und Salamander) und Froschlurchen (Frösche, Kröten, Unken und verwandte Familien):

Tab. 5: Hauptmerkmale des Amphibienlaichs der in Hessen lebenden Arten (zusammengestellt in Anlehnung an ARNOLD und BURTON 1979).   Os = Oberseite, Us = Unterseite

Laichform	Artname	Durchmesser		Ei-Färbung
		Einzelei	Eihülle	
große Klumpen	Grasfrosch	2–3 mm	8–10 mm	schwarz, Us. kleiner heller Fleck
	Moorfrosch	1,5–2 mm	7–8 mm	schwarz, unteres Drittel bis Hälfte weißlich
	Springfrosch	2–3 mm	9–12 mm	Os. schwarzbraun, untere Hälfte weißlich
	Grünfrösche	ca.1,5 mm	7–8 mm	Os. braun, Us. gelblich
kleine, walnußgroße Klumpen	Laubfrosch	ca.1,5 mm	3–4 mm	Os. blaßbräunlich, Us. gelblich
Laichschnüre am Gewässergrund oder zwischen Wasserpflanzen	Erdkröte	1,5–2 mm	bandförmig in meist 2 Reihen	ganz schwarz
	Wechselkröte	1–1,5 mm	wie vor	schwarz
	Kreuzkröte	1–1,5 mm	bandförmig in meist 2 Reihen	Os. schwarz, Us. heller
	Knoblauchkröte		vielreihiges Band, 12–15 mm dick, 50 cm lang	grau oder braun
Laichschnüre, Eier nur durch schmale Abschnitte verbunden[1]	Geburtshelferkröte	3,5–4 mm	keine Gallerthülle erkennbar	hell
Einzeleier, teils in eingeknickte Blätter gewickelt	Kammolch	ca. 2 mm	bis 4,5 mm	hell gelblich-weiß
	Übrige Molcharten	ca. 1,5 mm	max. 3 mm	Os. blaß bräunlich, graubraun oder grau
Eier einzeln oder in kleinen Klumpen (max. 15 Eier)	Gelbbauchunke	ca. 2 mm	ca. 7 mm	Os. braun, Us. heller

[1] Schnüre um Hinterbeine des Männchens gewickelt (Brutpflege) oder leer im Wasser treibend

- Schwanzlurch-Larven besitzen eine molchähnliche Gestalt, ausgeprägte Kiemenbüschel oberhalb der Vorderbeine und bereits früh ausgebildete vier Beine; dabei erscheinen im Unterschied zu den Froschlurchen zuerst die Vorder- und dann die Hinterbeine. Die Larven der Schwanzlurche ernähren sich von tierischer Kost.
- Froschlurch-Larven verfügen (außer in ihren ersten Lebenstagen) über innere Kiemen, die unter einem Atemloch verborgen sind; zunächst sind sie beinlos, dann erscheinen zuerst die froschartigen Hinterbeine, später die Vorderbeine; vor Anlandgehen bildet sich ihr Ruderschwanz zurück. Die Kaulquappen der Froschlurche nehmen pflanzliche Nahrung zu sich, daher zeigen sie um ihren Mund charakteristische, für die Artbestimmung wichtige, hornige Raspelplättchen.

Die Übersicht in Tab. 6 mit Merkmalen und Entwicklungsdauer der Larven ermöglicht keine zweifelsfreie Bestimmung – sie muß Spezialisten vorbehalten bleiben. Dennoch liefert sie einige Anhaltspunkte.

Tab. 6. Larven der hessischen Amphibienarten und ihre Entwicklung (aus JEDICKE 1990b, verändert).

Art	Zeit bis zum Schlüpfen	Merkmale	Entwicklungsdauer	Alter bei Geschlechtsreife
Feuersalamander	(lebend-gebärend)	Kiemenbüschel, Vorderbeine zuerst erscheinend, je ein gelber Fleck am Beinansatz, Länge 2,5 bis 7,0 cm	3 bis 5 Monate	4 Jahre
Molche	1 bis 4 Wochen	Kiemenbüschel, Vorderbeine zuerst erscheinend, Länge anfangs 0,7 bis 1,0 cm (Fadenmolch nur 0,5 bis 0,6 cm)	2 bis 5 Monate, selten auch als Larve überwinternd	1 bis 2 Jahre
Gelbbauchunke	wenige Tage	bräunliche Grundfärbung, relativ kurze Gestalt	knapp 2 bis 3½ Monate	2 Jahre
Erdkröte	2 bis 3 Wochen	klein und schwarz, Länge zwischen 0,3 bis 0,5 und 4,0 cm	2 bis 3 Monate	2 bis 4 Jahre
Kreuzkröte	3 bis 7 Tage	schwarz, meist noch kleiner als die der Erdkröte	meist 6 bis 7 Wochen, sonst 4 bis 12 Wochen	2 bis 3 Jahre
Wechselkröte	3 bis 5 Tage	dunkelbraun mit nahe beieinanderstehenden Augen, Maximallänge im Mittel 3,5 cm	2 bis 3 Monate	1 bis 3 Jahre
Geburtshelferkröte	3 bis 6 Wochen	bräunlich, deutlich gefleckt, Länge zwischen 1,5 und etwa 8,0 cm	oft als Larve überwinternd	
Knoblauchkröte	im Durchschnitt 8 Tage	größte heimische Kaulquappe, maximal 8 bis 12, ausnahmsweise auch 20 cm lang werdend	zum Teil mehrjährig als Kaulquappe überwinternd	
Grasfrosch	2 bis 4 Wochen	fast schwarz, im Unterschied zur Erdkröte leicht heller pigmentiert	2 bis 4 Monate	1 bis 3 Jahre
Moorfrosch	1 bis 3 Wochen	bräunlich, maximal 4,5 cm lang	1 bis 3 Monate	2 bis 3 Jahre
Springfrosch	3 Wochen	recht dunkelbraunfarben, hoher Schwanz mit auffälliger Spitze, mit bis zu 6,5 cm die längste Braunfrosch-Quappe	2 bis 5 Monate	2 bis 3 Jahre
Grünfrösche	4 bis 10 Tage	oft leicht grünlich angehaucht, Kaulquappe des Seefrosches bis 11 cm lang	5 Wochen bis mehrere Monate	1 bis 3 Jahre
Laubfrosch	8 bis 15 Tage	grünlich-braun, auffällig hoher, stark zugespitzter Schwanz	2 bis 3 Monate	2 bis 3 Jahre

4 Kennzeichen, Verbreitung und Ökologie der Amphibienarten

Vorbemerkungen

In den nachfolgenden Artkapiteln werden für die Kenntnis der hessischen Amphibienfauna wichtige Informationen zusammengefaßt. Dazu wurden die Ergebnisse der Kartierung, herpetologische Publikationen über Teilgebiete des Landes und vergleichend auch überregionale Literatur herangezogen und ausgewertet.

Im einzelnen erfolgen Angaben, soweit möglich, zu diesen Punkten:

- Kennzeichen der ausgewachsenen Lurche einschließlich ihrer Rufe, ihres Laichs und der Larven, soweit diese zur Artansprache im Gelände wichtig sind; dazu wurde vielfach auf ARNOLD und BURTON (1979) zurückgegriffen;
- Status der Art, d.h. Zahl der gemeldeten Vorkommen und Präsenz als prozentualer Anteil der von einer Art bewohnten Meßtischblatt-Viertel (Quadranten) an der Gesamtzahl der Quadranten ganz Hessens, auch in absoluten Zahlen angegeben;
- Verbreitung in Hessen bzw. in verschiedenen Landesteilen und Naturräumen, soweit erkennbar;
- Populationsstärke, hier Angaben zur Zahl der am Laichgeschehen teilnehmenden Individuen eines Gewässers/Gewässerkomplexes;
- Laichhabitat, d.h. Typ, Gestalt und Umfeld der besiedelten Laichgewässer; zu diesem und dem folgenden Punkt wurden vielfach grundlegende Aussagen der wichtigen Arbeit von BLAB (1986) zitiert;
- Jahreslebensraum als außerhalb der Fortpflanzungsperiode bewohnte Habitate, insbesondere Sommer- und Winterquartier;
- Lebensweise und Phänologie mit Informationen zum jahreszeitlichen Auftreten der Art und zu besonderen Verhaltensweisen;
- Laich und Larven mit ihren Kennzeichen, Entwicklungszeiten etc.;
- Aktionsraum der Individuen, die gemeinsam eine Laichpopulation bilden, als für die Naturschutzpraxis wichtige Größe;
- Gefährdung der Art in Hessen und Ursachen ihrer Bedrohung;

- Hinweise zur Beobachtung und Kartierung, insbesondere zur Laichzeit;
- Sonstiges bei einzelnen Arten mit weiteren Informationen.

4.1 Feuersalamander (*Salamandra salamandra*)

Kennzeichen: Der Feuersalamander ist die am leichtesten kenntliche Amphibienart, die durch ihre schwarz-gelbe Warnfärbung des plumpen Körpers nicht zu verwechseln ist. Er wird ausgewachsen bis 20 cm, ausnahmsweise bis 28 cm lang. Seine schwarze Grundfärbung wird durch leuchtend gelbe Flecken oder Streifen unterbrochen. Die individuell stark variable Zeichnung erlaubt anhand von Fotos das Wiedererkennen des einzelnen Tieres, wenn dieses senkrecht von oben fotografiert wird.

Unterschieden werden durch die Musterung die beiden Unterarten des Gefleckten (*S. s. salamandra*) und des Gestreiften Feuersalamanders (*S. s. terrestris*). Die Verbreitungsgrenze der beiden Subspezies quert Hessen: Östlich der geschwungenen Linie vom Schwarzwald über Odenwald, Taunus, Vogelsberg und Hessisches Bergland zu Weserbergland und Harz kommt die gefleckte Rasse, westlich davon die gestreifte Rasse vor (MERTENS 1947, PLASA 1981). Im Großraum Darmstadt fand PLASA (1981) den Gestreiften Feuersalamander im Odenwald, den Gefleckten im Spessart. Dazwischen beobachtete er am nördlichen Odenwaldrand und in der ihm vorgelagerten Rhein-Main-Ebene eine rund 20 km breite Übergangszone mit uneinheitlichem Zeichnungsmuster der Salamander. MALKMUS (1975) stellte im Spessart die Mischform fest. Für den Raum Bad Wildungen nennt MAI (1989) sowohl eher Gefleckte Feuersalamander als auch mutmaßliche Mischformen.

MERTENS (1947) zählt die Feuersalamander des Rhein-, Lahn- und Neckartales, des Taunus, des Vogelsbergs, des Odenwaldes und der Bergstraße zur gestreiften Rasse, obwohl hier gelegentlich auch unregelmäßig gefleckte Stücke auftreten würden. Die gefleckte Rasse dagegen trete im Rhein-Main-

Gebiet, so MERTENS, reinrassig vermutlich nicht auf, mit Ausnahme vielleicht der Tiere im Waldgebiet Dreieich und im Spessart. Im Rahmen der hessischen Amphibienkartierung wurden die Zeichnungsunterschiede nicht erfaßt.

Status: 693 Vorkommen wurden gemeldet, die Präsenz beträgt 49 % (46 %); aus 302 von 613 bearbeiteten (bzw. 660 in Hessen vorhandenen) Quadranten liegt mindestens ein Nachweis vor.

Verbreitung: Seine Hauptvorkommen besitzt der Salamander im bewaldeten Hügel- und Bergland (Abb. 8); die Nachweise konzentrieren sich auf Mittelgebirge wie Odenwald, Spessart, Taunus, Westerwald, West- und Osthessisches Bergland. Im Rhein-Main-Tiefland fehlt der Feuersalamander weitgehend; das erklärt sich aus seiner Bindung an bewaldete Landschaften. Dies betont auch MALKMUS (1975) für den hessischen Spessart: In den Waldgebieten sei der Salamander weit verbreitet, das agrarwirtschaftlich genutzte Gelände zwischen Kinzig und Spessart sowie die weiten Flußauen der unteren Kinzig und des Mains meide er.

Stärker als bei anderen Arten ist beim Feuersalamander von Lücken in der Erfassung auszugehen.

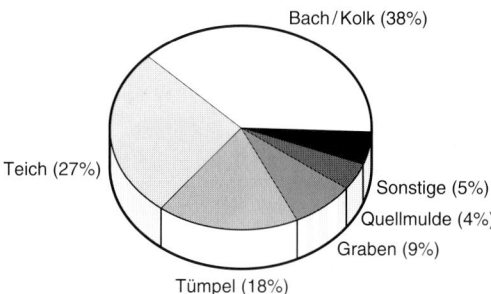

Abb. 9: Laichhabitat des Feuersalamanders (n = 526).

Die vorherrschende Nachtaktivität und die Besonderheit, nur zum Ablaichen ein Gewässer aufzusuchen, erschweren die Beobachtung der Alttiere. Flächendeckende Erfassung würde ein konsequentes Absuchen der potentiellen Laichgewässer (alle Waldgewässer, insbesondere der Fließgewässer) erfordern, um Vorkommen anhand der länger ans Wasser gebundenen Larven nachzuweisen.

Populationsstärke: Hier liegt nur eine Untersuchung von MAI (1989) aus dem Raum Bad Wildungen/Edertal vor; bei 94 Laichgewässern notierte er folgende Individuenzahlen:

bis	10	Salamander in	7 Fällen	(7,4 %),
10 bis	50	Salamander in	58 Fällen	(61,5 %),
51 bis	100	Salamander in	19 Fällen	(20,2 %),
101 bis	200	Salamander in	5 Fällen	(5,3 %),
201 bis	500	Salamander in	3 Fällen	(3,2 %),
501 bis	1000	Salamander in	1 Fall	(1,1 %),
	5000	Salamander in	1 Fall	(1,1 %).

Laichhabitat: 38 % der untersuchten Laichgewässer des Feuersalamanders in Hessen befinden sich in Bachläufen bzw. Bachkolken (Abb. 9). Als weitere Laichhabitate wurden Teiche (27 %), Tümpel (18 %), Gräben (9 %) und Quellmulden (4 %) registriert. In diesen Zahlen spiegelt sich die Vorliebe der Art für fließende Gewässer wider, wenngleich ihr tatsächlicher Anteil noch größer sein wird: Es ist davon auszugehen, daß im Rahmen der Amphibienkartierung Stillgewässer wesentlich intensiver abgesucht wurden als Fließgewässer.

In bezug auf die allgemein postulierte Bevorzugung von Fließgewässern schränkt BLAB (1986) ein, daß das Feuersalamander-Weibchen zum Absetzen der Larven allein hydrotaktisch gesteuert werde – es suche das Gewässer sehr unspezifisch aus. Somit läßt sich eine offenbare Bevorzugung von Waldfließgewässern dadurch erklären, daß sie einen großen Teil der Gewässerbiotope im Wald überhaupt stellen. MAI (1989) vermutet, daß die in Teichen und Fischteichen vorkommenden Larven vielfach

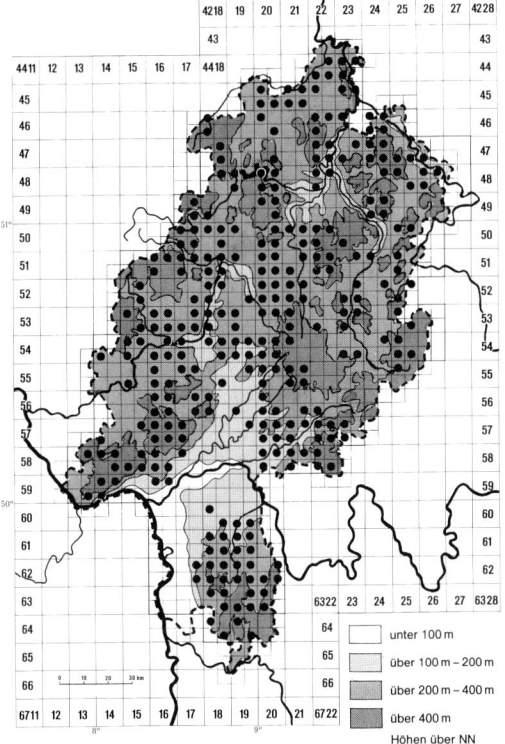

Abb. 8: Verbreitung des Feuersalamanders.

Der Feuersalamander – hier ein Exemplar der gefleckten Rasse – ist an der schwarz-gelben Warnfärbung zweifelsfrei zu erkennen.

dorthin eingeschwemmt wurden – diese These mag im Falle steiler Ufer naheliegen, widerspricht aber der rein am Vorhandensein von Wasser orientierten Laichplatzwahl des Feuersalamander-Weibchens nach BLAB.

FELDMANN und KLEWEN in FELDMANN (1981) stellen fest, daß nahezu alle Laichgewässer klares, nährstoffarmes, 8 bis 9 °C kaltes Wasser zeigen, das in aller Regel als Quellwasser wie Grund- und Hangdruckwasser anzusprechen ist.

Wald dominiert in der Umgebung des Laichgewässers: In 77 % der Fälle grenzt Wald an, der höchste Wert aller hessischen Amphibien. Als weitere Nennungen erfolgen 37 % landwirtschaftliche Flächen, 21 % Brachland und 5 % sonstige Nutzungen. Diese Zahlen vermitteln insofern ein etwas schiefes Bild, als landwirtschaftlich genutzte Areale nicht zum gewöhnlichen Lebensraum gehören; der Feuersalamander ist eine typische Waldart, die in Äcker und Grünland kaum vordringt.

75 % der erfaßten Salamander-Laichgewässer unterliegen keinerlei Nutzung – auch dies ist der höchste Wert unter allen hessischen Amphibienarten. Bei 18 % der Nennungen wurde das Gewässer als Fischteich genutzt, andere Nutzungen wie Zierteich, Feuerlöschteich und Badesee spielen keine nennenswerte Rolle.

Jahreslebensraum: Die metamorphosierten Feuersalamander leben ganzjährig außerhalb von Gewässern im engeren Sinne. Allein das Weibchen sucht kurzzeitig ein Gewässer auf, um die Larven abzusetzen. Die Aussagen von FELDMANN und KLEWEN (in FELDMANN 1981) für Westfalen lassen sich für Hessen bestätigen: Bewohnt werden ausreichend bodenfeuchte Laubwälder, vor allem Buchenwälder und Erlen-Eschen-Feuchtwälder, aber auch feuchte Eichen-Birken- und Eichen-Hainbuchen-Wälder. Gemieden werden hingegen alle trockeneren Varianten und die Nadelholzforsten mit Ausnahme alter, lückiger Fichtenforste mit Moos- und Krautvegetation. Waldrandlagen wie Übergänge zur freien Landschaft, Wald-Wiesentäler und Waldlichtungen scheinen gegenüber dem Waldinneren bevorzugt zu werden (FELDMANN und KLEWEN) – eine Tatsache, die den 37 %igen Anteil landwirtschaftlicher Flächen bei der Umgebungs-Beschreibung der Laichbiotope (siehe oben) erklärt.

Nur eine dünne Besiedlung verzeichnet HEIMER (1981) im Kreisteil Dieburg im Gegensatz zu anderen Waldtypen in trockeneren Kiefernwäldern, wo auch geeignete Laichgewässer fehlen.

Als »streifenfleckig« läßt sich dieser Feuersalamander bezeichnen. Die Flecken sind überwiegend zu zwei parallelen Streifen angeordnet.

MAI (1989) beobachtete in Waldeck-Frankenberg die individuenreichsten Populationen in Schluchtwäldern, zum Beispiel rund 5000 Exemplare im Naturschutzgebiet »Sonderrain/Talgraben« bei Bad Wildungen – solche großen Vorkommen besitzen höchste Schutzpriorität.

Lebensweise und Phänologie: Der Feuersalamander ist überwiegend nachtaktiv, nur bei und nach starken Regenfällen am späten Nachmittag oder Abend zeigt er sich auch einmal tagsüber. FELDMANN und KLEWEN (in FELDMANN 1981) nennen Luftfeuchte, Temperatur und Lichtmenge als wichtigste Parameter für die Aktivitätssteuerung:

– Die relative Luftfeuchtigkeit muß über 85 % liegen, die meisten Tiere verlassen erst bei mehr als 92 % relativer Feuchte ihre Tagesverstecke. BLAB (1986) konnte eine solch strenge Bindung allerdings nicht bestätigen.

– Unter einer Temperatur von 2 °C werden keine Salamander außerhalb ihrer Verstecke beobachtet; erst ab 4,5 bis 5 °C und feuchter Witterung setzt im Frühjahr höhere Aktivität ein. Nach BLAB (1986) sind, ausgenommen bei feinem Regen, zügige Wanderungen erst über 6 °C zu erwarten; unter diesem Wert verließen nur einzelne Individuen ihre Schlupfwinkel, ohne jedoch größere Strecken zurückzulegen. Aktivitätsmaxima liegen laut BLAB (1986) vornehmlich im Temperaturbereich zwischen 8 und 12 °C; bei über 16 °C Bodentemperatur seien auch unter ansonsten idealen äußeren Bedingungen nur gelegentlich aktive Individuen anzutreffen.

– Die eingestrahlte Lichtmenge sollte bei 0 bis maximal 2 Lux liegen; daher wird im Sommer ein Großteil der Tiere erst nach 23 Uhr aktiv. Lediglich bei Regenfällen nach längerer Trockenheit liegt der Schwellenwert mit 10 Lux bereits in der Dämmerung.

Phänologisch nennt MAI (1989) für den Feuersalamander im nordhessischen Kreis Waldeck-Frankenberg Beobachtungen ab Mitte März als frühesten Zeitpunkt; jahreszeitlich späte Registrierungen stammen von Ende Oktober und Anfang November. Ein aktives Weibchen stellte er bei milder Witterung am 7.1.1989 fest. BLAB (1986) spricht von einer Laichwanderung der Weibchen im Frühjahr ab Februar/März, einer Laichzeit (bzw. Larven-Absetzzeit) von Mitte Februar bis Anfang Juni mit Schwerpunkten in der zweiten Märzhälfte und vor allem von Mitte April bis Ende Mai. Vor Beginn der Sommeraktivität gegen Ende April/Anfang

Mai seien fast ausnahmslos Weibchen zu beobachten. Eine sommerliche Aktivitätspause erstrecke sich während der Monate Juli und August. Die höchsten Individuenzahlen beobachtete BLAB (1986) zwischen Mitte September und Mitte Oktober. Gegen Ende Oktober flache die Aktivität ab, Ende November erreiche sie den Nullpunkt.

Die Paarung findet an Land statt; sie wurde in Westfalen in den Monaten von März bis September beobachtet (FELDMANN und KLEWEN in FELDMANN 1981). Nach durchschnittlich etwa achtmonatiger Tragzeit werden die voll entwickelten Larven zwischen Februar und Oktober, gehäuft im März, im allgemeinen nach Einbruch der Dunkelheit ins Wasser abgesetzt. MALKMUS (1975) registrierte das Absetzen der Larven vornehmlich zwischen Ende April und Ende Mai.

Winterquartiere befinden sich allgemein in frostfreien Höhlungen des Unterbodens (zum Beispiel Kleinsäugerbauten), Felsspalten, Höhlen und Bergwerksstollen, wobei es nach Untersuchungen von FELDMANN und KLEWEN in Westfalen zu größeren Ansammlungen überwinternder Tiere kommen kann. MAI (1989) berichtet aus Waldeck-Frankenberg, daß nur in fünf von 32 untersuchten Bergwerksstollen Winterquartiere des Feuersalamanders gefunden wurden, obwohl die von FELDMANN und KLEWEN als erforderlich genannten klimatischen Bedingungen – eine Temperatur zwischen 8 und 10,5 °C und Luftfeuchte zwischen 92 und 99 % – fast stets gegeben seien. In allen Quartieren zählte MAI weniger als zehn Individuen. Bei Bad Wildungen wurden bei Waldwege-Bauarbeiten im Spätherbst in einer Felsspalte über 15 offensichtlich überwinternde Salamander gefunden (BAMBERGER nach MAI 1989).

Larven: Die Larven des Feuersalamanders entwickeln sich bereits im Mutterleib so weit, daß sie sofort beim Absetzen ins Wasser lebens- und aktionsfähig sind; manchmal befinden sie sich noch in der Eihülle, schlüpfen aber sogleich. Sie besitzen die typische molchartige Gestalt der Schwanzlurch-Larven mit außenliegenden Kiemenbüscheln und früh vorhandenen vier Beinen. Nach ARNOLD und BURTON (1979) werden sie bis zu 6,5 cm lang, ihre Schwanzspitze ist spitz oder gerundet, ihr oberer Flossensaum (vom Ruderschwanz ausgehender Saum) reicht zumindest ein kleines Stück auf den Rücken. Von oben betrachtet ist der Kopf breit und rund. Sehr häufig tragen die Feuersalamander-Larven je einen hellen, gelblichen Fleck an den Beinansätzen.

Larven können ganzjährig beobachtet werden, wenigstens ein Teil von ihnen scheint zu überwin-

tern (FELDMANN und KLEWEN in FELDMANN 1981, MAI 1989).

Aktionsraum: Feuersalamander legen in einer Nacht im Mittel eine Strecke von 200 m zurück, sie kehren dabei in der Regel in ihr individuelles Tagesversteck zurück (FELDMANN und KLEWEN in FELDMANN 1981). Die Alttiere scheinen in bezug auf Sommer- und Winterquartier recht ortstreu zu sein. Die Weibchen zeigen jedoch keine Bindung an einen einmal gewählten Laichplatz, sie orientieren sich allein hydrotaktisch und steuern meist die nächstgelegene Wasserstelle an (BLAB 1986). Daher werden neu entstandene Laichgewässer auch spontan zum Absetzen von Larven genutzt.

Während der Laichwanderung können die Weibchen auch größere Distanzen überwinden: BLAB (1986) wies als geringste Distanz 55 m, als höchste Entfernung 955 m nach, ohne die Zahl der zugrunde liegenden Beobachtungen zu nennen.

Gefährdung: Wenngleich gerade beim Feuersalamander von Erfassungslücken auszugehen ist, erscheint er dennoch landesweit durch verschiedene Einflüsse als bedroht. Seine enge Bindung an Laubwald bedingt lokale Bestandseinbußen durch forstliche Maßnahmen; die Aufforstung mit Nadelhölzern an früheren Laubwald-Standorten, Kahlschlag-Wirtschaft und forstlichen Wegebau. Immer wieder finden sich auf asphaltierten und geschotterten Waldwegen auch bei nur geringem Verkehr (meist forstwirtschaftlich und jagdlich bedingt) Dutzende überfahrener Salamander (siehe auch MAI 1989). Kleine Populationen erscheinen durch diese lokalen Einflüsse im Wald stark gefährdet.

Starke Verluste verursacht der Verkehr auf den Straßen, da sich der Feuersalamander nur langsam fortbewegt und auf nassen Asphaltstraßen auch nach Beute sucht; im westfälischen Bergland sprechen FELDMANN und KLEWEN (in FELDMANN 1981) beim Feuersalamander vom häufigsten Straßenopfer nach Igel und Erdkröte. Allein 102 überfahrene Salamander zählte MAI (1989) auf einer schwach befahrenen Siedlungsstraße in Bad Wildungen-Odershausen zwischen 29.6. und 3.8.1980. Da in diesem Fall jenseits der Straße nur Siedlungen und landwirtschaftliche Flächen liegen, wurde ein 30 cm hoher und 350 m langer Schutzzaun installiert. Es konnte so eine starke Verringerung der Zahl überfahrener Tiere erreicht werden.

Auf mögliche Gefahren durch die zunehmende Versauerung der Fließgewässer weist MAI (1989) hin, Untersuchungen dazu sind jedoch noch nicht bekannt. THIELCKE et al. (1991) sprechen gar davon, daß Larven in übersauerten Waldbächen absterben, ohne dies zu belegen.

Hinweise zur Beobachtung: Alttiere lassen sich am besten nach starken spätsommerlichen Regenfällen gegen Abend bei einbrechender Dämmerung erfassen, indem Waldwege aufmerksam abgegangen werden. Dann läßt sich durch Zählung auch am ehesten die Populationsstärke abschätzen. Auf die Nutzung eines Kraftfahrzeuges ist dabei aus Schutzgründen zu verzichten, da die Salamander trotz ihrer an sich auffälligen Warnfärbung vom Auto aus leicht übersehen und dann überfahren werden. Dies betrifft nicht nur frisch metamorphosierte, sondern auch ausgewachsene Tiere.

Zur vollständigen Erfassung ist es notwendig, alle potentiellen Laichgewässer auf Larven hin zu kontrollieren – sämtliche Waldgewässer, und zwar neben den Wagenspuren, Tümpeln, Teichen und Quellmulden insbesondere die Fließgewässer und deren Kolke. Selbst kleinste, temporäre Rinnsale mit bei Austrocknung zurückbleibenden Tümpeln können Salamander-Larven beherbergen. Am besten geeignet zur Erfassung von Salamander-Larven sind die Monate Mai bis Juli (LEMMEL 1977).

4.2 Bergmolch (*Triturus alpestris*)

Kennzeichen: Eine dunkle Oberseite und eine leuchtend orangefarbene, ungefleckte Bauchseite kennzeichnen den Bergmolch. Die Kehle kann gemustert sein. Der Rücken ist schiefergrau bis bläulich oder schwärzlich gefärbt, der des Weibchens oft mehr bräunlich. In Wassertracht trägt das Männchen eine etwa 2 mm hohe, gelblich-schwarz gemusterte, glattrandige Hautleiste. Die Haut beider Geschlechter ist im Wasser glatt oder körnig, an Land hingegen samtartig. An den Flanken des Körpers tragen sie zahlreiche Tupfen, die beim Männchen oft auf hellblauem Grund sitzen und ein gitterartiges Muster bilden – in Wassertracht besonders kräftig.

Das Bergmolch-Weibchen wird bis zu 12 cm lang, das Männchen ist mit etwa 8 cm deutlich kleiner.

Status: 1168 Vorkommen wurden gemeldet, die Präsenz beträgt 82 % (76 %); aus 503 von 613 bearbeiteten (bzw. 660 in Hessen vorhandenen) Quadranten liegt mindestens ein Nachweis vor. Damit ist der Bergmolch nach Grasfrosch und Erdkröte die dritthäufigste Amphibienart und die häufigste der vier Molcharten in Hessen.

Verbreitung: Der Bergmolch kommt in allen Naturräumen vor (Abb. 10). Etwas dünner ist seine Häufigkeit vor allem im Rhein-Main-Tiefland, wo die Lebensbedingungen infolge fehlenden oder nur ge-

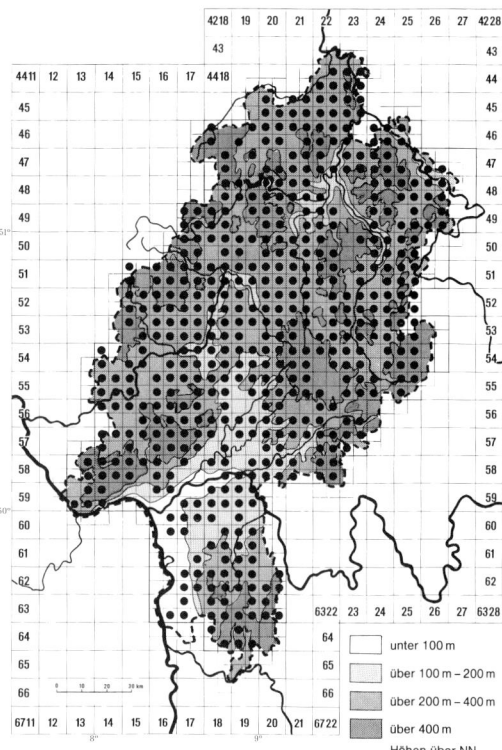

Abb. 10: Verbreitung des Bergmolches.

ringen Waldanteils und ausgedehnter Landwirtschafts- und Siedlungsflächen schlecht sind. In den Mittelgebirgen hingegen ist er noch weiträumig verbreitet. Dort vorhandene Lücken lassen eher auf Kartierungsdefizite als auf sein Fehlen schließen.

Für den nordhessischen Kreis Waldeck-Frankenberg geht MAI (1989) von einem flächendeckenden Vorkommen des Bergmolchs aus, lediglich in der Umgebung von Korbach und östlich von Frankenberg seien kleinere echte Verbreitungslücken festzustellen. In Bereichen mit geringem Waldanteil seien oft nur kleine Vorkommen anzutreffen.

Auch MERTENS (1947) nennt den Bergmolch als neben dem Teichmolch häufigste Molchart, der außer im Bergland auch »fast allenthalben in der bewaldeten Ebene – mit Ausnahme der Täler großer Ströme mit ihren Überschwemmungsgebieten –« auftrete.

Im hessischen Spessart ist der Bergmolch die mit Abstand häufigste Molchart mit 73,5 % der Populationsstärke und 70 % der Laichplätze aller vier Arten (MALKMUS 1975).

Populationsstärke: Generell scheint der Bergmolch häufig in kleinen Populationen aufzutreten. 75 % von 131 durch MAI (1989) untersuchten, vom Bergmolch bewohnten Gewässern waren von weniger als 50 Individuen besiedelt. Immerhin 12 % der Bestände zählten jedoch über 100 Exemplare. Für Westfalen nennen FELDMANN und BELZ in FELDMANN (1981) für 68 % der Quartiere Kleinpopulationen mit weniger als 20 Tieren, 84 % nehmen Bestände von unter 50 Tieren sein, 8 % über 100. Dabei fluktuieren die Bestände von Jahr zu Jahr stark (BLAB 1986, MAI 1989).

Aufgrund der Zählung an einem 700 m langen Amphibienschutzzaun an der Vorsperre des Twistestausees im Jahre 1979 ist dort von einer Population von mindestens 450 Individuen auszugehen (JEDICKE 1982a). Im Kreisteil Dieburg registrierte HEIMER (1981) unter über 70 Vorkommen eine besonders starke Population mit mehreren hundert Exemplaren in einem Steinbruch am Rande des Vorderen Odenwaldes.

Laichhabitat: Als Laichgewässer nutzt der Bergmolch ein weites Spektrum unterschiedlicher Gewässertypen. 41 % von 1 331 hessischen Laichgewässern sind Teiche, 26 % Tümpel, 10 % Gräben, 8 % Wagenspuren und 5 % Bachläufe/Kolke (Abb. 11). In der Realität ist von einem noch höheren Anteil an Wagenspuren, Tümpeln und anderen, oft nur temporären Kleingewässern auszugehen. Innerhalb von Waldgebieten bergen sie vielfach die weitaus meisten Bergmolch-Vorkommen; bei der Kartierung werden diese Gewässer jedoch leicht übersehen. Nach nicht quanitativ belegbaren Beobachtungen ist er die häufigste Amphibienart in temporären Waldtümpeln, insbesondere wassergefüllten Wagenspuren (so LEMMEL 1977 für Niedersachsen). In Fließgewässern werden nur Kolke und sehr träge fließende Abschnitte besiedelt.

Für den Raum Bad Wildungen/Edertal nennt MAI (1989) von 131 Laichgewässern 39 % Tümpel, 20 % Fischteiche, 19 % Teiche, 12 % Pfützen und 10 % Fließgewässer. Waldnahe, teilweise besonnte Teiche mit mäßig üppiger Unterwasservegetation beherbergen die größten Populationen.

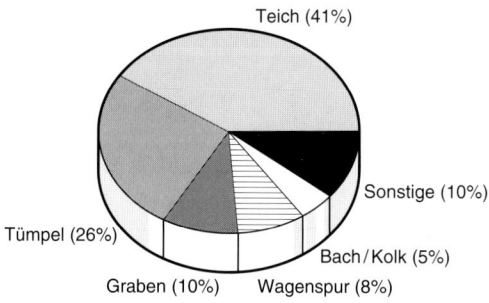

Abb. 11: Laichhabitat des Bergmolches (n = 1331).

66 % der hessischen Laichgewässer grenzen an Wald, 39 % an landwirtschaftliche Flächen – die als Lebensraum allerdings kaum infrage kommen. Brachland nimmt 21 % und Abbaugelände 8 % ein, sonstige Flächen werden mit 1 % genannt. Somit ist ein deutlicher Bezug zum Wald festzustellen.

Ungenutzt sind 66 % der kartierten Bergmolch-Laichgewässer; 25 % dienen als Fischteich, 4 % als Zierteich, 3 % als Feuerlöschteich.

Diese Zahlen decken sich mit Angaben in der Literatur. BLAB (1986) beobachtete bei Berg-, Faden- und Teichmolch bezüglich ihrer Ansprüche an das Laichgewässer »mit die breiteste ökologische Amplitude aller einheimischen Amphibienarten überhaupt«. Als eher kaltstenotherme Art besiedele der Bergmolch auch sehr schattige Gewässer. Gleiches bestätigt MALKMUS (1975), der ephemere Pfützen der Waldwege als weitaus wichtigsten Laichgewässertyp im hessischen Spessart hervorhebt.

Jahreslebensraum: Laubwälder sind der wichtigste Lebensraumtyp außerhalb der Gewässer, doch liegen hier wie bei allen Molchen nur wenig konkrete Literaturangaben vor. ARNOLD und BURTON (1979) sprechen von »sehr kühlen, feuchten Stellen«, »fast immer in oder in der Nähe von Wasser«. BLAB (1986) zählt den Bergmolch zu den Amphibien, die Baumbestände bevorzugen und somit schwerpunktmäßig Wälder besiedeln, zum Teil aber auch Gehölzgruppen, Obstwiesen und Heckenlandschaften. Dabei sei diese Bindung des Bergmolchs nur im planar-collinen Bereich sehr eng. Besiedelt würden nahezu alle Waldgesellschaften mit Ausnahme der generell sehr amphibienfeindlichen dichten, 15- bis 30jährigen Fichtenkulturen mit starker Rohhumusauflage.

HEIMER (1981) registrierte die Verbreitungsschwerpunkte zwar in den Waldgebieten, aber einzelne Laichgewässer auch weit entfernt von Wäldern. LEMMEL (1977) konstatiert eine Bindung an Laubwaldbiotope, doch könne sich der Bergmolch vor allem während der Laichperiode ausnahmsweise einige hundert Meter von diesen entfernen.

Lebensweise und Phänologie: In Waldeck-Frankenberg beginnen die Wanderungen zu den Laichgewässern in der Regel ab Mitte März und erstrecken sich je nach Witterung bis Ende April (MAI 1989). Erste Tiere im Wasser registrierte MERTENS (1947) bereits im Februar, die Laichzeit erstrecke sich am häufigsten von April bis Anfang Mai. Bei ungünstigen Bedingungen – wie einem Kälteeinbruch im April oder Austrocknen des Tümpels im Mai – können die Molche nach FELDMANN und BELZ (in FELDMANN 1981) an Land gehen und später unter

Der männliche Bergmolch zeigt eine dunkle, schiefergrau bis bläulich gefärbte Oberseite. In Wassertracht trägt das Männchen eine gelblich-schwarz gemusterte Rückenleiste, die 2 mm hoch ist, und marmorierte Flanken.

Der weibliche Bergmolch ist oberseits bläulich-dunkelgrau marmoriert. Unterseits fällt das Weibchen wie das Männchen durch eine kräftig orangegelbe Färbung ohne Flecken auf.

günstigeren Umständen erneut das Laichgewässer aufsuchen; noch bis Ende Mai können Molche zuwandern. BLAB (1986) geht davon aus, daß bis Ende April praktisch alle Individuen der drei kleinen Molcharten im Laichgewässer angelangt sind. Im Münsterland wurde eine durchschnittliche Aufenthaltsdauer des Bergmolchs im Wasser zwischen 3 und 4,8 Monaten festgestellt (GLANDT nach FELDMANN 1981).

Die Laichzeit von Berg-, Faden- und Teichmolch zieht sich über viele Wochen hin, Ende Mai gefangene Weibchen setzen im Aquarium regelmäßig noch Eier ab (BLAB 1986). Die Dauer der aquatischen Lebensweise umfaßt nicht allein das Fortpflanzungsgeschehen; Molche nehmen nach BLAB im Wasser wesentlich mehr Nahrung als an Land zu sich, sammeln also durch ihr frühzeitiges Anwandern im kühlen Frühjahr noch Energie für das Laichgeschäft.

Die drei kleinen Molcharten verlassen die Gewässer – angeführt vom Bergmolch – nach BLAB (1986) vor allem im Laufe des Monats Juni, wobei nicht sicher zu klären sei, ob es sich dabei bereits um eine echte Abwanderung oder lediglich um ein Ausdehnen des Aktionsraumes über die Gewässergrenzen hinaus handelt.

Bergmolche können im tieferen Wasser überwintern (siehe auch MERTENS 1947), nutzen im Normalfall jedoch offenbar Landverstecke (FELDMANN und BELZ in FELDMANN 1981). Eine herbstliche Wanderung ist nicht (FRÖHLICH et al. 1987) bzw. nur schwach zwischen Ende September und Mitte Oktober (FELDMANN und BELZ) zu verzeichnen.

Laich und Larven: Molchweibchen legen nach FRÖHLICH et al. (1987) 100 bis 300 grau bis beige gefärbte Eier mit einem Durchmesser zwischen 1,3 und 1,8 mm. Diese werden meist in der Nacht einzeln in vom Molch gefaltete Blätter von Wasserpflanzen geheftet oder ins Wasser abgegeben, gelegentlich auch an Steinen oder im Wasser liegenden Ästen befestigt. Die 7 bis 10 mm (Bergmolch) oder 5 bis 6 mm (Fadenmolch) langen Larven schlüpfen, so FRÖHLICH et al., nach ein bis vier Wochen; ihre Larvalentwicklung dauert bis zur Metamorphose ein bis vier Monate.

Die Bergmolch-Larve wird bis zu 5 cm lang. Ihr Schwanz verjüngt sich in der Höhe nur wenig und endet meist abrupt mit einer stumpfen Spitze, die ein sehr kurzes Filament tragen kann (ARNOLD und BURTON 1979). Das Schwanzende ist dunkel pigmentiert (LEMMEL 1977). Bis zur Metamorphose benötigen die Bergmolch-Larven im Vergleich mit den anderen Molchen recht lange: Nach einjährigen Untersuchungen von BLAB in einem

Maar verließen 78 % frisch metamorphosierter Bergmolche im September, 20 % im Oktober und 2 % im November das Gewässer. MERTENS (1947) berichtete von einem späten Larvenfund am 18. Oktober im Vogelsberg.

Aktionsraum: BLAB (1986) unterstreicht, daß Berg-, Faden- und Teichmolch außerhalb der Wanderzeiten nur selten an Land zu beobachten seien. Er führt das zurück auf die geringe Erfassungs-Wahrscheinlichkeit der kleinen Tiere sowie eine versteckte Lebensweise und geringe Mobilität im Sommerquartier. Für eine sehr stationäre Lebensweise außerhalb der Wanderzeiten sprechen nach seinen Beobachtungen wiederholte Funde einzelner Molchindividuen über Wochen und teils Monate unter demselben Baumstamm, ferner das Verbleiben eines großen Teils der Populationen im unmittelbaren Gewässerbereich, ohne daß diese Individuen in aufgestellte Fallen gerieten.

Als Aktionsraum zwischen Laichgewässer und Jahreslebensraum gibt BLAB (1986) einen Radius von etwa 400 m an.

Gefährdung: Der Bergmolch rangiert als dritthäufigste Amphibienart dicht hinter der Erdkröte – lokal kehrt sich das Verhältnis auch um – und ist damit nicht akut bedroht. Seine Anspruchslosigkeit in bezug auf das Laichgewässer und die Art der besiedelten Waldbiotope bei relativ stationärer Lebensweise bewirken einen gewissen Schutz vor einer landesweiten Bestandsgefährdung. Lokal können jedoch Straßentod, Verfüllung und permanente Austrocknung von Laichgewässern und die Ausdehnung von Nadelholz-Forsten Bestände akut gefährden, so daß Schutzmaßnahmen nötig werden. LEMMEL (1977) sieht eine besondere Bedrohung von Populationen in der Nähe menschlicher Siedlungen durch molchfangende Kinder. Da die Laichpopulationen häufig sehr klein sind, ist davon auszugehen, daß sie leicht zum Aussterben gebracht werden können.

Hinweise zur Beobachtung: Am sichersten sind alle Molcharten in ihren Laichgewässern zu finden. Als optimalen Zeitpunkt für quantitative Erfassungen dort nennt BLAB (1986) die ersten Maiwochen für Berg-, Faden- und Teichmolch, deren Populationen bis Ende April nahezu vollständig im Laichgewässer vertreten seien. In kleineren Gewässern ist dann das Abkeschern der Molche möglich, die vorübergehend in ein Wassergefäß und dann so rasch wie möglich wieder zurück in ihr Laichgewässer gesetzt werden. Behutsames Vorgehen ist beim Keschern geboten, weil beim Abstreifen von Wasserpflanzen angeheftete Molcheier abgerissen und zerstört werden. Im Interesse des Artenschutzes ist also auf

»rasenmäherartiges« Abkeschern der Molchgewässer unbedingt zu verzichten.

Noch schonender und in kleinen Gewässern meist völlig ausreichend ist das langsame und vorsichtige Beseiteschieben von Pflanzen und schwimmendem Holz im Wasser, unter denen sich häufig Molche verbergen.

4.3 Fadenmolch (*Triturus helveticus*)

Kennzeichen: Faden- und Teichmolch sind relativ kleine, oberseits lehm- bis blaßbraun gefärbte Molcharten, die zugleich eine helle, meist gepunktete Bauchseite besitzen. Ganzjährig sind die beiden Arten am deutlichsten an ihrer Kehle zu unterscheiden, die beim Fadenmolch im Gegensatz zum Teichmolch stets ungefleckt ist. Das Weibchen wird bis 9 cm lang (meist kleiner), das Männchen bis 6 cm.

Die Kopfseiten des glatthäutigen Molchs zeigen häufig einen dunklen Streifen. Die Oberseite trägt vielfach kleine Flecken. Die Bauchmitte ist als Mittelstreifen gelb bis silbrig orange, jedoch nicht so intensiv wie bei Berg- und Kammolch gefärbt. In der Regel ist die Bauchseite fein gepunktet oder fast ungepunktet (beim Teichmolch-Weibchen hier zahlreiche kleine, beim Teichmolch-Männchen hingegen große dunkle Punkte). An Land lebende Fadenmolche tragen eine trocken-samtige Haut.

In Wassertracht fällt die Färbung deutlich kräftiger aus. Das Männchen besitzt eine Hautleiste auf dem Rücken und – besonders auffallend – breite, glattrandige Hautsäume an Ober- und Unterseite des Schwanzes. Den so verbreiterten Schwanz ziert ein orangefarbenes Band, das von zwei Reihen dunkler Flecken eingefaßt wird. Unverwechselbar ist das Männchen auch durch einen 5 bis 10 mm langen, feinen Hautfaden an der Schwanzspitze – der jedoch auch fehlen kann – und schwimmhautartige Verbreiterungen an den dann dunklen Hinterfüßen.

Status: 364 Vorkommen wurden gemeldet, die Präsenz beträgt 33 % (30 %); aus 200 von 613 bearbeiteten (bzw. 660 in Hessen vorhandenen) Quadranten liegt mindestens ein Nachweis vor. Der Fadenmolch ist damit die siebthäufigste Amphibienart und mit großem Abstand nach Berg- und Teichmolch die dritthäufigste Molchart.

Verbreitung: Das Verbreitungsbild des Fadenmolchs (Abb. 12) in Hessen ist recht lückenhaft. Schwerpunkte des Vorkommens liegen im Hügelland und in den Mittelgebirgen, so in Teilen des West- und Osthessischen Berglandes (Kellerwald und angrenzende Naturräume, Fulda-Werra-Bergland), am Ostsauerländer Gebirgsrand, im Taunus und Odenwald. Stets ergibt sich jedoch auch hier kein geschlossenes Verbreitungsgebiet; viele Vorkommen scheinen inselartig isoliert zu sein. Im Kreisteil Dieburg ist der Fadenmolch mit nur drei Vorkommen – alle am Odenwald-Rand – die seltenste Molchart (HEIMER 1981).

Größere Vorkommenslücken sind zum Beispiel im Nördlichen Oberrhein-Tiefland, im Rhein-Main-Tiefland mit Messeler Hügelland, Untermainebene und Wetterau zu finden. Das Flachland wird offenbar von Natur aus weitgehend gemieden; FELDMANN (1981) beobachtete in Westfalen nur wenige Vorkommen unterhalb von 200 m über NN, lediglich im Vorland der Mittelgebirge registrierte er ausnahmsweise auch Beobachtungen unter 100 m Meereshöhe.

Zum anderen kann die lückenhafte Verbreitung auch auf die Tatsache zurückgeführt werden, daß der Fadenmolch mit den hessischen Vorkommen in etwa seine östliche Verbreitungsgrenze erreicht; ARNOLD und BURTON (1979) nennen Westeuropa einschließlich des westlichen Deutschlands als be-

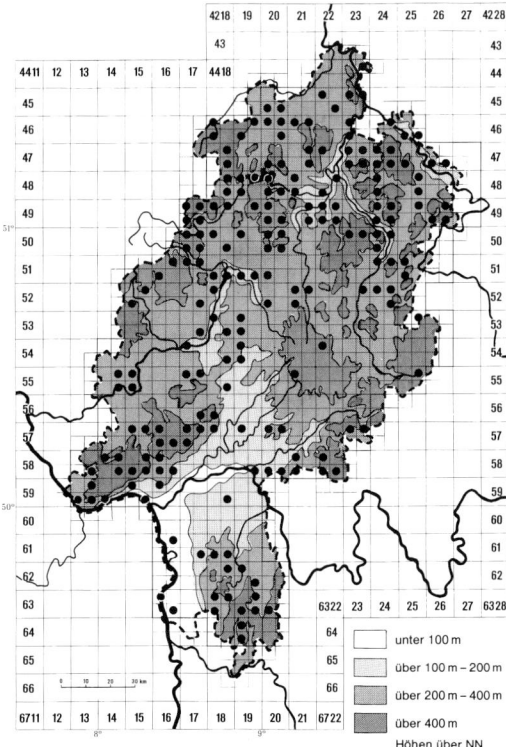

Abb. 12: Verbreitung des Fadenmolches.

unter 100 m
über 100 m – 200 m
über 200 m – 400 m
über 400 m
Höhen über NN

siedeltes Areal. In Niedersachsen entspricht die östliche Landesgrenze der Verbreitungsgrenze (LEMMEL 1977). So läßt sich das weitgehende Fehlen des Fadenmolchs im Unteren und Hohen Vogelsberg, in den südlichen Teilen des Fulda-Haune-Tafellands, in der Fuldaer Senke und in der Vorder- und Kuppenrhön mit der hier offenbar nach Westen vorstoßenden Arealgrenze erklären, die nur ganz wenige Vorkommen überwinden.

Populationsstärke: Große Populationen sind aus dem Kreis Waldeck-Frankenberg bekannt: rund 1500 bis 2000 Exemplare an der Vorsperre des Twistesees bei Arolsen (JEDICKE 1982a, heute vermutlich deutlich weniger), je 1200 Exemplare bei Gellershausen (MAI 1984) und Twistetal-Mühlhausen (WERNZ nach MAI 1989). In 68 untersuchten Laichgewässern im Raum Bad Wildungen/Edertal fanden sich in 81% der Fälle weniger als 50 Exemplare (MAI 1989). Der Autor weist wie bei allen Molcharten starke Populationsschwankungen nach.

Laichhabitat: 46% der vom Fadenmolch besiedelten Gewässer sind Teiche, 27% Tümpel und 11% Gräben (Abb. 13). Nur geringe Bedeutung besitzen

Der Fadenmolch hat mit dem Teichmolch eine lehmfarbene Ober- und eine gelbliche bis hellorangefarbene Unterseite gemein. Ein Unterscheidungsmerkmal ist die stets ungepunktete Kehle des Fadenmolchs, vor allem aber das zu einem spitzen Faden ausgezogene Schwanzende des Männchens.

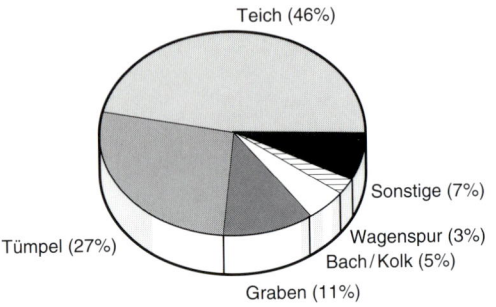

Abb. 13: Laichhabitat des Fadenmolches (n = 276).

nach den Ergebnissen der Kartierung Bachstaue, Wagenspuren, Quellmulden, Seen und andere Gewässertypen. Jedoch scheinen temporäre Gewässer wie Wagenspuren in diesen Zahlen unterrepräsentiert zu sein. MAI (1989) vermutet, daß die starke Abnahme von Kleinstgewässern im Wald – zum Beispiel durch den Waldwegebau – zu einem Ausweichen des Fadenmolches auf suboptimale Habitate wie Teiche und Fischteiche führt.

Keine erkennbare Nutzung geben die Kartierer für 66% der Laichgewässer an; 23% werden als Fischteich, 5% als Zierteich, 4% als Feuerlöschteich und 2% als Klärteich genutzt. Somit muß allein von der Nutzung her etwa ein Drittel der Laichgewässer als suboptimal gelten.

66% der Gewässer werden von Wald umgeben, 42% grenzen an landwirtschaftliche Nutzfläche,

die jedoch als Lebensraum gemieden wird. Die weiteren Nennungen zur Umgebung betreffen Brachland (23 %), Abbaugelände (9 %), Freizeitgelände (2 %) und bebaute Fläche (1 %). Fast stets befinden sich die Laichgewässer im Wald oder in dessen unmittelbarer Nähe – eine Beobachtung, die sich in den vorgenannten Zahlen nicht ausreichend widerspiegelt. Als Ausnahme nennt WERNZ (nach MAI 1989) eine 1200 Individuen zählende Population bei Twistetal-Mühlhausen, die 1,5 km vom Wald entfernt in einem kleinen Wiesental mit Heckenbestand lebt.

BLAB (1986) bezeichnet den Fadenmolch in bezug auf seine Laichgewässer als eher kaltstenotherme Art; besonntes Wassers werde im Tiefland gemieden, im collinen Bereich würden dagegen besonnte und schattige Gewässer gleichermaßen besiedelt. FRÖHLICH et al. (1987) schreiben dem Fadenmolch eine starke Neigung zu, kleinere, kühlere und klare Laichgewässer aufzusuchen; auch quellgespeiste Teiche und schwachfließende Gräben und Rinnsale, die Teich- und Kammolch mieden, würden vom Fadenmolch angenommen. LEMMEL (1977) beschreibt die Laichgewässer als meistens schattig-kühl und nur mäßig mit Nährstoffen versorgt.

MALKMUS (1975) beschreibt den Fadenmolch als einen typischen Bewohner schwach fließender, kalter Kleingewässer innerhalb des Spessart-Waldgebietes; nahezu sämtliche Laichgewässer würden von einer Quelle gespeist.

Jahreslebensraum: Der Fadenmolch beansprucht Laub- und Laubmischwälder als Jahreslebensraum. Außerhalb der Laichwanderungen ist er nur selten an Land zu beobachten. BLAB (1986) spricht von einer Präferenz für Baumbestände. LEMMEL (1977) nennt für Niedersachsen »hauptsächlich größere, zusammenhängende Gebiete bodensaurer Buchen- und Eichenwälder sowie an ihrer Stelle entstandene Fichten- und Kiefernforste« als Lebensraum. Reine Nadelholzforsten scheinen nach hessischen Beobachtungen jedoch weitgehend gemieden zu werden.

Lebensweise und Phänologie: siehe auch Bergmolch. MAI (1989) berichtet aus Waldeck-Frankenberg von den frühesten Beobachtungen in der ersten Märzdekade; noch Anfang September wurden die letzten Fadenmolche in einem Gewässer beobachtet, das für eine Überwinterung zu flach erschien. Im Taunus suchen Fadenmolche das Gewässer meist im April auf (MERTENS 1947). In Westfalen beginnt die Laichwanderung nach Erstbeobachtungen Ende Februar/Anfang März frühestens im letzten Märzdrittel, meist in der ersten Aprilhälfte

(FELDMANN 1981). Die Gewässer werden dort im Juni bis Anfang Juli verlassen. Über das Leben an Land ist ähnlich wie bei den anderen Molcharten wenig bekannt. Den Winter verbringen Fadenmolche nach MERTENS (1947), »wenigstens in unserer Gegend, niemals im Wasser«.

Laich und Larven: siehe auch Bergmolch. Die Fadenmolch-Larve wird nach ARNOLD und BURTON (1979) bis 4 cm lang, im Normalfall bleibt sie jedoch kleiner. Ihr Schwanz verjüngt sich allmählich zu einer Spitze, trägt aber kein Filament. Beim Teichmolch ist der Schwanzsaum höher und läuft rascher zu einer stumpferen Spitze zu, doch können die Larven beider Arten meist erst unmittelbar vor ihrer Metamorphose unterschieden werden (LEMMEL 1977): Die Fadenmolch-Larve erhält dann ein Rückenmuster aus einer Kette großer Kreise, die auf der Rückenmitte unterbrochen sind; Teichmolch-Larven zeigen höchstens je einen Längsstreifen jenseits der Rückenmitte.

Aktionsraum: siehe auch Bergmolch. BLAB (1986) gibt einen Radius des Jahreslebensraums von maximal 400 m an. Aufgrund der versteckten Lebensweise an Land sind solche Werte indes schwer nachzuprüfen.

Gefährdung: Die Situation des Fadenmolchs unterscheidet sich landesweit, selbst innerhalb der einzelnen Naturräume recht deutlich. Während MAI (1989) für Waldeck-Frankenberg mit vergleichsweise guten Beständen den Fadenmolch nicht zu den bestandsgefährdeten Arten rechnet, gleichwohl auf zurückgehende Bestände verweist, ist in den meisten Landesteilen von einer Gefährdung auszugehen. Verschiedene Faktoren bedingen eine erhöhte Bedrohung:
– das Erreichen der natürlichen Arealgrenze in östliche Richtung und zum Tiefland,
– im allgemeinen sehr kleine Populationsgrößen,
– die Besiedlung auch von suboptimalen Laichhabitaten, die einen Mangel an anthropogen ungenutzten Gewässern vermuten lassen.

Als Gefährdungsursachen sind auch hier vor allem Straßentod, Zerstörung und Austrocknen von Laichgewässern sowie die Nutzung von Gewässern als Angelteiche zu nennen. Ebenfalls negativ wirkt sich der erhöhte Nadelbaum-Anteil in den Forsten aus.

Hinweise zur Beobachtung: siehe Bergmolch.

Sonstiges: Einer der ältesten Fundorte des Fadenmolches in Deutschland befindet sich bei Königstein im Taunus, wo ihn KIRSCHBAUM im Jahre 1859 beschrieb; der deutsche Erstnachweis stammt von 1838 aus Freiburg (MERTENS 1947).

4.4 Teichmolch (*Triturus vulgaris*)

Kennzeichen: Lehmig bis braun ist die Grundfärbung des Teichmolches, der bis 9,5 cm (Männchen) bzw. 11 cm (Weibchen) groß wird. Ober- und vor allem unterseits trägt er auf glatter Haut meist dunkle Flecken, die größer und häufiger als beim Fadenmolch sind; die Männchen zeigen dickere Flecken als die Weibchen. Die Bauchmitte ist in einem schmalen Streifen orangegelb gefärbt, dessen Seiten hellgelb. Im Normalfall zeichnen den gesamten Bauch – in deutlichem Unterschied zum Fadenmolch einschließlich der Kehle – dunkle Tupfen oder Flecken (jedoch kommen selten auch Teichmolche mit ungefleckter Kehle vor).

Zur Laichzeit werden Färbung und Fleckung deutlich kräftiger. Das Teichmolch-Männchen trägt in Wassertracht bei oberseits dicken, dunklen Flecken und deutlichen Streifen am Kopf einen hohen, gewellten Rücken- und Schwanzkamm (während dessen Entwicklung und Rückbildung auch fast glattrandig). Sein unterer Hautsaum am Schwanz sticht durch ein orange- und ein darüber liegendes perlmuttfarbenes Längsband hervor, die

Zehen der Hinterfüße sind durch Hautsäume verbreitet. Den Schwanz des Weibchens zieren in Wassertracht ober- und unterseits glattrandige, schmale Hautsäume.

Status: 1345 Vorkommen wurden gemeldet, die Präsenz beträgt 78 % (72 %); aus 476 von 613 bearbeiteten (bzw. 660 in Hessen vorhandenen) Quadranten liegt mindestens ein Nachweis vor. Der Teichmolch ist damit in Hessen die vierthäufigste Amphibien- und, relativ dicht hinter dem Bergmolch, die zweithäufigste Molchart.

Verbreitung: Der Teichmolch wurde in allen Naturräumen Hessens nachgewiesen, wobei Lücken insbesondere in den ausgeräumten und intensiv vom Menschen genutzten Landschaften bestehen (Abb. 14). Höhenlagen über 400 bis 500 m werden jedoch nur selten besiedelt, und geschlossene Wälder scheinen von Nachteil zu sein (siehe auch MAI 1989).

MERTENS (1947) bezeichnet den Teichmolch als »fast überall eine sehr häufige Erscheinung«, nur in höheren Lagen (Taunus) sei er seltener als Berg- und Fadenmolch. Dies trifft auch auf den hessischen Spessart zu: Hier zeigt der Teichmolch »ein höchst eigentümlich zersplittertes Verbreitungsbild, das sich aus Kleinstpopulationen und isoliert auftretenden Einzelvorkommen rekrutiert« (MALKMUS 1975).

Populationsstärke: Kleine Populationen mit weniger als 50 Individuen überwiegen auch beim Teichmolch, im Raum Bad Wildungen/Edertal nehmen sie 81 % von 90 untersuchten Beständen ein (MAI 1989). Aufgrund der Zählung an einem 700 m langen Amphibienschutzzaun an der Vorsperre des Twistestausees im Jahre 1979 ist dort von einer Population von mindestens 330 Individuen auszugehen (JEDICKE 1982a). Aus dem Kreisteil Dieburg berichtet HEIMER (1981), daß mindestens zwei der erfaßten Gewässer jeweils mehreren hundert Teichmolchen als Laichplatz dienen.

Laichhabitat: Teiche nutzen 47 % der hessischen Teichmolch-Populationen als Laichhabitat, 29 % Tümpel. Als weitere Laichgewässer wurden Gräben (8 %) und Baggerseen (4 %) genannt (Abb. 15), in Ausnahmefällen auch Wagenspuren, Bachstaue, Seen, Überschwemmungsgebiete, Wasser in Betonbecken, Quellmulden, Altarme und Kolke. Dies spiegelt die große Vielfalt besiedelter Gewässertypen wider, die den Teichmolch als wenig wählerisch in bezug auf sein Laichhabitat ausweisen.

58 % der Laichgewässer lassen keine Nutzung erkennen. 31 % dienen als Fischteich, 5 % als Zierteich, 4 % als Feuerlöschteich, 2 % als Badesee; in sechs Fällen (0,5 %) wurden auch Klärteiche besiedelt.

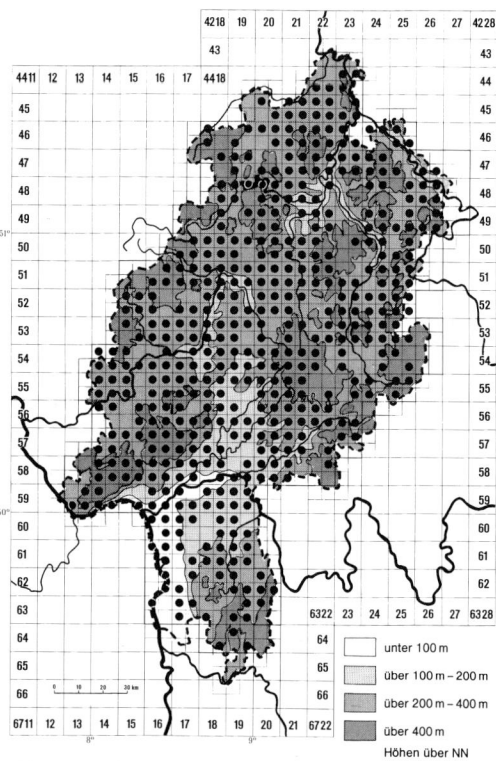

Abb. 14: Verbreitung des Teichmolches.

unter 100 m
über 100 m – 200 m
über 200 m – 400 m
über 400 m
Höhen über NN

Dicke runde Flecken
kennzeichnen den Teich-
molch ober- und unter-
seits. Hier ein prächtig
gefärbtes Männchen in
der Wassertracht.

Im Vergleich zum Faden-
molch deutlich größere
dunkle Punkte zieren auch
die hellorangene Bauch-
mitte des Teichmolches.

Die Landform des Teich-
molchs ist eher unschein-
bar.

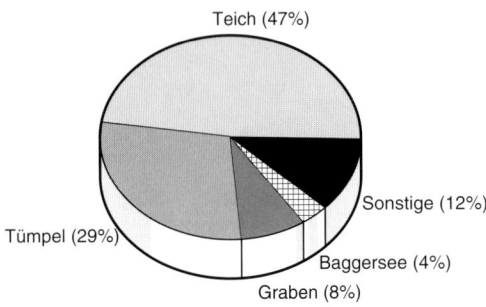

Abb. 15: Laichhabitat des Teichmolches (n = 1077).

In der Umgebung der Laichgewässer findet sich in 55 % der Fälle Wald, in 43 % landwirtschaftliche Nutzfläche, in 23 % Brache. Gewisse Bedeutung besitzen auch Abbaugelände (10 %). Jeweils an knapp 2 % der Gewässer grenzen Freizeitgelände und bebaute Fläche an.

Auch in der Literatur werden geringe Ansprüche des Teichmolchs an sein Laichhabitat beschrieben. Nach BLAB (1986) und MAI (1989) bevorzugt er jedoch besonnte Gewässer mit Flachwasserzonen und Unterwasserflora; kühle, schattige Tümpel meidet er (BLAUSCHECK 1985). BLAB beobachtete, daß der Teichmolch im Tiefland besonnte und beschattete Laichplätze besiedelt, sich mit wachsender Meereshöhe aber zunehmend auf sonnenexponierte Wasserstellen beschränkt.

Jahreslebensraum: Der Teichmolch kommt typischerweise in offenen Landschaften und parkartigem Gelände vor, und er dringt auch in geschlossene Ortschaften ein, wenn dort Gärten vorhanden sind; neu angelegte Gartenteiche besiedelt er vielfach sofort (MAI 1989). ARNOLD und BURTON (1979) beschreiben den Jahreslebensraum so: ». . .in den mannigfaltigsten feuchten Biotopen, wie auch in Kulturland, Gärten, Wäldern, an Feldrändern, unter Steinhaufen etc.«. Mit Ausnahme des Mikroklimas zeigt der Teichmolch nach BLAB (1989) »keine Präferenzen für bestimmte Landschaftsfaktoren«. HEIMER (1981) registrierte eine Bevorzugung von offenen und spärlich bewaldeten Lebensräumen, doch würden auch lichte Laub- und Mischwälder nicht gemieden.

Lebensweise und Phänologie: Unter den heimischen Molchen kommt der Teichmolch als erster im Frühjahr zum Vorschein – MERTENS (1947) beobachtete erste Individuen bereits Mitte Februar oder Anfang März im Gewässer; die eigentliche Laichzeit liege jedoch erst im April/Mai. Im Laufe eines warmen Halbjahres, so MERTENS, könnten sogar zwei Laichperioden stattfinden, wenn das

Gewässer zwischenzeitlich austrockne und später wieder mit Wasser gefüllt werde. MAI (1989) nennt als Aktivitätsbeginn Anfang März. FELDMANN et al. in FELDMANN (1981) registrierten in Westfalen die Frühjahrswanderung im März, vor allem im zweiten Drittel, in höheren Lagen und bei kalter Witterung auch noch im April. Der Wasseraufenthalt dauere von April bis Ende Juni; im Wasser überwinternde Tiere wanderten Mitte September bis Mitte Oktober ein.

Laich und Larven: siehe Bergmolch, zu den Kennzeichen Fadenmolch.

Aktionsraum: siehe Bergmolch. Auch für den Teichmolch nennt BLAB (1986) einen Radius des Jahreslebensraums von 400 m.

Gefährdung: Der Teichmolch ist noch relativ weit verbreitet und scheint nicht unmittelbar gefährdet zu sein, zumal er ein weites Spektrum unterschiedlicher Gewässertypen nutzt. Jedoch berichten FELDMANN (1981) und MAI (1981) übereinstimmend von der Tendenz, an Stelle verloren gegangener optimaler Laichplätze suboptimale Gewässer (sehr kleine und als Fischteich genutzte) zu besiedeln. MAI (1989) registrierte 28 % der Laichvorkommen in Fischteichen, hessenweit sind es sogar 31 % und damit mehr als bei den drei anderen Molcharten. In Fischteichen vermögen nach Untersuchungen von FILODA (1981) sowie HEHMANN und ZUCCHI (1985) langfristig keine Teichmolch-Bestände zu überleben.

Da sich zudem der größte Teil der Teichmolch-Vorkommen aus Kleinpopulationen rekrutiert und einen Bestandsrückgang erkennbar lassende Tendenzen (MAI 1989) zu beobachten sind, muß der Bestandsentwicklung der zweithäufigsten Molchart künftig besondere Aufmerksamkeit gelten. Die Ursachen der Bedrohung entsprechen den bei Berg- und Fadenmolch genannten Faktoren.

Hinweise zur Beobachtung: siehe Bergmolch.

4.5 Kammolch (*Triturus cristatus*)

Kennzeichen: Mit einer Länge von (selten) bis zu 18 cm (Weibchen) bzw. 14 cm (Männchen) ist der Kammolch mit Abstand die größte heimische Molchart. Seine Oberseite ist dunkelbraun bis schwarz gefärbt, aufgelockert durch dicke schwarze, runde Flecken und, hauptsächlich an den Flanken des Körpers, feine weiße Punkte. Die Bauchseite leuchtet kräftig gelb bis orange und ist ebenso von dicken schwarzen Flecken übersät.

In Landtracht erscheint die körnige, feuchte Haut fast pechschwarz. In Wassertracht trägt das

Männchen einen imposant hohen, scharf gezackten Kamm von der Stirn über den Rücken bis zum Schwanz, der an der Schwanzwurzel durch eine Kerbe unterbrochen ist. Seitlich ziert den Schwanz des Männchens ein perlmuttfarbener Streifen. Das Weibchen zeigt in Wassertracht nur einen schmalen Hautsaum an der Ober- und Unterseite des Schwanzes.

Status: 301 Vorkommen wurden gemeldet, die Präsenz beträgt 32 % (30 %); aus 196 von 613 bearbeiteten (bzw. 660 in Hessen vorhandenen) Quadranten liegt mindestens ein Nachweis vor. Der Kammmolch ist demnach die achthäufigste Amphibienart Hessens und knapp hinter dem Fadenmolch die seltenste Molchart des Landes. Diese Zahlen sind jedoch mit Vorsicht zu interpretieren: Es ist nicht auszuschließen, daß hier aufgrund von Verwechslungen mit kammtragenden Teichmolch-Männchen in Wassertracht durch nicht ausreichend sachkundige Kartierer ein zu optimistisches Bild gezeichnet wird.

Verbreitung: Trotz der vermuteten ähnlichen Häufigkeit zeigt der Kammolch im Vergleich mit dem Fadenmolch ein anderes Verbreitungsbild in Hes-

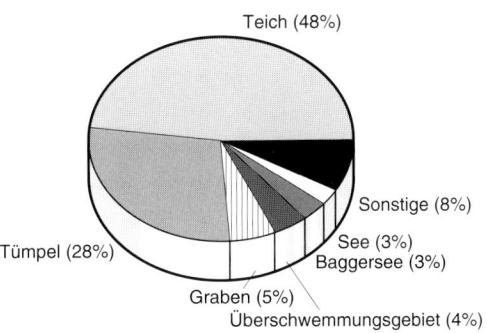

Abb. 17: Laichhabitat des Kammolches (n = 229).

sen (Abb. 16), welches verschiedene ökologische Ansprüche belegt. Im Taunusraum, in welchem der Fadenmolch recht gut vertreten ist, fehlt der Kammolch nahezu völlig, und auch aus dem Kellerwald-Gebiet liegen nur wenige Nachweise vor.

Schwerpunkte seiner Vorkommen zeigt der Kammolch im Raum südlich von Kassel, im Bereich der Oberhessischen Schwelle, im Limburger Becken, am Nordrand der Wetterau und den angrenzenden Gebieten des Unteren Vogelsberges. Relativ viele Nachweise liegen außerdem vom Nördlichen Oberrhein-Tiefland, von der Untermainebene und den angrenzenden Odenwald-Randlagen vor. HEIMER (1981) bezeichnet ihn im Kreisteil Dieburg mit acht Nachweisen als allgemein verbreitet, allerdings in geringer Dichte. Im hessischen Spessart waren MALKMUS (1975) lediglich drei Verbreitungsinseln bekannt.

MERTENS (1947) kommt zu dem Ergebnis, daß der Kammolch im gesamten Rhein-Main-Gebiet »ziemlich gleichmäßig verbreitet« sei, wenn auch überall weniger häufig als seine kleineren Verwandten.

Populationsstärke: Es liegen nur spärliche Angaben vor. In Waldeck-Frankenberg sind keine Bestände von mehr als 50 Exemplaren bekannt (MAI 1989). Im benachbarten Westfalen sind 92 % aller Quartiere mit weniger als 20 Individuen besetzt (FELDMANN 1981).

Laichhabitat: Bei 48 % der hessischen Kammolch-Laichgewässer handelt es sich um Teiche, bei 28 % um Tümpel. Geringe Bedeutung besitzen Gräben (5 %), Überschwemmungsgebiete (4 %), Baggerseen und Seen (je 3 %, siehe Abb. 17). Einschränkend sei darauf hingewiesen, daß diese Zahlen insofern ein schiefes Bild vermitteln können, als die Erfassung des Kammolchs mit zunehmender Gewässergröße (und -tiefe) ausgesprochen schwierig wird.

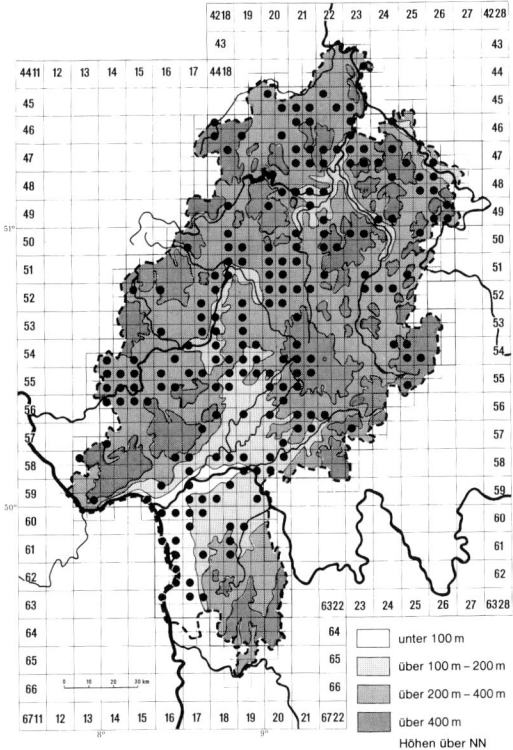

Abb. 16: Verbreitung des Kammolches.

unter 100 m
über 100 m – 200 m
über 200 m – 400 m
über 400 m
Höhen über NN

Dunkel ist die Oberseite des Kammolchs gefärbt, mit feinen weißen Punkten vor allem an den Flanken, die den anderen Molchen fehlen.

Vom Menschen ungenutzt sind 58% der Gewässer. 30% werden als Fischteich bewirtschaftet. Feuerlöschteich (5%), Zierteich (4%), Badesee und Klärteich (je knapp 2%) nutzt der Kammolch nur ausnahmsweise.

54% der Laichgewässer zeichnen sich durch Wald in der Umgebung aus, 40% durch landwirtschaftliche Fläche. Brachland ist in 22% der Fälle vorhanden, Abbaugelände in 13%, Freizeitgelände in 2% und bebaute Fläche in 1% der Vorkommen. Bevorzugt werden nach FELDMANN (1981) Gewässer in offenem Gelände, oft inmitten landwirtschaftlicher Nutzflächen (besonders Grünland), doch würden auch Waldweiher besiedelt.

In der Literatur werden als optimale Laichhabitate stehende Gewässer mit üppigem Bewuchs (ARNOLD und BURTON 1979, HEIMER 1981) genannt. Nach BLAB (1986) kommen »alle Typen stehender und träge fließender, vegetationsreicher Gewässer« in Frage, soweit sie nicht total beschattet seien. Als Rangfolge abnehmenden Gewichts von Besiedlungs-Faktoren nennt er offenes Wasser, Besonnung (die bedeutenden Vorkommen lägen alle ausgesprochen sonnenexponiert), vor allem submerse Vegetation, Größe/Geräumigkeit sowie das Vorhandensein von Verstecken. FELDMANN (1981) bezeichnet kleindimensionierte Laichräume wie Tümpel als Notlaichquartiere. Optimal dürften seiner Meinung nach Gewässer mit folgenden Eigenschaften sein:
– mittelgroße bis größere Wasserfläche, über 150 m² groß;
– besonnte bis allenfalls halbschattige Lage;
– Wassertiefe über 50 cm;
– Vegetationsreichtum mit einem Deckungsgrad der Unterwasserpflanzen wie Laichkräuter, Wasserpest, Wasserstern, Hornblatt und Armleuchteralgen von etwa 50%;
– schwerer Boden (Lehm, Klei, Mergel).

Jahreslebensraum: In der Regel verbringt der Kammolch den größten Teil des Jahres im Wasser. An Land bevorzugt er nach Angaben von BLAB (1986) offene Landschaften, dringt jedoch auch in lichte Waldungen vor; er zieht sich, so BLAB, in mäßig feuchte, gewässernahe Schlupfwinkel zurück. Auch FELDMANN (1981) nennt eine Bevorzugung freien Raumes, oft in unmittelbarer Nähe des Gewässers.

Lebensweise und Phänologie: Präzise Daten liegen wiederum nur vom Kottenforst bei Bonn vor (BLAB 1986), somit von außerhalb Hessens: Die Laichwanderung des Kammolchs aus den Winterquartieren beginnt dort im Februar/März und endet im Mai. Dabei wandern auch nicht geschlechtsreife Molche in die Gewässer. Die Molche verließen das Gewässer schwerpunktmäßig Mitte August. Im Herbst registrierte BLAB alljährlich ab etwa Anfang Oktober auf das Gewässer zusteuernde Kammolche, die Aktivität endete im Normalfall im ersten Novemberdrittel. Dennoch können bis in den Dezember einzelne Kammolche aktiv beobachtet werden (aus Rheinhessen VIERTEL 1976).

Laich und Larven: siehe auch Bergmolch. Die Larve wird nach ARNOLD und BURTON (1979) bis zu 8 cm lang, bleibt jedoch meist kleiner (voll entwickelte Larven aber kaum unter 5 cm). Sie ist bräunlich gefärbt und trägt häufig große, dunkle Flecken. Ihr Schwanz verjüngt sich allmählich zu einem langen Filament, er trägt einen Flossensaum, der sich auf dem Rücken des Tieres weit nach vorn fortsetzt. Zwischen Vorder- und Hinterbeinen sind 15 oder 16 Rippenfurchen zu sehen.

Aktionsraum: Das Laichgewässer dient nicht nur der Fortpflanzung, sondern während der warmen Jahreszeit zu großen Teilen ebenso zur Erfüllung anderer Lebensfunktionen. Auch während der terrestrischen Lebensweise bleiben die Tiere vielfach in unmittelbarer Laichplatz-Nähe.

Gefährdung: Offenbar recht kleine Populationsgrößen, isoliert liegende Vorkommen und relativ selten anzutreffende Optimal-Biotope (MAI 1989) lassen den Kammolch in ganz Hessen als hochgradig bestandsbedroht einstufen. Dabei ist zu berücksichtigen, daß 30 % der gemeldeten Vorkommen in Fischteichen lokalisiert sind, deren langfristiger Fortbestand fraglich ist. Ebenso suboptimal sind Tümpel und Gräben, die zusammen 33 % der Laichgewässer stellen. Nur etwa ein Drittel der Laichhabitate könnte somit theoretisch gute Lebensbedingungen bieten. Die Isolation der kleinen Bestände, räumlich vielfach weit vom nächsten Vorkommen entfernt, läßt ein erhöhtes Aussterberisiko vermuten, wenn auch nur wenige Tiere Opfer von Fischbesatz oder Straßenverkehr werden.

Als große und farbenprächtige Molchart ist der Kammolch nach Ansicht FELDMANNS (1981) stärker als die anderen Molche durch tierfangende Kinder und Terrarianer gefährdet.

Hinweise zur Beobachtung: Der Kammolch ist die am schwierigsten zu erfassende Molchart, wie auch FELDMANN (1981) betont. Seine Präferenz für größere und tiefere Gewässer und – im Falle kleinerer Wasserflächen – für tiefe Zonen erlauben es ihm, sich der Beobachtung und dem Fang zu entziehen. Hinzu kommt nach FELDMANN, daß »die ver-

Das Männchen (S. 54) fällt durch den gezackten Rücken auf. Der Landform (oben) fehlt dieses Merkmal noch. Die Unterseite des Kammolchs (unten) ist orangegelb gefärbt und kräftig schwarz gefleckt.

gleichsweise wenig temperamentvollen Kammolche erst nach längerer Beunruhigung eines Quartiers in den Kescher geraten«.

Das Abkeschern schadet den Molchen, wie beim Bergmolch bereits beschrieben, durch Zerstörung von an Pflanzen heftenden Eiern. Aus diesem Grund sollte der Kescher gerade in Gewässern mit Kammolch-Vorkommen nur vorsichtig und gezielt eingesetzt werden. Infolge des langen Wasseraufenthalts – nach BLAB (1986) verlassen die meisten Individuen das Gewässer Mitte August – kann der Kescher im Laufe des Juli vermutlich mit geringeren Schäden benutzt werden. Weitere Nachweismöglichkeiten bestehen anhand der deutlich von den anderen Molchen unterscheidbaren Larven und während der Anwanderungsperiode der Alttiere im Frühjahr – abends bei warmfeuchter Witterung – in unmittelbarer Gewässerumgebung.

Besonderes Augenmerk muß der zweifelsfreien Bestimmung gelten, da manche Laien kammtragende Teichmolch-Männchen als Kammolche ansprechen. Daher sollten alle mutmaßlichen Vorkommen des Kammolchs kritisch geprüft werden.

4.6 Geburtshelferkröte (*Alytes obstetricans*)

Kennzeichen: Die nur 4 bis 5 cm lange Geburtshelferkröte ähnelt mehr den Unken als den Kröten; sie zählt wie die Gelbbauchunke zur Familie der Scheibenzüngler. Ihre warzige Haut ist graubraun gefärbt und trägt oft dunkle Tupfen. Die Unterseite ist einfarbig grau. Beiderseits des Rückens sind weiße oder rötlich gefärbte Warzenreihen zu finden. Im Vergleich mit den anderen als Kröte bezeichneten Amphibienarten erscheint ihr Kopf deutlich spitz. Ein untrügliches Kennzeichen sind ihre großen Augen mit senkrecht stehenden Pupillen.

Der Volksmund nennt die Geburtshelferkröte auch »Glockenfrosch« aufgrund ihres von der Dämmerung an erklingenden Rufes, der an ein Glasglöckchen erinnert: ein melodisches »püh ... püh ... püh«, das häufig in Abständen von ein bis drei Sekunden hervorgebracht wird (ARNOLD und BURTON 1979) – nach eigenen Beobachtungen in der Regel mit geringerer Frequenz. Die einzelnen Individuen unterscheiden sich vielfach in der Tonhöhe voneinander.

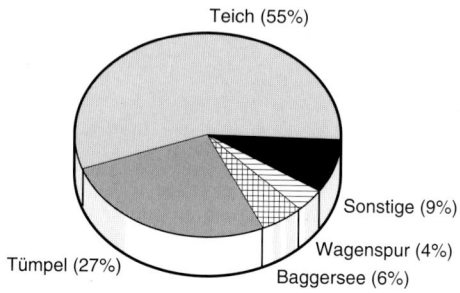

Abb. 19: Laichhabitat der Geburtshelferkröte (n = 176).

Verwechselt werden kann der Ruf mit dem der Gelbbauchunke. Die Geburtshelferkröte ruft jedoch höher, kürzer und in weniger häufiger Folge als die Gelbbauchunke. Beide Geschlechter rufen, die Stimme erfüllt Lockfunktion für die Partner (BLAB 1986).

Status: 215 Vorkommen wurden gemeldet, die Präsenz beträgt 25 % (23 %); aus 151 von 613 bearbeiteten (bzw. 660 in Hessen vorhandenen) Quadranten liegt mindestens ein Nachweis vor. In der Liste abnehmender Häufigkeit steht die Geburtshelferkröte somit an zehnter Stelle. Sie ist praktisch ebenso häufig wie die Gelbbauchunke, wenngleich mit einer deutlich höheren Frequenz.

Verbreitung: Die Vorkommen der Geburtshelferkröte in Hessen zeigen einen deutlichen Schwerpunkt in Nordhessen und dem westlichen Mittelhessen, während der südhessische Raum offensichtlich unbesiedelt ist (Abb. 18).

Am häufigsten kommt die Geburtshelferkröte in den Naturräumen des Westhessischen Berglandes, im zu Hessen zählenden Randbereich des Bergisch-Sauerländischen Gebirges und im Westerwald vor. Bereits seltener ist die Art im Osthessischen Bergland, in dem die meisten Beobachtungen aus dem nördlichen Bereich stammen. In Vogelsberg und Rhön fehlt sie fast völlig, im Taunus-Raum ist sie nur an ganz wenigen Punkten zu finden. Keinerlei Meldungen trafen aus dem Rhein-Main-Tiefland einschließlich Wetterau, dem Nördlichen Oberrhein-Tiefland, Spessart und Odenwald ein.

Aus dem Gebiet südlich des Mains liegt kein einziger Nachweis vor – eine Tatsache, die bereits MERTENS (1947) belegt; sie fehle ebenso im Main- und Kinzigtal, im Spessart und Vogelsberg, während sie östlich im Raum Fulda und im westlichen Thüringen wieder vorkomme. Dieses Bild kann auch heute bestätigt werden.

MERTENS (1947) bezeichnet die Geburtshelferkröte als einen bezeichnenden Bewohner des Hügellandes. Im Gegensatz zur heutigen Seltenheit im

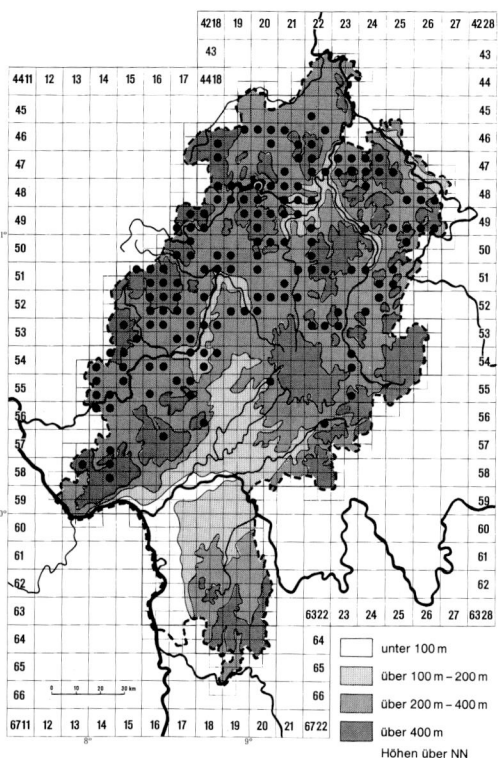

Abb. 18: Verbreitung der Geburtshelferkröte.

Sie ist keine Kröte, sondern gehört zu den Scheibenzünglern: Die 4 bis 5 cm große Geburtshelferkröte mit graubrauner, warziger Haut und meist dunklen Punkten unterscheidet sich von den echten Kröten durch eine senkrecht stehende Pupille. Das Männchen wickelt sich die Eischnüre um seine Hinterbeine.

Taunus schreibt MERTENS, daß die Art dort stellenweise recht häufig sei.

Populationsstärke: Aufgrund der versteckten Lebensweise und dem unbekannten Anteil rufender Tiere im Bestand sind nur vage Angaben möglich. An 21 Laichgewässern im Raum Bad Wildungen/Edertal ermittelte MAI (1989) sieben Vorkommen mit maximal zehn rufenden Individuen, zehn Vorkommen mit elf bis 50 Individuen, ein Vorkommen mit 51 bis 100 und drei Vorkommen mit über 100 rufenden Tieren.

Für Westfalen schätzt FELDMANN (1981) die mittlere Populationsgröße auf 20 bis 50 Individuen.

Laichhabitat: 55 % der untersuchten Laichgewässer sind Teiche, 27 % Tümpel (Abb. 19). Von geringerer Bedeutung scheinen Baggersee (6 %), Wagenspur (4 %) sowie sonstige Gewässertypen mit zusammen 9 % zu sein. In der Umgebung der Laichgewässer finden sich in 58 % der Fälle Wald, zu 34 % landwirtschaftliche Fläche, zu 24 % Abbaugelände und zu 20 % Brachland.

Ungenutzt sind 58 % der Gewässer mit Vorkommen der Geburtshelferkröte. 34 % dienen als Fischteich, 4 % als Badesee, 3 % als Zierteich; sonstige Nutzungen spielen mit 2 % kaum eine Rolle.

Die Zahlen bestätigen Literaturangaben, die besagen, daß die Art keine hohen Ansprüche an ihr Laichgewässer stellt. Größe und Tiefe, Temperatur, Chemismus, Beschattungsgrad und Vegetation können weit gespannt sein (FELDMANN 1981). Dagegen beobachteten MAI (1989) und auch BLAB (1986) eine Bevorzugung vegetationsarmer, besonnter Tümpel, insbesondere in Steinbrüchen und anderen Abbauflächen. Vorkommen in Fischteichen bestehen nach MAI aus maximal 20 rufenden Tieren. Als Umgebung nennt BLAB (1986) Offenland, parkartiges Gelände und Rodungsinseln der Wälder, die wenigstens teilweise vegetationsfrei sind und eine zumindest geringfügige Hangneigung aufweisen, meist in Richtung Süden. Der Untergrund könne steinig, sandig, lehmig oder kiesig sein – entweder grabbar oder mit Unterschlupf-Möglichkeiten unter Steinen.

Jahreslebensraum: Als Tagesverstecke nutzt die Geburtshelferkröte gern vegetationsfreie Böschungen mit Steinen und Geröll – dort sind sie innerhalb von Abgrabungsflächen am ehesten zu finden. Ebenso nutzt sie Erdlöcher, in deren Eingang sitzend die Tiere auch rufen. Die Landhabitate liegen nach FELDMANN (1981) in reliefiertem, sonnenexponiertem Gelände mit hohem Steinanteil in unmittelbarer Nähe der Laichplätze; von besonderer Bedeutung seien Strukturen mit offenen, horizontalen Fugen, die es den Tieren erlaubten, mit Rücken- und Bauchkontakt zum Gestein geselligen Unterschlupf zu finden.

Die Geburtshelferkröte ist eine kulturfolgende Amphibienart, die häufig in unmittelbarer Nähe des Menschen vorkommt und neben Abbaugelände auch Fabrikanlagen und siedlungsnah gelegene Gewässer besiedelt (FELDMANN 1981).

Lebensweise und Phänologie: Die Frühjahrsaktivität der Geburtshelferkröte beginnt Anfang April (MAI 1989), verstärkt im letzten Drittel des Monats (FELDMANN 1981). Sie hängt deutlich von der aktuellen Witterung ab: Bei starker Erwärmung können die ersten Individuen bereits im März zu rufen beginnen. Die Paarungszeit erstreckt sich über mehrere Monate vom Frühjahr bis in den Hochsommer, mit Schwerpunkt im Mai und Anfang Juni (MERTENS 1947).

Die Rufaktivität ist in den Monaten Mai und Juni am höchsten. Die Geburtshelferkröte ist dann regelmäßig von der abendlichen Dämmerung an zu hören, nicht selten aber auch tagsüber. Späte Rufaktivität im Jahr verzeichnete MAI (1989) am 15. Juli, 3. und 16. August. Die Ortung rufender Tiere ist sehr schwierig.

Über jahreszeitlich gebundene Wanderaktivitäten (zum Aktionsradius siehe unten) und das Aktivitätsende im Herbst sind keine konkreten Angaben verfügbar.

Laich und Larven: Ihr Name weist bereits auf eine bei Amphibien ungewohnte Art der Brutpflege hin: Nach der an Land stattfindenden Paarung wickelt sich das Männchen der Geburtshelferkröte die Laichschnüre um seine Hinterbeine, die es drei, bei ungünstiger Witterung bis maximal sechs Wochen mit sich herumträgt. In dieser Zeit lebt es recht inaktiv in einem Versteck, um dann rechtzeitig bei Schlupfbereitschaft der Larven das Wasser aufzusuchen und die Larven zu entlassen. Diese Fürsorge bedeutet geringere Verluste zum Beispiel durch Austrocknen des Gewässers und durch Gefressenwerden – die Zahl der abgegebenen Eier kann daher wesentlich geringer als bei anderen Amphibien sein. Die einzelnen Eier sind mit 3,5 bis 4 mm Durchmesser groß, lassen keine Gallerthülle erkennen und sind hell gefärbt (ARNOLD und BURTON 1979).

Mit rund 1,5 cm Länge sind die Geburtshelferkröten-Larven bei ihrem Absetzen durch das Männchen ins Wasser bereits recht groß. Im Laufe ihrer Entwicklung können sie bis zu 9 cm lang werden. Unken und Geburtshelferkröte unterscheiden sich im Kaulquappen-Stadium von den anderen Froschlurchen durch die Lage des Atemlochs (Spiraculum): Es befindet sich auf der Bauchmitte (bei der Geburtshelferkröte etwas zur Vorderseite des Körpers hin gelegen), bei den anderen Froschlurchen dagegen auf der linken Körperseite (ARNOLD und BURTON 1979).

Der Schwanz erreicht nach Angaben dieser Autoren die eineinhalbfache Körperlänge oder mehr, sein Ende ist stumpf zugespitzt oder gerundet. Oft wirkt der Schwanz recht hoch. Mit Hilfe einer Lupe sind an den Flossensäumen nicht, wie bei den Unken, feine schwarze Linien zu sehen, wohl aber oft dunkle Flecken oder Tupfen.

Verschiedene Autoren berichten über häufig auftretende Überwinterung der Geburtshelferkröten-Larven, die ihre Metamorphose dann erst im folgenden Jahr abschließen.

Aktionsraum: In der Literatur wird die Art im allgemeinen als sehr stationär lebend beschrieben. BLAB (1986) berichtet von Streifzügen über Distanzen von wenigen Metern zur Nahrungssuche, Paarung und – im Falle der Männchen – zum Abstreifen der Laichschnüre im Wasser. FELDMANN (1981) schreibt, daß sich die Alttiere selten mehr als 30 m weit vom Gewässer entfernten. BLAB registrierte als maximale Distanz von vier kleinen Populationen 1,5 m, 3 m, 7 m und 20 m.

Andererseits ist die Geburtshelferkröte für die rasche Besiedlung neu entstandener Lebensräume bekannt – eine notwendige Überlebensstrategie, da sie häufig sehr dynamische, rasch sich verändernde Biotope besiedelt. Neue Kolonien, so nimmt BLAB (1986) an, werden nicht nur durch Jungtiere gegründet, sondern vermutlich auch durch Umsiedlung von Alttieren. Ebenso scheinen echte Laichwanderungen über größere Distanzen vorzukommen. Verschiedene Beobachtungen zu dieser Mobilität aus Nordhessen veröffentlichte MAI (1989):

– Bei Anraff werden zirka 500 m zwischen einem Bahndamm und dem Laichgewässer zurückgelegt. Dabei überqueren die Geburtshelferkröten Felder und eine Landstraße, auf der sie mehrere Jahre festgestellt wurden.

– Etwa 250 m überwindet eine kleine Population bei Gellershausen; in der Zeit zwischen 1983 und 1988 wurden hier jährlich bis zu elf Exemplare gezählt.

– Ein rufendes Tier in Königshagen befindet sich zirka 500 m vom nächsten Gewässer entfernt, eines im Ort Hüddingen zirka 200 m.

– Am 14. August 1987 wurde ein überfahrenes Exemplar auf einem Feldweg in 2 km Entfernung zum nächsten bekannten Vorkommen gefunden.
– Mindestens 20 rufende Individuen wurden im Juli 1990 in der Ortslage von Lelbach gehört, sie befanden sich in 150 bis 700 m Distanz zum nächstmöglichen Laichgewässer.

Umsiedlungen von Vorkommen, die durch Zerstörung bedroht sind, scheinen nach den Beobachtungen von BLAB (1986) möglich zu sein.

Gefährdung: In den verschiedenen Naturräumen Hessens ergibt sich eine unterschiedlich starke Gefährdung der Art. Während sie im Landkreis Waldeck-Frankenberg zur Zeit als nicht bestandsbedroht gilt (MAI 1989), sind die meisten Landesteile so lückenhaft besiedelt, daß die Geburtshelferkröte als stark gefährdet eingestuft werden muß. Besonderes Augenmerk zur Erhaltung gilt Populationen mit mehr als 20 Individuen.

Häufigste Gefährdungsursache dürfte die direkte Zerstörung der Laichgewässer und ihrer unmittelbar angrenzenden Jahreslebensräume sein: durch Verfüllung, teilweise auch durch Austrocknung. Bestehende Populationen scheinen infolge des meist – jedoch nicht immer – geringen Aktionsradius der Tiere weniger durch den Straßentod bedroht zu sein. Für die Besiedlung neuer Lebensräume und den Individuenaustausch zwischen Populationen kommen offenbar häufiger größere Translokationen einzelner Individuen vor, die dann durchaus ein Opfer des Straßenverkehrs werden können.

Hinweise zur Beobachtung: Am einfachsten gelingt der Nachweis des Vorkommens von Geburtshelferkröten durch Nachpfeifen ihres Rufes, vorzugsweise an warmen Abenden zwischen April/Mai und Juni ab Einbruch der Dämmerung. Die Tiere selbst sind nur schwer zu finden; von einer gezielten Nachsuche ist besonders in steinigen Lebensräumen abzuraten, da so Verstecke häufig zerstört und Individuen möglicherweise erdrückt werden können. Nachweise können auch durch den Fang der Kaulquappen gelingen.

4.7 Gelbbauchunke (*Bombina variegata*)

Kennzeichen: Mit gewöhnlich unter 5 cm Körperlänge bleibt die Gelbbauchunke ähnlich klein wie die Geburtshelferkröte; beide zählen zur Familie der Scheibenzüngler mit einer scheibenförmigen Zunge, die sie nicht wie die übrigen Froschlurche zum Beutefang hervorschnellen lassen können. Die Gelbbauchunke kennzeichnet ein abgeflachter Körper mit oberseits warziger, grau bis braun gefärbter Haut und unterseits leuchtend gelber Färbung, die schwärzliche oder blaugraue, manchmal weiß punktierte Flecken trägt. Die gelbe Färbung findet sich auch an den Fingerspitzen. Die Pupille ist rund, herzförmig oder dreieckig.

Häufig ruft die Gelbbauchunke, der eine Schallblase fehlt, im Chor ein musikalisches »uh … uh … uh …« mit ein oder zwei Rufen pro Sekunde, gelegentlich aber auch langsamer (ARNOLD und BURTON 1979). Die Stimme ist häufig abends am deutlichsten zu hören, doch ruft die Art gleichermaßen am Tag und in der Nacht.

Status: 212 Vorkommen wurden gemeldet, die Präsenz beträgt 18 % (17 %); aus 109 von 613 bearbeiteten (bzw. 660 in Hessen vorhandenen) Quadranten liegt mindestens ein Nachweis vor. In der Liste abnehmender Häufigkeit steht die Gelbbauchunke somit an elfter Stelle. Sie wäre damit praktisch ebenso häufig wie die Geburtshelferkröte, wenngleich mit einer deutlich geringeren Frequenz. Damit zeigt die Gelbbauchunke wesentlich größere Verbreitungslücken als die Geburtshelferkröte. MAI (mündlich) vermutet jedoch, daß Vorkommen beider Arten in vielen Fällen allein anhand ihrer Rufe gemeldet und dabei häufig fälschlicherweise Geburtshelferkröten als Gelbbauchunken notiert wurden. Er geht davon aus, daß die Gelbbauchunke in Hessen deutlich seltener, die Geburtshelferkröte dafür etwas häufiger ist.

Verbreitung: Unmittelbar angrenzend an das hessische Gebiet erreicht die Gelbbauchunke in Südniedersachsen und Westfalen ihre nördliche Verbreitungsgrenze. Diese Tatsache könnte das weitgehende Fehlen der Art in Nordhessen (Abb. 20) teilweise erklären. Etwas häufiger kommt sie nur in den Naturräumen Ronneburger Hügelland/Büdinger Wald südlich des Vogelsberges vor – allerdings sind diese Angaben unter den oben genannten Einschränkungen zu sehen. Zwei weitere Räume mit überdurchschnittlich vielen Nachweisen befinden sich in Teilen des Sandstein- und Vorderen Odenwalds mit Vorposten in der Hessischen Rheinebene sowie im Limburger Becken.

Vergleichsweise häufig ist die Gelbbauchunke im Bereich des Messeler Hügellandes und westlich der Gersprenz im Kreisteil Dieburg: HEIMER (1981) nennt »mehrere Laichplätze mit jeweils einigen hundert Tieren«. Auch MERTENS (1947) bezeichnet die Unke im Rhein-Main-Gebiet als »sehr weit verbreitet, aber nicht überall gleich häufig«; Nachweise fehlten aus dem Rheintal zwischen Main und Nahe. Als Hügelland-Bewohner sei sie im Taunus,

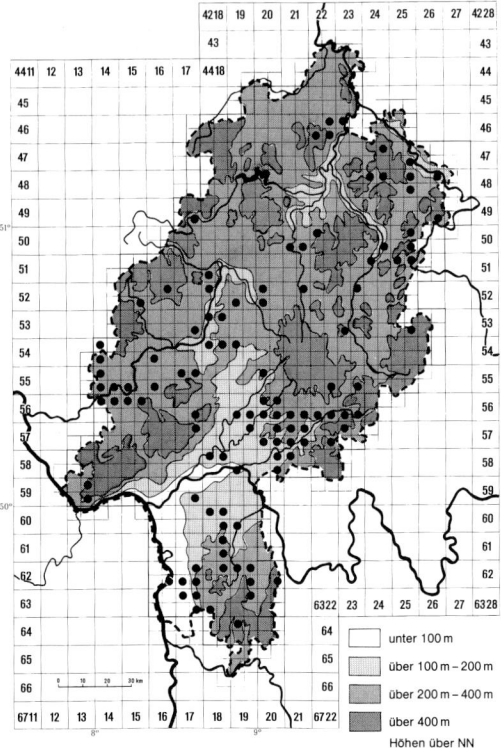

Abb. 20: Verbreitung der Gelbbauchunke.

	unter 100 m
	über 100 m – 200 m
	über 200 m – 400 m
	über 400 m
	Höhen über NN

Populationsstärke: Hierzu sind aus Hessen kaum nähere Angaben verfügbar. In einem Steinbruchtümpel im Landkreis Marburg-Biedenkopf wurden nach eigener Beobachtung maximal acht Tiere an einem Tag gezählt. Vermutlich ist generell von sehr geringen Populationsstärken auszugehen. Dem widerspricht HEIMER (1981) für den Kreisteil Dieburg mit mehreren Populationen aus jeweils einigen hundert Tieren.

Laichhabitat: Ein Drittel der kartierten Laichgewässer (34 %) sind Tümpel, ein knappes weiteres Drittel (31 %) Teiche (Abb. 21). Weitere Nennungen entfallen auf Wagenspuren (9 %), Gräben (9 %), Baggerseen (7 %), Quellmulden (4 %), Überschwemmungsgebiete (3 %) und sonstige Gewässertypen (4 %). Damit besiedelt die Gelbbauchunke ein weites Spektrum unterschiedlicher Kleingewässer, vor allem aber temporäre Gewässer wie Tümpel und Wagenspuren.

In der Umgebung wurden registriert: 51 % Wald, 34 % landwirtschaftliche Fläche, 21 % Brachland, 20 % Abbaugelände, 3 % bebaute Fläche und in einem Fall Freizeitgelände. Ungenutzt sind die Laichgewässer in 73 % der Vorkommen. Fischteiche als sicherlich suboptimale Gewässer werden in 16 % der Vorkommen besiedelt. Hinzu kommen Feuerlöschteiche (3 %) sowie sonstige Nutzungen mit 3 %.

Steinbrüche, Abgrabungsflächen, Wagenspuren und ephemere Tümpel sind nach HEIMER (1981) die typischen Laichgewässer. Temporäre, vom Menschen ungenutzte, besonnte Kleingewässer scheinen den Ansprüchen der Gelbbauchunke am meisten zu entsprechen. Folglich finden sich Vorkommen häufiger in Abgrabungsbiotopen und möglicherweise auf Truppenübungsplätzen. Auch BLAB (1986) bezeichnet schwerpunktmäßig besonnte, meist relativ vegetationsarme Gewässer und dabei vorzugsweise Klein- und Kleinstgewässer als Laichbiotop, wobei in dichter besiedelten Gebieten auch größere Gewässer nicht gemieden würden. In der

Vogelsberg und Spessart zu den häufigsten Froschlurchen zu zählen. Sie scheint somit in der Folgezeit drastisch im Bestand zurückgegangen zu sein: Im Taunus fehlt sie heute fast völlig, für den hessischen Spessart spricht MALKMUS (1975) von einem weitgehenden Fehlen, während sie im Nordostteil des Gebirges auf bayerischem Gebiet weit verbreitet sei.

Im Landkreis Waldeck-Frankenberg sind vier von insgesamt fünf Vorkommen ganz erloschen (MAI 1989): Fundplätze aus der Zeit vor 1970 bei Vöhl-Basdorf, Edertal-Anraff und Bad Wildungen-Mandern sind verwaist, ein weiteres Vorkommen bei Battenberg seit 1986. Aktuell besteht in dem nordwesthessischen Kreis nur noch ein minimales Vorkommen bei Bad Wildungen, welches nach Verfüllung des Laichgewässers um 1977 als erloschen galt. 1983 wurden dort zwei neue Kleingewässer angelegt; 1988 gelang der Nachweis einer Gelbbauchunke in einem Kellergang nahe der Gewässer, im Juni 1989 wurde mehrfach je ein Individuum in beiden Feuchtgebieten beobachtet (EMDE, LÜBCKE und RETTERT nach MAI 1989). Ob der Bestand überlebensfähig ist, muß bezweifelt werden.

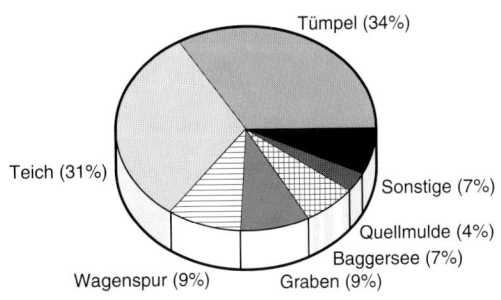

Abb. 21: Laichhabitat der Gelbbauchunke (n = 140).

Gut getarnt ist die Gelbbauchunke im Flachwasser eines Tümpels. Ihre Pupille ist herzförmig.

Regel wiesen die Gewässer eine wenigstens dünne Schicht von leicht verwirbelbarem Bodenschlamm auf, der die Unken bei einer Flucht wirkungsvoll tarnt. Nach FELDMANN und SELL (in FELDMANN 1981) und BLAB (1986) wird der Laich nur in flachem, nicht mehr als 10 cm tiefem Wasser abgesetzt, bevorzugt an vertikalen Strukturen. Dennoch, so BLAB, besitzen die meisten, auch kleinen Unkengewässer eine tiefere »Sicherheitszone« (> 20 cm).

Jahreslebensraum: Die überwiegende Zeit des Jahres – zumindest während der gesamten Vegetationsperiode – sind Gelbbauchunken in Gewässern anzutreffen. Jedoch darf nach Beobachtungen von NIEKISCH (zitiert von BLAB 1986) daraus nicht auf eine stationäre Lebensweise der Einzelindividuen geschlossen werden: Beobachtungen deuteten auf einen starken Wechsel der Lebensstätten hin. Offenbar verweilt das einzelne Tier dieser sehr wanderfreudigen Art nur kurz im selben Gewässer. Konkrete Untersuchungen des Verhaltens müßten diese These belegen.

Damit muß die in der Literatur gern vorgenommene Gleichsetzung von Laichgewässer und Jahreslebensraum in Frage gestellt werden. Ebenso ist zu fragen, ob die Zeiten außerhalb des Gewässers, aber in dessen unmittelbarer Umgebung, vorzugsweise in Abbauflächen, Truppenübungsplätzen und ähnlichen mehr oder weniger gestörten, unbewachsenen Lebensräumen verbracht werden oder auch in ganz andersartigen Biotoptypen. HEIMER (1981) berichtet, daß die Mehrzahl der untersuchten Laichgewässer bereits im Spätsommer austrocknet und so als aquatischer Lebensraum für die Alttiere ausfällt.

Lebensweise und Phänologie: Über den Jahresrhythmus der Gelbbauchunke ist wenig bekannt, aus Hessen liegen keinerlei Daten vor. Aus dem benachbarten Westfalen berichten FELDMANN und SELL (in FELDMANN 1981) von beobachteten Populationen im Mai, Juni und Juli sowie von Larvenfunden zwischen Juni und Oktober. Im Bonner Kottenforst registrierte BLAB (1986) das Einwandern in die Laichgewässer in den letzten Apriltagen, meist bei ausgiebigen Regenfällen. Hier scheinen detailliertere Beobachtungen vonnöten.

Laich und Larven: Gelbbauchunken legen ihre oberseits braun, unten heller gefärbten Eier einzeln oder in kleinen Klumpen mit bis zu 15 Eiern lose auf dem Boden ab oder befestigen sie an Wasserpflanzen. Das einzelne Ei mißt 2 mm im Durchmesser, seine Gallerthülle 7 mm (ARNOLD und BURTON 1979).

Gelb-schwarz gemustert ist die Bauchseite der Gelbbauchunke.

Die Kaulquappen der Gelbbauchunke beschreiben ARNOLD und BURTON mit einer Länge von bis
zu 5 cm und mit einem wie bei der Geburtshelferkröte auf der Bauchmitte lokalisierten Atemloch
(etwas zur Körperhinterseite gelegen). Der hohe,
am Ende stumpf zugespitzte oder gerundete
Schwanz ist weniger als eineinhalb mal so lang wie
der Körper, an den Flossensäumen sind mit Hilfe
einer Lupe oft zahlreiche, sich überkreuzende
dunkle Linien sichtbar.

Aktionsraum: Ähnlich der Geburtshelferkröte besiedelt die Gelbbauchunke vielfach sehr rasch ver-
änderliche Biotope; aufkommende Gehölze in auf-
gelassenen Abgrabungen können binnen weniger
Jahre die Gewässer zu stark beschatten, so daß ein
neuer Tümpel aufgesucht werden muß. Zwangsläufig muß die Gelbbauchunke daher eine hohe Mobilität zeigen, um ausweichen und neu entstandene
Gewässer rasch besiedeln zu können. BLAB (1986)
schreibt, daß Unkenkolonien gelegentlich »mit großer Zähigkeit« an ihren Wohngebieten festhielten;
auf der anderen Seite herrsche eine hohe Dynamik
hinsichtlich des Raumverhaltens auch innerhalb
der einzelnen Koloniestandorte. Vornehmlich junge

und subadulte Tiere führten auch weite Überland-
wanderungen durch, maximal wies BLAB eine Distanz von 4 km nach. Möglicherweise fänden solche Fernwanderungen bevorzugt in niederschlagsreichen Jahren statt. Künstliche Umsiedlungen
durch Verfrachtung in ökologisch geeignete Gewässer seien möglich.

LOSKE (1984) berichtet von zwei natürlichen
Neubesiedlungen von Steinbrüchen in 1,9 und
2,4 km Entfernung von einem stabilen Vorkommen.

Wie groß der Aktionsraum von Individuen ist,
die nicht an großräumigen Translokationen beteiligt sind, ist nicht bekannt. Rufende Unkenmänn-
chen besetzen in ihrem Laichgewässer kreisförmige
Reviere mit einem Radius von 0,5 bis 0,75 m, zur
Einhaltung dieser Distanz dienen die Rufe (LÖR-
CHER nach BLAB 1986).

Gefährdung: Obwohl sie ein Kulturfolger ist, muß
die Gelbbauchunke in Hessen als hochgradig bestandsbedroht eingestuft werden. Gründe für ihr
teilweise großflächiges Fehlen können in der Nähe
zur natürlichen Arealgrenze sowie im Mangel ihren
Ansprüchen adäquater Biotope gesehen werden.
Allerdings existieren in Hessen vergleichsweise viele
Abgrabungen mit sonnenexponierten Tümpeln als
Sekundärbiotope, die eigentlich von Unken bewohnt sein könnten.

Neubesiedlungen sind vermutlich durch die lük-
kige Verbreitung und kleine Populationsgrößen er-
schwert bzw. in vielen Fällen nicht möglich; je kleiner eine Population, desto weniger Individuen
könnten als Überschuß abwandern und neue Vorkommen gründen. Die starke Verinselung wirkt
sich somit sehr negativ aus.

Hinweise zur Beobachtung: Rufe der Gelbbauchunke können mit solchen der Geburtshelferkröte
verwechselt werden, so daß Bestimmungsfehler
nicht auszuschließen sind. Daher sollte versucht
werden, mutmaßliche, nur auf dem Verhören beru-
hende Vorkommen im Zweifel durch eine gezielte
Nachsuche zu bestätigen. Die adulten Gelbbauchunken sind während des Aufenthalts im Gewässer
gerade in Tümpeln relativ einfach zu beobachten.
Sie lassen sich häufig mit ausgestreckten Beinen an
der Wasseroberfläche treiben. Bei Annäherung
eines Menschen verschwinden sie in einer
Schlammwolke am Tümpelboden.

Seltenheit und geringe Populationsstärken der
Gelbbauchunke fordern allerdings erhöhte Rücksicht. Ihre Lebensräume sollten möglichst selten betreten und für die Öffentlichkeit nicht zugänglich
sein; auf Exkursionen mit mehreren Teilnehmern
sollte generell verzichtet werden.

4.8 Knoblauchkröte (*Pelobates fuscus*)

Kennzeichen: Die maximal 8 cm lange, meist kleinere, krötenähnliche Amphibienart zählt zur Familie der Krötenfrösche. Ihre Oberseite kennzeichnen große braune Flecken auf hellem Untergrund mit relativ glatter Haut, die von flachen, oft schwarzen oder rötlichen Warzen unterbrochen wird. Der Bauch ist meist schmutzigweiß gefärbt. Von den echten Kröten unterscheiden die Knoblauchkröte ihre senkrecht stehende Pupille in auffällig großen und hervorstehenden Augen, eine Kopfbeule (Buckel) zwischen den Augen und eine verhornte Grabkante an den Hinterfüßen. Mit Hilfe dieses Fortsatzes vor der kleinsten Zehe kann sich das Tier blitzschnell in lockeren Untergrund eingraben. Die Hinterfüße tragen vollständige Schwimmhäute.

Die Färbung der Knoblauchkröte ist sehr variabel. Ihre Iris ist gold-, orange- oder kupferfarben. Benannt wurde die Art nach dem kräftigen Geruch nach Knoblauch durch ein Sekret, das sie bei Bedrohung abgibt.

Anhand ihrer Rufe lassen sich die beiden Geschlechter unterscheiden: Männchen stoßen in rascher Folge Töne wie »wock – wock – wock« aus, welches sich unter Wasser wie »k'lock – k'lock – k'lock« anhört und in Abständen wiederholt wird. Weibchen grunzen oder lassen ein rauh kratzendes »tock – tock – tock« hören; der Alarmruf beider Geschlechter ist ein gellender Schrei, der dem eines Kätzchens ähnelt (ARNOLD und BURTON 1979).

Status: 35 Vorkommen wurden gemeldet, die Präsenz beträgt 3,6 % (3,3 %); aus 22 von 613 bearbeiteten (bzw. 660 in Hessen vorhandenen) Quadranten liegt mindestens ein Nachweis vor. Damit scheint die Knoblauchkröte die seltenste Amphibienart in Hessen zu sein.

Verbreitung: Sehr deutlich liegt der Schwerpunkt des Vorkommens der Knoblauchkröte in der nördlichen Oberrheinniederung mit angrenzenden Naturräumen wie der Hessischen Rheinebene, Rhein-Main-Tiefland, Rheingau und Ingelheimer Rheinebene (Abb. 22). Alle südhessischen Vorkommen liegen unterhalb von 200 m Höhe, das Gros sogar unterhalb 100 m über NN. Inwieweit die beiden Inselvorkommen in Nordhessen Realität sind oder vielleicht auf Bestimmungs- oder Übermittlungsfehlern beruhen, ließ sich nicht klären.

Die Knoblauchkröte ist eine Tieflandart, die in den Mittelgebirgen nahezu völlig fehlt. In Niedersachsen liegen alle ihre Vorkommen unterhalb der 100 m-Höhenlinie (BLAUSCHECK 1985).

MERTENS (1947) bezeichnet die Knoblauchkröte im Rheintal – mit Ausnahme des mittelrheinischen

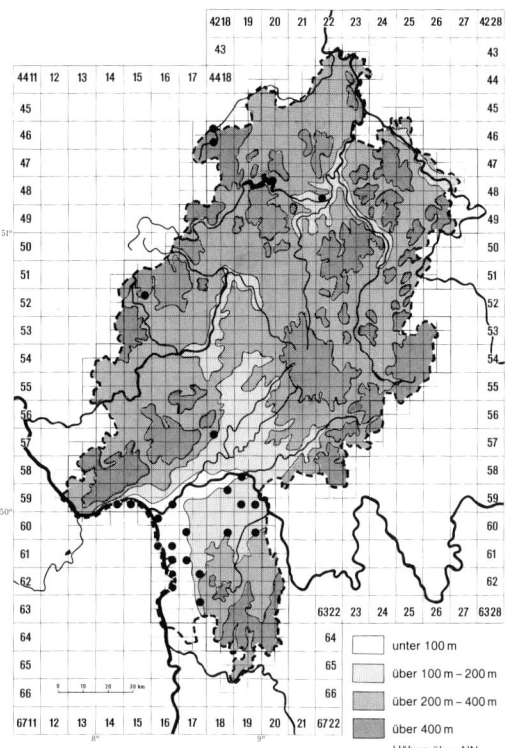

Abb. 22: Verbreitung der Knoblauchkröte.

unter 100 m
über 100 m – 200 m
über 200 m – 400 m
über 400 m
Höhen über NN

Abschnitts mit seinen steilen Felsufern – als »recht weit verbreitet, ebenso im ganzen unteren Maintale, auch allenthalben am Stadtrande Frankfurts«.

Populationsstärke: Alle fünf im Altkreis Dieburg erfaßten Populationen stuft HEIMER (1981) als klein ein. Weitere Angaben aus Hessen liegen nicht vor.

Laichhabitat: Aufgrund der geringen Nachweiszahl sind nur unpräzise Aussagen möglich. Von 25 Laichgewässern sind folgende Parameter bekannt: Am häufigsten nutzte die Knoblauchkröte Teiche (neun Nennungen), gefolgt von Überschwemmungsgebieten (sechs) und Tümpeln (fünf). Zweimal genannt wurden Gräben, je einmal Altarm, See und Baggersee. Damit scheint die Knoblauchkröte in bezug auf ihr Laichgewässer recht anspruchslos zu sein. Keine Nutzung des Gewässers wurde in 17 Fällen verzeichnet. Je dreimal kamen die Nutzung des Laichgewässers als Fischteich und als Klärteich vor, je einmal als Zierteich und Badesee. HEIMER (1981) registrierte als Laichgewässer für die Knoblauch-Kröte Kies- und Tongrubentümpel, Viehtränken und Gräben.

Im benachbarten Westfalen sind die meisten Laichgewässer eutroph, schlammig und krautreich.

Typisch für die Knoblauchkröte ist ihr Buckel zwischen den Augen und eine senkrecht stehende Pupille. Die seltene Kröte trägt große braune Flecken auf heller, recht glatter Haut.

Rufplätze konzentrieren sich in Wasserbereichen mit vertikaler Pflanzenstruktur, und zur Laichablage werden halbschattige bis besonnte, vegetationsreiche Partien in Kleingewässern mit einer Tiefe um 0,5 m bevorzugt (HILDENHAGEN et al. in FELDMANN 1981).

Trotz der niedrigen Bezugszahl von 25 ausgewerteten Vorkommen zeigt sich bei den umgebenden Biotopen ein deutlich anderes Spektrum als bei den anderen Amphibienarten. Fast stets, nämlich in 22 von 25 Fällen, grenzte landwirtschaftliche Nutzfläche an, welche die Knoblauchkröte im Gegensatz zu allen übrigen Lurchen zu nutzen imstande ist. Dagegen ist Wald mit zwölf Nennungen seltener vertreten; er scheidet als Lebensraum weitgehend aus. Siebenmal grenzte Brachland an, je viermal Freizeitgelände und bebaute Fläche, zweimal Abbaugelände.

Jahreslebensraum: Die Knoblauchkröte beansprucht ebene, weitgehend offene Landschaften mit Sandboden (HEIMER 1981). Intensive landwirtschaftliche Nutzung scheint die Knoblauchkröte zu tolerieren, im Mindener Flachland (Westfalen) lie-

gen Vorkommen teilweise selbst in völlig ausgeräumten, quadratkilometergroßen Getreidefluren und Hackfruchtäckern (HILDENHAGEN et al. in FELDMANN 1981). Für Bayern nennt ASSMANN (1977) Ackerlandschaften mit lockeren, sandigen (grabfähigen) Böden als scheinbar optimalen Lebensraum.

Lebensweise und Phänologie: Ökologisches Wissen über die Knoblauchkröte ist besonders rar. Aus Hessen liegen zur Phänologie keine konkreten Daten vor. Allgemein wird die Art in der Literatur als nachtaktiv beschrieben (zum Beispiel MERTENS 1947), besonders bei feuchtwarmer Witterung; lediglich zur Laichzeit sind häufiger auch während der hellen Tageszeit Beobachtungen möglich. Ansonsten vergräbt sich die Art tagsüber in den Untergrund, ebenso bei Gefahr. An Land zeigen die Tiere ein interessantes Abwehrverhalten, wenn sie sich bedroht fühlen (BLAUSCHECK 1985): Sie recken sich hochbeinig empor und blähen ihren Körper auf, um größer zu erscheinen. Fühlen sie sich weiter in Bedrängnis, springen sie ihren Gegner an und geben aggressive, knarrende Geräusche von sich.

Die Jahresperiodik beschreibt BLAUSCHECK (1985) für die Bundesrepublik so: Nach Überwinterung in tieferen Schichten lockeren Untergrundes begeben sich die Tiere Ende März zu ihren Laichgewässern. Erwachsene Individuen sind bis in den August an den Gewässern anzutreffen. HILDENHAGEN et al. (in FELDMANN 1981) nennen die ersten im Laichhabitat rufenden Exemplare Ende März/ Anfang April, die letzten im Juli. Rufe seien in der zweiten Tageshälfte, verstärkt aber von der Dämmerung an bis nach Mitternacht zu hören.

Laich und Larven: Die Knoblauchkröte legt ihre Eier in 20 bis 30 cm (maximal bis zu 50 cm) langen, mehrreihigen Laichschnüren am Boden ab oder wickelt diese um Wasserpflanzen. Die aus rund 1000 Eiern bestehenden Laichschnüre sind 12 bis 15 mm stark, die einzelnen Eier grau oder braun gefärbt (ARNOLD und BURTON 1979, BLAUSCHECK 1985, THIELCKE et al. 1991).

Mit bis zu 16 cm Länge – gelegentlich auch darüber – erreichen die Kaulquappen eine imposante Größe. Alle anderen heimischen Amphibienlarven bleiben deutlich kleiner, am größten können die Kaulquappen des Seefrosches mit 9 cm Länge, selten auch mehr, werden. Der Schwanz von Knoblauchkröten-Larven ist scharf zugespitzt.

Die Entwicklung der Kaulquappen erstreckt sich häufig bis ins folgende Jahr. Bevor sie an Land gehen – nach Überwinterung frühestens im Juli –, bildet sich der etwa zwei Drittel der Körperlänge umfassende Schwanz zurück; die frisch metamorphosierten Jungkröten sind dann nur noch 3,5 bis 4 cm groß (BLAUSCHECK 1985). Im Zuge dieser Umwandlung verändert auch die Pupille ihre Form von rund nach aufrecht schlitzförmig.

Aktionsraum: Über die Größe des Aktionsraums der Knoblauchkröte ist wenig bekannt, sie scheint sich vorzugsweise relativ laichplatznah aufzuhalten (BLAB nach ASSMANN 1977). HILDENHAGEN et al. (in FELDMANN 1981) berichten aus dem westfälischen Kreis Steinfurt von zwei überfahrenen Knoblauchkröten in 350 m Entfernung vom nächsten Gewässer. Den Radius des Jahreslebensraumes einer Population schätzt BLAB (1986) auf in der Regel 600 m, selten auch mehr.

Gefährdung: Aufgrund ihrer Seltenheit und der Verinselung ihrer Restvorkommen muß die Knoblauchkröte in Hessen als hochgradig bestandsbedroht eingestuft werden, sie ist akut vom Aussterben bedroht. Dabei ist zu bedenken, daß ihr natürliches Verbreitungsgebiet auf die Tieflagen des Landes begrenzt zu sein scheint. Direkte Gefährdungen ergeben sich vor allem aus der Zerstörung ihrer Laichgewässer durch Verfüllen und Absenkung des Grundwasserspiegels. Durch Eingriffe in den Wasserhaushalt in den Auen von Rhein und Main sind in der Vergangenheit zahlreiche Laichgewässer vernichtet worden.

Weitere Gefährdungsfaktoren sind in der chemischen Stechmücken-Bekämpfung und im Straßentod zu sehen. Inwieweit sich die intensive Landwirtschaft, insbesondere durch den Einsatz von Pestiziden, auf die Knoblauchkröte auswirkt, ist nicht bekannt.

Hinweise zur Beobachtung: Der Nachweis von Knoblauchkröten gelingt am ehesten durch Verhören ihrer Rufe, insbesondere bei Einbruch der Dämmerung. Ein direktes Beobachten der rufenden Alttiere ist schwierig, weil sie überwiegend unter Wasser rufen, zudem sehr scheu sind und bei der Annäherung eines Menschen rasch flüchten. Eher kann man die Tiere zufällig an Land in der Umgebung ihres Laichgewässers aus der Nähe betrachten.

Unzweifelhaft gelingt der Nachweis der Art durch ihre charakteristischen großen Kaulquappen, die sich indes in tieferen Gewässern leicht der Beobachtung entziehen. Aufgrund der hochgradigen Gefährdung muß jede mögliche Beeinträchtigung der Kröten in ihren Lebensräumen durch Beobachter vermieden, Vorkommen sollten möglichst wenig bekannt werden.

4.9 Erdkröte (*Bufo bufo*)

Kennzeichen: Ein kräftiger, plumper Körper zeichnet unsere größte Kröte aus, die Erdkröte. Das Männchen wird bis 8 cm, das deutlich größere Weibchen bis 15 cm lang. Die bräunliche Haut trägt zahlreiche Warzen, die Bauchseite ist weißlichgrau gefärbt. Die Grundfarbe kann stark variieren. Die waagerechte dunkle Pupille wird umgeben von einer kupferfarbenen Iris. Hinter den Augen fallen erhabene Ohrdrüsen auf, die bei der Erdkröte nach hinten divergieren, während diese Drüsen bei Kreuz- und Wechselkröte parallel zueinander liegen.

Am häufigsten äußert das Erdkröten-Männchen, dem äußere Schallblasen fehlen, während der Laichwanderung und im Gewässer den sogenannten Befreiungsruf: ein hohes, rauhes und nicht sehr weit hörbares »oäck – oäck – oäck« mit zwei bis drei Silben pro Sekunde. Da die männlichen Kröten auf Anhieb ihre Geschlechtsgenossen nicht von den Weibchen unterscheiden können, umklammern sie zunächst jede erreichbare Kröte. Trifft dabei ein Individuum irrtümlich auf ein Männchen, so läßt es diesen Ruf erklingen – ein Signal zum Lösen der Umklammerung. Nur selten ist der Paarungsruf zu hören, der langsamer vorgetragen wird und aus längeren Silben besteht.

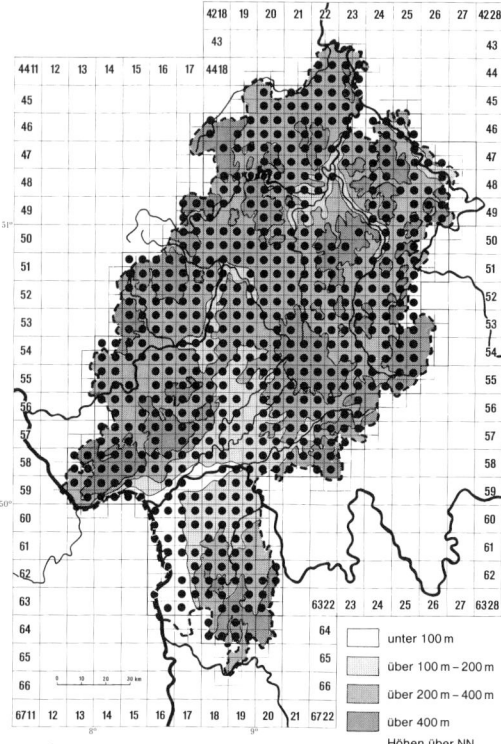

Abb. 23: Verbreitung der Erdkröte.

Status: 1763 Vorkommen wurden gemeldet, die Präsenz beträgt 91 % (85 %); aus 560 von 613 bearbeiteten (bzw. 660 in Hessen vorhandenen) Quadranten liegt mindestens ein Nachweis vor. Die Erdkröte ist nach dem Grasfrosch die zweithäufigste Amphibienart in Hessen. Ihre Präsenz entspricht nahezu der des Grasfrosches, während die absolute Zahl der Vorkommen deutlich geringer ist.

Verbreitung: Alle hessischen Landschaften sind durch die Erdkröte besiedelt, eine Bevorzugung bestimmter Naturräume ist nicht erkennbar (Abb. 23). Lücken in der Verbreitungskarte sind weitgehend als Kartierungsdefizite anzusprechen. Zu fehlen scheint die Erdkröte lediglich in solchen Gebieten, in welchen potentielle Laichgewässer und/oder waldähnliche Biotope als Jahreslebensraum fehlen. So nennt MAI (1989) im Raum Korbach und Frankenberg einige nicht besiedelte Bereiche aufgrund von Laichplatzmangel.

MERTENS (1947) bezeichnet die Erdkröte im Rhein-Main-Gebiet als »sehr allgemein verbreitet«, sie »ist aber nicht überall der häufigste Vertreter der Kröten«; so sei die Erdkröte in Oberlais (Vogelsberg) entschieden seltener als die Kreuzkröte. Im

hessischen Spessart ist die Erdkröte wie in ganz Hessen nach dem Grasfrosch die am weitesten verbreitete Lurchart (MALKMUS 1975).

Populationsstärke: Es überwiegen kleinere Populationen mit unter 50 Individuen, doch kommen auch ausgesprochen große Populationen mit über 10000 Erdkröten vor. MAI (1989) ermittelte an 125 Laichgewässern im Raum Bad Wildungen/Edertal folgende Populationsstärken:

bis	10 Expl.	26mal	(21 %),
11 bis	50 Expl.	56mal	(45 %),
51 bis	100 Expl.	16mal	(13 %),
101 bis	200 Expl.	17mal	(14 %),
201 bis	500 Expl.	siebenmal	(6 %),
501 bis	1000 Expl.	zweimal	(2 %),
über	2000 Expl.	einmal	(1 %).

Damit dominieren in zwei Drittel der Fälle Kleinpopulationen mit maximal 50 Individuen. Massenlaichplätze vermeldet MAI von größeren Fischteichanlagen mit über 10000 Erdkröten bei Gellershausen und Bergfreiheit. Auf mindestens 1050 Individuen wurde 1979 die Population an der Vorsperre des Twistestausees geschätzt, zwölf Jahre später jedoch auf deutlich weniger als 300 Tiere (JEDICKE 1982a, 1991). Im Altkreis Dieburg registrierte HEIMER (1981) ein Vorkommen mit mehr als 2000 Exemplaren. BREHM (1982) untersuchte im Fuldatal zwischen Schlitz-Hartshausen und -Hemmen eine schätzungsweise 2000 bis 3000 Individuen umfassende Population.

Laichhabitat: Teiche bilden mit 63 % das Gros der Laichgewässer der Erdkröte in Hessen (Abb. 24). Dieser höchste Wert unter allen Amphibienarten unterstreicht die Bevorzugung dauerhaft bestehender Gewässer. Tümpel nehmen mit 18 % einen relativ geringen Anteil ein, sie sind nur bei länger andauernder Wasserführung interessant. Weiterhin werden als Laichgewässer mit je 4 % Gräben und Baggerseen genutzt. Von geringerer Bedeutung sind sonstige Gewässertypen mit insgesamt 11 %:

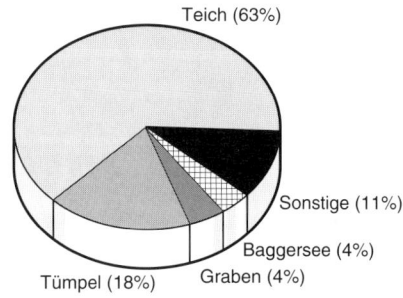

Abb. 24: Laichhabitat der Erdkröte (n = 1457).

Die bräunlich gefärbte Erdkröte ist die größte und bei weitem häufigste Krötenart in Hessen. Ihre Pupille sitzt wie bei allen echten Kröten waagerecht, die Iris ist kupferfarben.

Bäche, Seen, Wagenspuren, Wasser in Betonbecken, Altarme, Überschwemmungsgebiete sowie Quellmulden. Somit kann gefolgert werden, daß die Erdkröte bei der Wahl ihres Laichgewässers wenig wählerisch ist.

Ausgesprochen hoch ist der Anteil der als Fischteich genutzten Laichgewässer mit 45 %; darin wird die Erdkröte lediglich vom Grünfrosch-Komplex noch geringfügig übertroffen. Keine erkennbare Nutzung protokollierten die Kartierer bei 42 % der Vorkommen. Die weiteren Nennungen entfielen auf Zierteiche (5 %), Feuerlöschteiche (5 %), Badeseen (2 %) und Klärteiche (< 1 %).

Ebenfalls zahlreiche, zudem häufig große bis sehr große Populationen fand MAI (1989) in Fischteichen. Die Ursache ist darin zu sehen, daß die Erdkröten-Larven von den meisten Fischarten nicht gefressen werden; infolge eines bitteren Geschmacks, des Freisetzens von Schreckstoffen bei Verletzung und des Auftretens der Kaulquappen in Schwärmen (HEHMANN und ZUCCHI 1985). Andere Freßfeinde werden durch den in der Regel hohen Fischbesatz dezimiert. Diese Tatsachen treffen indes nur für die Erdkröte und nicht für andere Amphibienarten zu.

Der Bezug der Erdkröte zu waldartigen Landhabitaten wird in der unmittelbaren Benachbarung von Wald in 54 % der Fälle deutlich. Der Wert ist nicht höher, da die Erdkröte im Zuge ihrer Laichwanderungen große Entfernungen überwindet. 47 % der Gewässer grenzen an landwirtschaftliche Flächen, 22 % an Brachland, 3 % an Abbaugelände sowie je 2 % an Freizeitgelände und bebaute Fläche.

Bevorzugte Laichgewässer weisen nach Erfahrungen von GÖSSLING et al. (in FELDMANN 1981) eine Wassertiefe von mindestens 40 cm auf. BLAB (1986) beobachtete das Ablaichen meist in 15 bis 35 cm Wassertiefe, jedoch sei dafür im wesentlichen das Vorhandensein von Fixpunkten zum Spannen der Laichschnüre, wie Wasserpflanzen, Erlenwurzeln und ins Wasser hängende Zweige, ausschlaggebend. In Ermangelung anderer Strukturen im Wasser werden in Hessen häufig auch im Flachwasser wurzelnde Gräser genutzt. Am Gewässerboden liegender Erdkrötenlaich entwickelt sich laut BLAB (1986) nur in den seltensten Fällen.

Jahreslebensraum: Außerhalb der Laichperiode bewohnt die Erdkröte nach Angaben in der Literatur die verschiedensten Biotoptypen. GÖSSLING et al. (in FELDMANN 1981) nennen Wälder, Gärten, Wiesen, Ackerland, Brachland und auch Ballungsräume, sofern dort Laichgewässer vorhanden sind. Auch BLAB (1986) unterstreicht die breite ökologische Valenz der Art mit einer wenig spezifischen Habitatwahl. Dennoch rechnet er die Erdkröte zu den Arten mit eindeutiger Präferenz für Waldbestände im Sommerquartier. Sie bevorzuge den Wald und seine engste Umgebung, wo sie in den unterschiedlichsten Habitaten anzutreffen sei – mit Ausnahme dichter Fichtenkulturen und Flächen mit ausgesprochen nassem Untergrund. Die höchsten Abundanzen, so BLAB, finden sich im Bereich von Ökotonen, wo verschiedene Biotope oder Pflanzengesellschaften aneinanderstoßen und wo durch einen geringen Deckungsgrad der Bäume krautreiche Bodenvegetation ausgebildet ist, während die Siedlungsdichte im geschlossenen Hochwald eher gering sei.

Jedoch können auch außerhalb des Waldes liegende Populationen sehr groß sein. HEIMER (1981) erwähnt das mit über 2000 Exemplaren größte Vorkommen im Altkreis Dieburg, welches allseitig etwa 4 km entfernt vom nächsten Wald liegt. Eine Zuwanderung aus Waldgebieten sei hier ausgeschlossen, »die Tiere müssen ihre Sommer- und Winteraufenthaltsorte in Ortschaften, Heckenbereichen, Brachflächen, Wiesen und Äckern haben«.

Lebensweise und Phänologie: Die Erdkröte ist vorwiegend nachtaktiv, ihre Tagesverstecke verläßt sie bei Einbruch der Dämmerung. Nur während des Laichgeschehens zeigt sie auch Tagaktivität. MERTENS (1947) bezeichnet sie als die Kröte mit der stärksten Neigung zu nächtlicher Lebensweise. Die Krötenwanderung beginnt in der Abenddämmerung, erreicht ihren Höhepunkt zwischen 19 und 24 Uhr und endet spätestens im Morgengrauen (BREHM 1982).

Im Frühjahr beginnt die Laichwanderung in Nordhessen Mitte März und dauert je nach Witterung bis Mitte April (MAI 1989). Noch während der Hinwanderung kommt es ab Mitte April bereits zu Rückwanderungen von Weibchen, die schon abgelaicht haben. Diese Beobachtungen bestätigen zum Beispiel GÖSSLING et al. (in FELDMANN 1981)

Die Eier der echten Kröten sind zu Laichschnüren aufgereiht – bei der Erdkröte in meist zwei Reihen. Ihre Laichschnüre windet die Erdkröte bevorzugt um überstaute Gräser und andere Strukturen in Ufernähe.

und BLAB (1986). Letzterer spricht von einer kalendergebundenen Sollzeit der Laichwanderung im Frühjahr, die sich auch in meteorologischen Ausnahmejahren weitgehend gegenüber den aktuellen Witterungsverhältnissen durchsetzen könne. Dennoch bleiben Temperatur und Regen als Auslöser der Wanderaktivität wirksam; GÖSSLING et al. (in FELDMANN 1981) zitieren Erfahrungen, daß 4 °C als Minimum anzusehen seien. Nach BREHM (1982) setzt der Frühjahrshinzug erst ein, wenn die Lufttemperatur (2 m hoch über dem Boden gemessen und jeweils für die Zeit von 19 bis 5 Uhr einer Nacht gemittelt) mindestens in einer Nacht 5 °C überschreitet. Die Männchen wandern demnach bei durchschnittlich 7,9 °C, die Weibchen bei 8,5 °C zum Laichgewässer. Auf dem Rückzug kehrt sich die Relation offenbar um: BREHM registrierte bei den Männchen etwa dieselbe Mitteltemperatur, bei den Weibchen dagegen mit 7,4 °C im Mittel einen geringeren Wert. Zur Zeit der Hauptwanderperiode könnte jedoch auch schon bei 3 °C der Massenzug stattfinden. Die Luftfeuchte betrage in Anfangs- und Endphase des Hin- und Rückzuges über 70 %, während in der Hauptwanderzeit 60 % als Minimum genügten (ebenfalls in 2 m Höhe gemessen und für die gesamte Nacht gemittelt). Besonders förderlich wirkt Regen.

BREHM (1982) unterscheidet auf der Grundlage vierjähriger Untersuchungen im Fuldatal bei Schlitz von 1978 bis 1981 vier Zugphasen:

1. beginnender Hinzug der Männchen: frühester Anfangstermin zwischen 10. und 25. März, im Mittel ab 18. März;
2. Haupthinzug der Männchen und Weibchen: frühester Anfangstermin zwischen 22. März und 10. April, im Mittel ab 29. März; Dauer durchschnittlich nur vier Tage;
3. Hauptrückzug der Weibchen: frühester Anfangstermin zwischen 27. März und 13. April, im Mittel ab 2. April; Dauer durchschnittlich sechs Tage;
4. Hauptrückzug der Männchen: frühester Anfangstermin zwischen 29. März und 17. April, im Mittel ab 7. April; Dauer durchschnittlich 20 Tage.

Aktives Landleben registrierte BREHM frühestens ab 4. April, spätestens ab 1. Mai, im Mittel ab dem 26. April.

Unmittelbar nach Abschluß des Laichgeschäftes geht die Erdkröte an Land und begibt sich – wie alle Frühlaicher nach einer Ruhephase (Latenzperiode) – zeitlich stärker gestreut in ihre Sommerquartiere; im Herbst lassen sich bereits Wanderungen in Richtung Laichgewässer beobachten (BLAB 1986). Auch BREHM (1982) berichtete aus der Schlitzer Umgebung von einem unauffälligen Herbstzug mit offenbar bescheidenem Höhepunkt Anfang Oktober.

Typisch für die am Laichgeschehen teilnehmenden Erdkröten ist ein starkes Überwiegen der Männchen: MAI (1986) ermittelte im Raum Bad Wildungen/Edertal unter 13851 Individuen ein Geschlechterverhältnis von einem Weibchen auf durchschnittlich 5,6 Männchen. Ein umgekehrtes Verhältnis zeigte dagegen eine vom Straßenverkehr dezimierte Population zwischen Wellen und Geismar: Unter 2065 Individuen registrierte MAI eine Relation von Weibchen zu Männchen von 1:0,68. Als mutmaßliche Ursache nennt er das Verhalten unverpaarter Männchen, die auf der Straße in Spähstellung auf ein vorbeikommendes Weibchen warten und im Falle einer Bewegung auf der übersichtlichen Straßenoberfläche sofort in diese Richtung laufen. Hinzu komme die Beobachtung von HEUSSER (1968), daß Weibchen in der Regel nicht in zwei aufeinander folgenden Jahren zum Laichgewässer zögen, so daß die jährlich wandernden Männchen durch den Straßenverkehr noch einmal zusätzlich gefährdet seien.

Laich und Larven: Erdkröten-Weibchen geben ihre bis zu 6000 ganz schwarzen Eier (1,5 bis 2 mm groß) in meist zwei- bis drei-, maximal vierreihigen Laichschnüren ab, die etwa 5 m lang sind und um Wasserpflanzen und andere Strukturen gewickelt werden. Die Larven schlüpfen nach zwölf bis 18 Tagen (THIELCKE et al. 1991). Die oberseits schwärzlich gefärbten Kaulquappen sind relativ klein, sie werden bis zu 3,5 cm lang. Ihre Unterseite zeigt eine sehr dunkelgraue Färbung, der Mund ist ebenso breit wie der Abstand zwischen den Augen. Als Unterschied zu den anderen echten Kröten ist die zweite Reihe der Oberlippenzähne nahezu durchlaufend oder nur kurz unterbrochen – ein Merkmal, welches sich allenfalls an einer Glasscheibe (Aquarium oder kurzzeitig in einer Petrischale) beobachten läßt. Wie bei allen echten Kröten ist das Schwanzende deutlich gerundet und das Atemloch gerade nach hinten gerichtet (ARNOLD und BURTON 1979).

Vom Schlüpfen bis zur Metamorphose benötigen die Erdkröten nach THIELCKE et al. (1991) drei bis vier Monate; die Jungkröten sind dann etwa 1 cm lang.

Aktionsraum: Bei 42 markierten Erdkröten wies BLAB (1986) Distanzen vom Laichgewässer zwischen 70 und 2195 m nach; daneben traf er Erdkröten 2600 m entfernt vom nächsten Gewässer und ein einzelnes Tier 4 500 m von einem Gewässer an. HEUSSER (1968) registrierte Extreme zwischen 50 und 3 000 m, die dichteste Besiedlung in einem Gürtel von etwa 500 bis 1 500 m Distanz. BLAB (1986) geht davon aus, daß sich »deutlich mehr als 95 % aller Tiere der untersuchten Populationen innerhalb einer Entfernung von 2 200 m um den Laichplatz aufhalten«.

Damit scheint die Erdkröte diejenige Amphibienart zu sein, die im Rahmen ihrer regelmäßigen jahresperiodischen Wanderungen über den größten Aktionsradius verfügt. Sie bleibt zudem lebenslänglich demjenigen Laichgewässer treu, in dem sie ihre eigene Metamorphose abschloß, selbst nach Verfrachtungen in fremde Gewässer (BLAB 1986, HEUSSER 1969).

Gefährdung: Als zweithäufigste Amphibienart Hessens ist die Erdkröte nicht akut gefährdet. Da sie jedoch aufgrund ihrer großen Wanderdistanzen besonders stark vom Straßentod bedroht ist, muß sie als potentiell gefährdet eingestuft werden. Die Fischteichnutzung scheint sich bei der Erdkröte als einziger Art nicht negativ auszuwirken, soweit nicht in Einzelfällen direkte (gesetzeswidrige) Eingriffe durch uneinsichtige Teichbewirtschafter erfolgen: So wurde in Nordhessen schon beobachtet, daß abgesetzte Laichschnüre an Land gezogen und Alttiere in größerer Zahl aus dem Wasser gefischt und an einen nahen Bachlauf verfrachtet wurden. Ein negativer Einfluß der Kaulquappen auf die Fische läßt sich trotz mancher Befürchtungen nicht feststellen (FRÖHLICH et al. 1987).

Zerstörung der Laichgewässer ist ein weiterer Grund möglicher Gefährdung, zumal die Erdkröte stark auf das Gewässer fixiert ist, in welchem sie ihre Metamorphose abschloß. Negativ wirkt sich daher auch jahreszeitlich zu spätes Bespannen von Teichen nach winterlichem Ablassen aus.

Nach Beobachtungen von BREHM (1982) überklettern frisch metamorphosierte Erdkröten auch Schutzzäune, diese können also den Straßentod nicht verhindern.

Hinweise zur Beobachtung: Die Erdkröte zählt zu den leicht zu beobachtenden Amphibienarten. Eindrucksvoll sind die Massenwanderungen im Frühjahr (Ende März und im April) ab Einbruch der Dämmerung an regenwarmen Abenden in Gewässernähe. Auch in den Laichgewässern ist die Beobachtung am besten während der Dunkelheit mit Hilfe einer Taschenlampe möglich, aber auch tagsüber. Die Kaulquappen fallen durch ihre Schwarmbildung und gerade im zeitigen Frühjahr durch die Bevorzugung flacher, rasch erwärmter Wasserzonen auf.

4.10 Kreuzkröte (*Bufo calamita*)

Kennzeichen: Mit durchschnittlich 7 bis 8 cm, maximal 10 cm Körperlänge ist die Kreuzkröte kleiner als die Erdkröte. Von ihr unterscheidet sie sich durch eine meist grauere bis gelblich-grüne Färbung bei undeutlicher dunklerer Fleckung, durch kürzere Beine und vor allem durch einen feinen gelblichen Mittelstrich auf dem Rücken. Die Ohrdrüsen der Kreuzkröte liegen weitgehend parallel zueinander. Ihre Iris zeigt eine silbrig-goldene Färbung, die Pupille sitzt waagerecht.

Typisch ist auch die Art der Fortbewegung: Während die anderen echten Kröten bei Beunruhigung hüpfen, läuft die Kreuzkröte beeindruckend schnell in kurzen Etappen – zumindest im ersten Moment kann man sie in der Dunkelheit für eine vorüberhuschende Maus halten.

Die Kreuzkröte ist die heimische Amphibienart mit der wohl lautesten Stimme. Bis über 1 km, in ruhiger Umgebung bis 2 km weit sind im Frühjahr die rufenden Männchen zu hören, die mit Hilfe einer äußeren Schallblase in der Kehle ein rollendes, rätschenähnliches »ärr – ärr – ärr...« in etlichen Wiederholungen von sich geben. Die Kreuz-

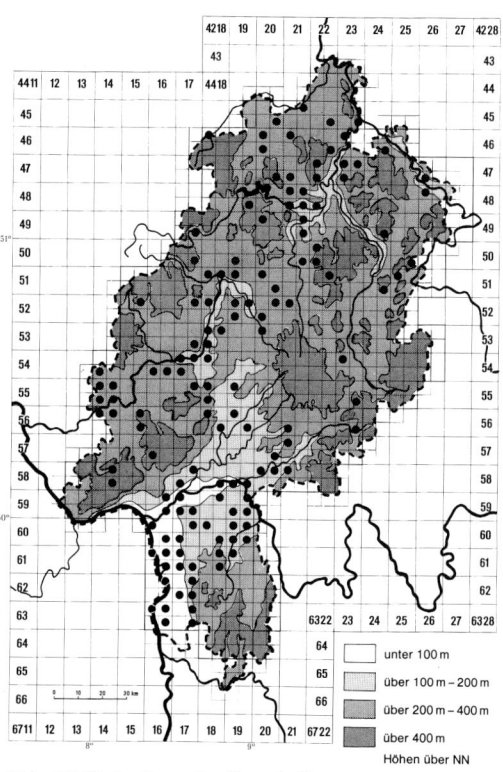

Abb. 25: Verbreitung der Kreuzkröte.

Die Kreuzkröte ist an ihrem hellgelben, feinen Streifen
auf der Rückenmitte und ihrer gräulichen bis grünlichen,
lebhaft gemusterten Färbung zu erkennen.

kröten tragen ihre jeweils rund ein bis zwei Sekunden langen Rufe im Chor vor. Sobald ein Männchen zu rufen beginnt, stimmen nach und nach
immer weitere ein.

Status: 218 Vorkommen wurden gemeldet, die Präsenz beträgt 22 % (21 %); aus 136 von 613 bearbeiteten (bzw. 660 in Hessen vorhandenen) Quadranten liegt mindestens ein Nachweis vor. Die Kreuzkröte steht damit an neunter Stelle in der
Reihenfolge abnehmender Häufigkeit der hessischen Amphibienarten. Sie ist nahezu genauso häufig wie Geburtshelferkröte und Gelbbauchunke,
wenngleich sie vor allem im Vergleich mit der erstgenannten Art eine andersartiges Verbreitungsbild
zeigt.

Verbreitung: Aus den meisten Landesteilen liegen
Nachweise vor, offenbar unabhängig von der Höhenlage. Doch darf die weite Streuung der Beobachtungen in der Rasterkarte (Abb. 25) nicht darüber hinwegtäuschen, daß die Kreuzkröte generell
nur sehr zerstreut vorkommt; viele Populationen
scheinen mehr oder minder isoliert zu sein. Eine
gewisse Häufung der Vorkommen liegt in den

Flußauen vor allem der unteren Eder, an Oberrhein
und Untermain. Dies erklärt sich aus der Bevorzugung von Kies- und Sandgruben als Sekundärlebensraum. Im Kreisteil Dieburg ist ihr Vorkommen
– »noch erfreulich zahlreich« – auf die Sandgebiete
nördlich der Linie Groß-Zimmern – Groß-Umstadt beschränkt (HEIMER 1981).

Der gesamte Osthessische Bergland mit Vogelsberg, Rhön und Fulda-Werra-Bergland als Haupteinheiten scheint bis auf wenige Inselvorkommen
unbesiedelt zu sein. Weitere Lücken fallen zum Beispiel auf im Waldeckischen Upland (vergleiche MAI
1989) wie im gesamten Ostsauerländer Gebirgsrand, im Gladenbacher Bergland und den Wester-
wald-Ausläufern, in weiten Teilen des Taunus sowie
im Vorderen und Sandstein-Odenwald. Über die
Ursachen des Fehlens der Art in diesen Gebieten
liegen keine Erkenntnisse vor.

Populationsstärke: Die Beobachtungen von MAI
(1989) aus dem Landkreis Waldeck-Frankenberg
können vermutlich für ganz Hessen verallgemeinert
werden. Die meisten Populationen bestehen aus
weniger als 50 Alttieren. An nur zwei von acht
Laichgewässern im Raum Bad Wildungen/Edertal
wurden mehr als 50 Kreuzkröten nachgewiesen.
Das größte bekannte Vorkommen liegt mit über
100 rufenden Männchen in einem Sandgruben-
komplex bei Volkmarsen im Norden des Kreises.

Hingegen spricht HEIMER (1981) davon, daß geeignete Laichgewässer »oft einen großen Bestand« aufweisen.

Laichhabitat: Von den untersuchten hessischen Laichgewässern der Kreuzkröte wurden 38 % als Tümpel eingestuft, 25 % als Teiche, 14 % als Baggerseen, 8 % als Überschwemmungsgebiete sowie je 4 % als Seen, Wagenspuren, Gräben und sonstige Gewässer (Abb. 26). Damit ist etwa die Hälfte der Vorkommen auf temporäre Kleingewässer angewiesen, die zeitweise austrocknen. Diese Tatsache deckt sich mit Beobachtungen, daß selbst flache Regenwasserpfützen und Wagenspuren zum Ablaichen genutzt werden. An die Kurzlebigkeit dieser Gewässer paßte sich die Kreuzkröte durch eine verkürzte Entwicklungszeit der Kaulquappen an, die umso rascher abläuft, je wärmer das Wasser ist. Nach FRÖHLICH et al. (1987) dauert die Larvalentwicklung vier bis zwölf Wochen.

Ungenutzt sind 70 % der Kreuzkröten-Laichgewässer. 19 % der Populationen laichen in Fischteichen und damit in ungünstigen Gewässern. Eine geringe Rolle spielen Badeseen (5 %), Klärteiche (4 %) und Feuerlöschteiche (2 %).

Ein nicht ganz korrektes Bild scheint die Statistik der die Laichgewässer umgebenden Biotope zu zeichnen. Demnach handelt es sich in 44 % der Vorkommen um landwirtschaftliche Fläche, 24 % Wald, 22 % Brachland, nur 14 % Abgrabungen, 4 % Freizeitgelände und 1 % bebaute Fläche. In der Realität ist der Anteil von Abgrabungsflächen deutlich höher; so befinden sich sämtliche Laichplätze im Kreis Waldeck-Frankenberg in Sandgruben und anderen Abgrabungen (MAI 1989), und auch für Westfalen notierten MÖLLER und STEINBORN in FELDMANN (1981) die weitaus meisten Nachweise insbesondere in Sand- bzw. Sand-Kiessowie Tongruben.

Wichtige Habitatqualitäten sind nach MÖLLER und STEINBORN sowie nach NIEKISCH (1982) offene, vegetationsarme und sonnige Flächen mit Versteckmöglichkeiten in lockerem Boden. Den Tag verbringt die Kreuzkröte in selbstgegrabenen Löchern in Lockerböden (Sand, Grus, feinkörniges Geröll). Die Gewässer selbst zeichnen sich durch das Vorhandensein von Flachwasser und durch eine sonnenexponierte Lage (schnell erwärmbar) aus (BLAB 1986). Die Laichschnüre finden sich überwiegend in Wassertiefen von 1 bis 3 cm, niemals aber tiefer als 8 cm (NIEKISCH 1982).

Jahreslebensraum: Die Kreuzkröte zeigt ganzjährig eine deutliche Präferenz für vegetationsarme Flächen (BLAB 1986). Die meisten Individuen scheinen in der Umgebung ihrer Laichgewässer zu verbleiben; BLAB berichtet, daß manche Individuen über Jahre hinaus am einmal gewählten Wohnort festhalten. Zugleich sind Jung- und viele Alttiere aber in der Lage, über größere Strecken in andere geeignete Habitate überzusiedeln – man spricht von der Erscheinung der springenden Dislokation –, wo sie dann wieder zu weitgehend stationärer Lebensweise übergehen (FLINDT und HEMMER nach BLAB 1986). Bevorzugt halten sich die Kreuzkröten laut BLAB an lockersandigen oder unterschlupfreichen Halden und Grubenwänden auf, sofern diese nicht ganztägig im Schatten liegen. NIEKISCH (1982) beobachtete in einem Fall das Meiden rekultivierten Kiesgruben-Geländes zugunsten nicht rekultivierter Freiflächen. Allen Vorkommen sei eine hohe Dynamik des Lebensraumes zu eigen – durch Überschwemmungen, Erdverschiebungen, Abbau und andere massive Einflüsse, auch durch Austrocknung und Neubildung temporärer Gewässer.

HEIMER (1981) bestätigt das weitgehende Meiden von Wäldern durch die Kreuzkröte, registrierte aber ein Vorkommen auch in einem ringsum von Wald eingeschlossenen Steinbruch – das nächste Offenland sei rund 2 km entfernt.

Lebensweise und Phänologie: In der Regel ist die Kreuzkröte nachtaktiv, ihre Chöre sind vom Einbruch der Dämmerung an vor allem in den noch warmen Abendstunden zu hören. Jedoch zeigt sie nach MERTENS (1947) die stärkste Neigung aller Kröten zum Tagleben, einzelne Individuen seien auch bei Sonnenschein anzutreffen. Tiere sind ab Mitte April bis etwa Mitte September feststellbar und können während der gesamten Zeitspanne ablaichen (MAI 1989). Auch MÖLLER und STEINBORN (in FELDMANN 1981) registrierten im angrenzenden Westfalen eine Laichperiode über mehrere Monate mit zwei deutlichen Höhepunkten: von Ende April bis etwa Mitte Mai und in den beiden letzten Junidekaden. Auslöser für Laichaktivitäten zu diesen Zeiten schienen heftige Niederschläge zu sein.

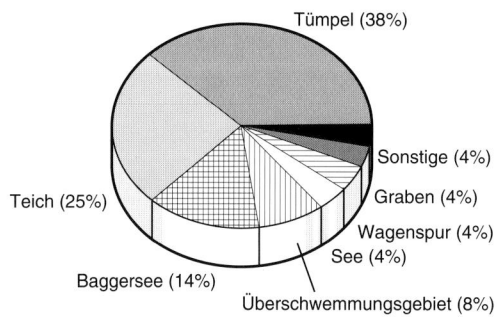

Abb. 26: Laichhabitat der Kreuzkröte (n = 167).

Rufende Kreuzkröten-Männchen, die bis über 1 km weit hörbar sein können, blähen eine Schallblase in ihrer Kehle auf.

Als Klimafaktoren beeinflussen die Aktivität nach Untersuchungen von NIEKISCH (1982) die Temperatur und der Luftdruck. Während der Anwanderungsphase aus dem Winterquartier müßten für die Männchen mindestens 9 °C Wärme herrschen, im späteren Frühjahr zu Beginn der Hauptlaichzeit 4 bis 5 °C. Weibchen zeigten sich erst bei mindestens 13 °C Lufttemperatur am Abend; unter einer Wassertemperatur von 12,5 °C (Beginn) bzw. 11 °C (Ende) war kein Laichgeschäft zu beobachten. Rufaktivität der Männchen verzeichnete NIEKISCH ab 13 °C gesteigert, bei 9 °C selten und unter 7 °C überhaupt nicht mehr.

MERTENS (1947) berichtet von einer Kreuzkröte, die bei Schierstein am Rhein zur Überwinterung 3 m tief eingegraben im Löß gefunden wurde; ihre Grabfähigkeit lasse sich mit der der Knoblauchkröte vergleichen.

Laich und Larven: Aus den in 1 bis 2 m langen Laichschnüren der Kreuzkröte, die auf den Boden sinken, mit schwarzen, unten aschgrauen Eiern mit 1 bis 1,5 mm Durchmesser (ARNOLD und BURTON 1979, THIELCKE et al. 1991), schlüpfen die Larven je nach Wassertemperatur nach drei bis 13 Tagen (MÖLLER und STEINBORN in FELDMANN 1981). Befinden sich die Laichschnüre frei im Wasser, bestehen sie meist aus zwei Reihen; werden die Schnüre dagegen leicht gestreckt, wirken sie einreihig (ARNOLD und BURTON).

Die Kaulquappen werden wie bei allen echten Kröten mit gerade nach hinten gerichteten Atem-

loch und deutlich gerundetem Schwanzende nur maximal 2,5 cm lang, zeigen eine schwärzliche Ober- und eine dunkelgraue, oft bronzefarbene Flecken tragende Bauchseite. Ihr Mund ist häufig nur halb so breit wie der Abstand zwischen den Augen; die zweite Reihe der Oberlippenzähne weist eine breite Mittellücke auf (ARNOLD und BURTON 1979).

Die Larven der ersten Laichphase verlassen nach MÖLLER und STEINBORN (in FELDMANN 1981) die Gewässer zumeist in der ersten Junihälfte, die der zweiten Laichphase zwischen Mitte Juli und Anfang August; die Jungkröten sind dann weniger als 10 mm groß und halten sich tagsüber bevorzugt laichplatznah in feuchten Senken auf. Überwinterungen von Larven wurden in Westfalen nicht festgestellt, ebensowenig im Kreis Waldeck-Frankenberg (MAI 1989). Letzterer berichtet von einem späten Fund von etwa 100 Larven am 3. November 1984 in einem Steinbruch bei Affoldern, die jedoch im Laufe des Winters verendeten.

Aktionsraum: Als Laichplatz-Vagabund, so BLAB (1986), paßte sich die Kreuzkröte dem ephemeren Charakter ihrer bevorzugten dynamischen Lebensräume an und zeigt keine feste Bindung an einen einmal gewählten Laichplatz. Neu entstandene Gewässer besiedelt sie als Pionierart häufig sehr rasch, wie auch HEIMER (1981) an frischen Erdaufschlüssen mehrfach beobachtete. BLAB stellte einzelne semiadulte Individuen regelmäßig in einer Entfernung von bis zu 1,3 km Entfernung vom nächstgelegenen Laichplatz fest, ferner einmal ein überfahrenes Männchen 2,5 km vom nächsten Brutgewässer entfernt. In der Regel jedoch lägen die Sommer- und Winterquartiere nahe bei den Brutgewässern (in der Regel unter 200 m); in kleinflächigen Abbaugebieten sei der Aktionsraum der Population häufig mit dem Grubenareal identisch. FLINDT und HEMMER (zitiert durch BLAB 1986) geben Ausbreitung durch Vagebundieren im Umkreis von 1 km an, BLAB selbst geht davon aus, daß günstige neugeschaffene Biotope bis etwa 2 km von gut reproduzierenden Kolonien entfernt relativ rasch besiedelbar sind.

MAI (1989) zitiert eine Beobachtung von ERMISCH und BRESSLER am 24. Mai 1988, die in einer kleinen Pfütze im fast ausgetrockneten Flußbett der Eder im abgelassenen Edersee bei Herzhausen Kreuzkröten-Laich fanden – etwa 4,5 km entfernt vom nächsten bekannten Vorkommen.

Gefährdung: Die Kreuzkröte profitiert als Kulturfolger vom Abbau oberflächennaher Rohstoffe durch den Menschen, denn sie laicht bevorzugt in durch Bodenverdichtungen entstehenden Kleingewässern. Als Hauptursache für die Zerstörung von Vorkommen ist die Verfüllung nicht mehr genutzter Sand-, Ton- und Kiesgruben sowie Steinbrüche anzusehen, zum Teil auch das völlige Austrocknen aller in Frage kommenden Laichgewässer. Die Vorkommen in Fischteichen sind sicherlich als Notlaichplätze anzusehen. Straßentod spielt insbesondere für umhervagabundierende Kreuzkröten eine Rolle, die neue Populationen bilden oder in benachbarten Beständen einen genetischen Austausch bewirken könnten.

Da auch in Abbau befindliche Gruben besiedelt sind, sollten die Kleingewässer während der warmen Jahreszeit nach Möglichkeit nicht mit Maschinen durchfahren werden. Besonders wichtig sind für die Kreuzkröte frische Abbauflächen unmittelbar nach ihrer Nutzungsaufgabe; wo Material abgebaut wird, sind erhebliche Verluste an Kröten zu erwarten, die an den Abhängen den Tag oder Winter überdauern, und von Laich und Kaulquappen in temporären Gewässern (vergleiche NIEKISCH 1982). Auch die gesetzlich vorgeschriebene Rekultivierung nicht mehr genutzter Abbaugebiete ist eine wesentliche Gefahr. Weitere Ursachen können Straßen- und Hausbau, Anlage von Freizeiteinrichtungen oder Deponien sowie Motocross sein.

Aufgrund ihrer weitgestreuten, lückenhaften Verbreitung und der akuten Gefährdung einzelner Vorkommen durch Verfüllung ist die Kreuzkröte in Hessen heute bereits als hochgradig bestandsbedroht einzustufen. Gezielte Schutzmaßnahmen könnten bei einer Verbesserung der Situation in verschiedenen Landschaften eventuell eine Herabstufung des Gefährdungsgrades erlauben.

Hinweise zur Beobachtung: Durch ihre vor allem abends im Chor vorgetragenen Rufe ist die Kreuzkröte leicht nachzuweisen; mit Hilfe eines Kassettenrekorders als Klangattrappe lassen sich die Tiere sehr gut zum Rufen animieren. In den meist flachen Laichgewässern sind Laich und Larven gut zu finden, hier rufen die Männchen auch bevorzugt.

Sonstiges: Über die Bedeutung der Kreuzkröte als Vertilger von Schäden anrichtenden Insekten in der Landwirtschaft berichtet für das Rhein-Main-Gebiet SCHWABE (1977): Mit Ausnahme von Kohlweißling (*Pieris rapae* und *P. brassicae*) und Kartoffelkäfer-Imagines (*Leptinotarsa decemlineata*) würden Kreuzkröten alle getesteten Arten der auf Feldern »schädlichen« Insekten- und Asselarten fressen. Ihr Einsatz als Schädlingsvertilger im Raps-, Kartoffel- und Gemüseanbau erscheine in Folge der unter natürlichen Bedingungen gewöhnlich nicht voll ausgenutzten Freßkapazität und der potentiellen Nahrungsspezialisation der Tiere als

sehr erfolgversprechend. Damit werde eine chemische Bekämpfung unter Umständen überflüssig oder sei erheblich einzuschränken. So könnte eine Population von einigen hundert Tieren in einem Anbaugebiet Einsparungen an Spritzmitteln von 1000 Mark und mehr pro Jahr bewirken (bei damaligem Geldwert in den 70er Jahren).

4.11 Wechselkröte (*Bufo viridis*)

Kennzeichen: Sie wird auch Grüne Kröte genannt, weil sie oberseits zahlreiche scharf umgrenzte grüne Flecken auf hellgrauem oder olivfarbenem Untergrund trägt: Die Wechselkröte wird 6 bis 9 cm, in Ausnahmefällen 10 cm lang. Ihren Rücken bedecken zahlreiche, aber wenig hervortretende Warzen, die zum Teil rötlich gefärbt sind. Von ihrer Gestalt her ähnelt sie der Kreuzkröte, doch ist ihre sehr variable Rückenzeichnung gewöhnlich viel kontrastreicher, ein gelblicher Streifen auf dem Rücken fehlt (gelegentlich schwach angedeutet). Die Ohrdrüsen befinden sich mehr oder weniger parallel zueinander, die Pupille sitzt waagerecht. Das Weibchen ist größer als das Männchen und meist farbi-

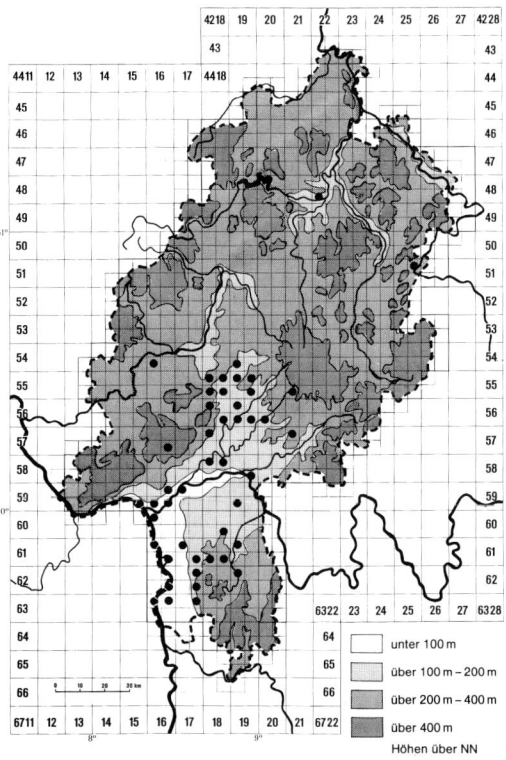

Abb. 27: Verbreitung der Wechselkröte.

74

Im Volksmund wird die Wechselkröte auch als »Grüne
Kröte« bezeichnet: Grünliche Flecken auf hellgrauem
oder olivfarbenem Untergrund sind ein Hauptmerkmal.

ger gezeichnet. Die männlichen Tiere besitzen zur
Laichzeit schwarze Brunstschwielen an den ersten
drei Zehen der Vorderfüße.

Wie die Kreuzkröten- rufen auch die Wechsel-
kröten-Männchen nachts im Chor, wenngleich wesentlich leiser und unauffälliger. Die Stimme läßt
sich als ein weiches, hoch getrilltes »ü-r-r-r-r ...«
beschreiben, das leise beginnt und bis zu zehn Sekunden lang andauert. Verwechslungen mit anderen Amphibienarten sind kaum möglich, eher mit
Grillen.

Status: 44 Vorkommen wurden gemeldet, die Präsenz beträgt 7,2% (6,7%); aus 44 von 613 bearbeiteten (bzw. 660 in Hessen vorhandenen) Quadranten liegt mindestens ein Nachweis vor. Die Wechselkröte ist mit der Knoblauchkröte die seltenste
Amphibienart des Landes.

Verbreitung: Die meisten Teile Hessens scheinen
unbesiedelt zu sein (Abb. 27). Relativ gehäuft tritt
die Wechselkröte nur in der Wetterau, der Nördlichen Oberrhein-Ebene/Hessischen Rheinebene
und in Teilen der Untermainebene auf, mithin im
Flach- und Hügelland. Doch auch hier sind die

Vorkommen hochgradig verinselt: 44 Nachweise
verteilen sich auf ebenso viele Meßtischblatt-Viertel.

Als Steppentier zeigt die Wechselkröte eine östliche Verbreitung, in Ostniedersachsen liegt ihre
nordwestliche Verbreitungsgrenze. In Niedersachsen konzentrieren sich ihre Vorkommen auf die Gebiete mit Schwarzerden als typische Steppenböden
(LEMMEL 1977). Auch in der hessischen Wetterau,
in der rund ein Drittel der Nachweise liegt, finden
sich Schwarzerden. HEIMER (1981) spricht für den
Kreisteil Dieburg dagegen von Schwerpunkten der
Verbreitung auf Lehmböden, daneben seien Funde
aus Sandgebieten bekannt.

In Nordhessen liegen zwei völlig isolierte Fundorte.

Bereits MERTENS (1947) verweist auf Vorkommenslücken im Hohen Taunus, Vogelsberg und
Odenwald. Aus dem Rheintal seien nur wenige
Fundpunkte bekannt. Jedoch wird die Wechselkröte damals noch deutlich häufiger gewesen sein,
da MERTENS vorsichtig davon spricht, daß die Art
im rhein-mainischen Raum nicht so allgemein verbreitet zu sein scheine wie Erd- und Kreuzkröte.
Das einzige im Spessart von MERTENS genannte
Vorkommen ist wohl erloschen (MALKMUS 1975).

Populationsstärke: HEIMER (1981) registriert mit
Ausnahme einer einzigen Population von über 100

Exemplaren »nur minimale Restvorkommen«. Weitere Angaben sind nicht möglich.

Laichhabitat: 13 von 38 Vorkommen in Hessen, zu denen Biotopbeschreibungen vorliegen, nutzen als Laichhabitat Teiche, zehn Vorkommen Baggerseen, weitere acht Tümpel. Zwei Nachweise gelangen an Seen, je ein Nachweis wurde erbracht an einem Bach (?), Graben, Altarm, Überschwemmungsgebiet und einer Quellmulde. HEIMER (1981) notierte Steinbruchtümpel, Sandgruben sowie Teiche.

16 von 37 Laichgewässer sind als Fischteiche genutzt, 15 unterliegen keinerlei Nutzung durch den Menschen. Viermal wurde ein Badesee besiedelt, je einmal ein Zier- und ein Klärteich. In der Umgebung dominieren landwirtschaftliche Nutzflächen, Abgrabungen und Brachland.

Nach FRÖHLICH et al. (1987) bevorzugt die Wechselkröte als Laichhabitat vegetationslose oder -arme Gewässer mit flach auslaufenden Ufern. BLAB (1986) definiert als bevorzugte Laichplätze »alle Typen besonnter, stehender, insbesondere kleinerer und mittelgroßer Gewässer, vorzugsweise in stark sonnenexponiertem Gelände mit niedriger, nur teilweise geschlossener Pflanzendecke«. Die scheinbare Bevorzugung von Fischteichen in Hessen ist mit Sicherheit auf den Mangel an besser geeigneten Laichhabitaten zurückzuführen.

Jahreslebensraum: Trockene, sonnenexponierte und sandige Habitate sagen der Wechselkröte am ehesten zu, vor allem in trockenem Brachland, aber auch in Ton-, Sand- und Kiesgruben, in Steinbrüchen und Flußauen (FRÖHLICH et al. 1987). Ebenso gibt BLAB (1986) Sonnenexposition, Wärme und Trockenheit mit teilweise fehlender oder lückiger Vegetation an. »Eine Bevorzugung des Offenlandes ist bei dieser Kröte deutlich zu erkennen« (HEIMER 1981).

Lebensweise und Phänologie: Vorwiegend lebt die Wechselkröte nachtaktiv, gelegentlich kann sie aber auch am Tage beobachtet werden. Die Weibchen verlassen unmittelbar nach dem Laichen das Gewässer, die Männchen erst später (FRÖHLICH et al. 1987). Im Vergleich zu anderen echten Kröten ist die Wechselkröte recht tolerant gegenüber Trockenheit (THIELCKE et al. 1991).

Die Laichzeit liegt zwischen Anfang April und Juni (FRÖHLICH et al. 1987, THIELCKE et al. 1991). Aus Hessen liegen dazu keine Aufzeichnungen vor.

Laich und Larven: Die aus ein bis zwei (bis vier) Reihen bestehende Laichschnur, bis zu 5 m lang und aus 1 bis 1,5 mm kleinen Eiern bestehend, legt das Weibchen auf den Gewässergrund zwischen Pflanzen oder herabgefallene Äste in 15 bis 30 cm Wassertiefe ab (FRÖHLICH et al. 1987). Die Eier sind bräunlich-schwarz. Nach drei bis fünf Tagen (FRÖHLICH et al. 1987) schlüpfen die Kaulquappen: oberseits bräunlich oder olivgrau, unterseits grauweiß, im Laufe ihrer zwei- bis dreimonatigen Entwicklung bis zu 4,5 cm lang. Ihr Mund ist annähernd so breit wie der Abstand zwischen den Augen, während die zweite Reihe von Oberlippenzähnen oft an der Mittellinie unterbrochen ist (ARNOLD und BURTON 1979). Ansonsten besitzen auch sie die für die echten Kröten typische Gestalt mit deutlich gerundetem Schwanzende und gerade nach hinten gerichtetem Atemloch auf der linken Körperseite.

Aktionsraum: Hinsichtlich des Verhaltens ähnelt die Wechselkröte der Kreuzkröte – auch sie zeigt keine zwangsläufige Bindung an das einmal gewählte Laichgewässer, sondern kann weit umhervagabundieren und so neue Lebensräume besiedeln. BLAB (1986) spricht auch bei ihr von einer springenden Dislokation und zitiert Untersuchungen, denen zufolge einzelne Wechselkröten in einer Nacht bei der Nahrungssuche Strecken bis zu 1 km, einzelne Tiere in längeren Zeiträumen sogar 8 bis 10 km zurücklegen können; Jungtiere könnten über 2 km weit wandern. FRÖHLICH et al. (1987) sprechen von einem mindestens 50 ha großen Sommerquartier und Nahrungsgebiet von Wechselkröten-Populationen.

Gefährdung: In Hessen ist die Wechselkröte hochgradig bestandsbedroht, ja akut vom Aussterben bedroht. Zu dieser Einstufung führt die geringe Zahl bestehender Populationen und deren hochgradige Isolation. Maßgebliche Gefährdungsursache dürfte die Zerstörung der Laichgewässer sein, vermutlich aber auch die Intensivierung der Landwirtschaft in den Schwarzerde-Gebieten (Wetterau), die besonders fruchtbar sind, unter weitestgehender Zerstörung von Brachland. In den Flußauen werden tiefgreifende Entwässerungen unter Kanalisierung der Fließgewässer hinzukommen, zum Beispiel in der Rheinaue.

Hinweise zur Beobachtung: Siehe Kreuzkröte. Jedoch gelten die Kaulquappen der Wechselkröte als sehr scheu (FRÖHLICH et al. 1987).

4.12 Laubfrosch (*Hyla arborea*)

Kennzeichen: Haftscheiben an seinen extrem beweglichen Finger- bzw. Zehenspitzen erlauben dem Laubfrosch ein geschicktes Umherklettern in krautiger Vegetation und Büschen. Damit zeigt er eine ganz andersartige Lebensweise als die anderen Amphibienarten. Neben den Haftscheiben kennzeichnen den bis 5 cm langen Laubfrosch eine glatte, meist laubgrüne Oberseite, ein hell gesäumter Flankenstreif mit einer »Schleife« über dem Ansatz der Hinterbeine sowie eine weiße, charakteristisch gekörnte Bauchseite. Beim Männchen ist die Kehle dunkel pigmentiert. Unter dem Kinn sitzt ihre gelb- oder bräunliche Schallblase, die in aufgeblasenem Zustand kugelrund ist. Laubfrösche können rasch ihre Farbe wechseln.

Als Paarungsruf lassen Laubfrösche nachts gern im Chor ein typisch schnelles »äpp – äpp – äpp ...« oder »gäck – gäck – gäck ...« hören, und zwar mit drei bis sechs Rufen pro Sekunde. Sie erinnern etwas an das Quäken einer Stockente. Der Ruf wird am Anfang meist etwas beschleunigt und am Schluß verlangsamt. Außerhalb der Paarungszeit, besonders im Spätsommer, meldet sich der Laubfrosch gelegentlich mit einem kurzen Ruf (ARNOLD und BURTON 1979).

Status: 171 Vorkommen wurden gemeldet, die Präsenz beträgt 17 % (16 %); aus 105 von 613 bearbeiteten (bzw. 660 in Hessen vorhandenen) Quadranten liegt mindestens ein Nachweis vor. Der Laubfrosch steht an zwölfter Stelle in der Tabelle abnehmender Häufigkeit. Seltener als er sind in Hessen lediglich Spring- und Moorfrosch, Wechsel- und Knoblauchkröte.

Verbreitung: Der Laubfrosch kommt offensichtlich nur in Teilbereichen des nördlichen, mittleren und südlichen Hessens vor (Abb. 28). Gewisse Konzentrationen sind in drei Regionen erkennbar:
- im unteren Ederbereich (Westhessische Senke und südlicher Teil der Ostwaldecker Randsenken);
- als offenbar ausgedehntestes Areal im zentralen mittelhessischen Bereich, vom Amöneburger Becken und der Oberhessischen Schwelle über den Vogelsberg (Vorderer, Unterer und Hoher Vogelsberg, jedoch nicht östlich des Gebirges) bis zur nördlichen Wetterau;
- ein kleinerer Bereich nördlich des Odenwaldes mit dem Messeler Hügelland und dem südöstlichen Teil der Untermainebene.

Bis auf offensichtlich völlig isolierte Einzelvorkommen fehlt der Laubfrosch dagegen zum Beispiel im gesamten nördlichen Teil des Westhessischen Berg- und Senkenlandes (mit Waldecker Tafel, Habichtswälder Bergland, Bram- und Reinhardswald), im Fulda-Werra-Bergland, im Fulda-Haune-Tafelland, in der Rhön, im westlichen Hessen mit den Ausläufern des Westerwaldes, dem gesamten jenseits der Lahn liegenden Gebiet und den Naturräumen des Taunusraumes, schließlich im Odenwald und in der Nördlichen Oberrhein-Niederung. Auch im hessischen Spessart ist der Laubfrosch nach MALKMUS (1975) bis auf einen Nachweis unbekannt, im Maintal würden nur noch kleinste Restbestände auftreten.

MERTENS (1947) bezeichnet den Laubfrosch im weiteren Rhein-Main-Gebiet noch als »weit verbreitet und aus fast allen Landschaften bekannt«. Seltener sei er im oberen Lahntal und im Spessart, in der eigentlichen Rhön scheine er zu fehlen. Auf dem linken Mainufer gehöre er hingegen »zu den gewöhnlichsten Erscheinungen«.

Populationsstärke: Es ist davon auszugehen, daß der Laubfrosch generell nur noch mit geringen Populationsgrößen auftritt – eine Tatsache, die dem allgemein in der Literatur beschriebenen katastrophalen Bestandseinbruch beim Laubfrosch ent-

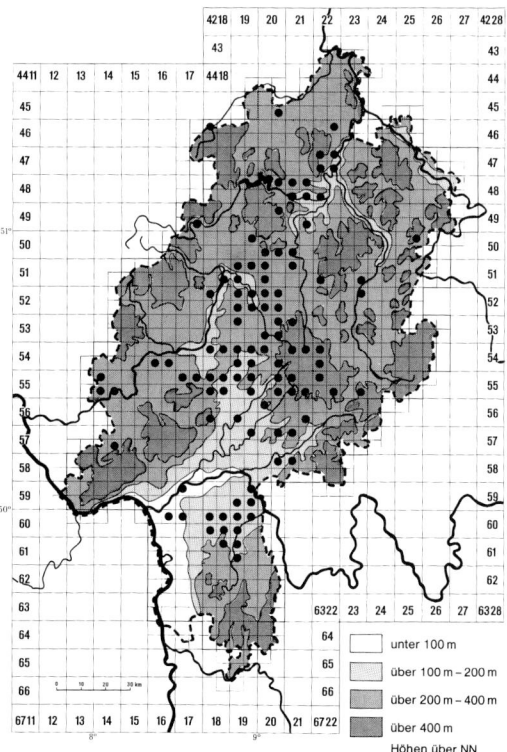

Abb. 28: Verbreitung des Laubfrosches.

unter 100 m
über 100 m – 200 m
über 200 m – 400 m
über 400 m
Höhen über NN

spricht (zum Beispiel BLAB 1986, LEMMEL 1977, LOOS und HILDENHAGEN in FELDMANN 1981). Dieser scheint sich bis heute fortzusetzen, so daß die in der Verbreitungskarte gezeichnete Situation vielleicht schon wieder ein zu optimistisches Bild zeichnet. So berichtet MAI (1989) aus dem Ederraum, daß von ehemals 27 Laichplätzen im Jahre 1980 acht Jahre später nur noch ganze zehn Plätze besetzt waren – trotz umfassender Bemühungen des Naturschutzes. Alle vier Kolonien mit über 100 rufenden Männchen erloschen. Zwei der verbliebenen Populationen bestehen aus maximal zehn, acht aus elf bis 50 rufenden Männchen.

Im benachbarten Westfalen bestehen nach LOOS und HILDENHAGEN in FELDMANN (1981) die stärksten Populationen aus 25 bis 50 rufenden Männchen, doch die Mehrzahl der Funde seien Einzel-

Die grasgrüne Oberseite und Haftscheiben an den Zehenspitzen unterscheiden den Laubfrosch sofort von allen anderen heimischen Amphibienarten. Er vermag geschickt in krautiger Vegetation, Gebüschen und Bäumen zu klettern.

beobachtungen mit bis zu fünf rufenden Männchen.

Laichhabitat: Unter den vom Laubfrosch besiedelten Gewässern dominieren Teiche mit 55 %, gefolgt von Tümpeln mit 25 %. Eine geringe Rolle spielt eine Reihe anderer Gewässertypen wie Gräben und Baggerseen, Seen und sonstige Habitate (Abb. 29). Die Art scheint damit ein recht großes Spektrum an Laichgewässern zu besiedeln, jedoch wird eine sonnenexponierte Lage und das Vorhandensein von Vegetationsstrukturen bevorzugt (vergleiche BLAB 1986, LOOS und HILDENHAGEN in FELDMANN 1981, MAI 1989).

51 % der Laichgewässer grenzen an landwirtschaftliche Flächen, Wald spielt mit 37 % eine deutlich geringere Rolle. Hinzu kommt Brachland mit 29 %; nur in einzelnen Fällen bedeutsam sind Abbaugelände, Freizeitareale und bebaute Flächen.

Ungenutzt sind 55 % der kartierten Laichgewässer, als Fischteiche dienen 33 %. Weitere Vorkommen wurden aus Klärteichen (6 Nachweise), Zierteichen (5), Feuerlöschteichen (4) und Badeseen (3) gemeldet. Der Anteil von einem Drittel Fischtei-

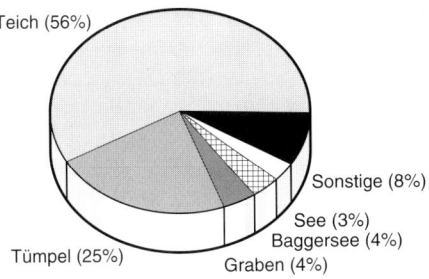

Teich (56%)

Sonstige (8%)

See (3%)
Baggersee (4%)
Graben (4%)

Tümpel (25%)

Abb. 29: Laichhabitat des Laubfrosches (n = 126).

chen widerspricht der Beobachtung von MAI (1989), daß Teiche mit Fischbesatz nicht besiedelt würden; ein Vorkommen von etwa 50 rufenden Männchen sei aufgegeben worden, nachdem sich in einem Kiesteich ein größerer Fischbestand aus Schleie, Kaulbarsch, Giebel, Rotauge, Aal und weiteren Arten gebildet und dieser die gesamte Unterwasservegetation vernichtet hatte. Es ist jedoch nicht auszuschließen, daß die in der Hessen-Kartierung als Fischteich klassifizierten Gewässer großenteils über keinen Fischbesatz mehr verfügen.

Jahreslebensraum: Der Laubfrosch verbringt einen großen Teil der warmen Jahreszeit im Laichgewässer und in dessen unmittelbarer Umgebung, das Laichgeschäft wird, so BLAB (1986), verschränkt mit anderen Funktionskreisen abgewickelt. Stets bevorzugt die Art im Sommerquartier sonnenexponierte, vertikale Strukturen, die in der Nähe des Laichplatzes liegen und sich deutlich über die Umgebung erheben, insbesondere Gebüsche, Bäume, Waldränder, seltener auch Röhrichte (BLAB 1986). Offene Landschaften werden gegenüber dem Wald bevorzugt. LOOS und HILDENHAGEN (in FELDMANN 1981) nennen Beobachtungen, daß nicht agrarisch genutzte Flächen mit einer blütenreichen Wildstaudenflora und einer entsprechend vielfältigen Insektenfauna deutlich häufiger bewohnt werden als andere Biotope.

Lebensweise und Phänologie: Im wesentlichen ist der Laubfrosch nächtlich aktiv. Dennoch gelingen auch tagsüber Beobachtungen, wenn sich die Frösche zum Beispiel sonnen und, der vollen Sonneneinstrahlung ausgesetzt, in hochwüchsiger Verlandungsvegetation oder in Gebüschen sitzen. Beeindruckend ist das flinke Klettern des Laubfrosches, das ihn von allen anderen einheimischen Amphibienarten unterscheidet.

Die ersten Laubfrösche werden im Laufe des Monats April beobachtet. In einem Vorkommen bei Bad Wildungen-Mandern registrierte MAI (1989) zwischen 1979 und 1984 die mittleren Erstbeobachtungen am 8. April, als »Ausreißer« nicht

eingerechnet die ungewöhnlich frühe Beobachtung am 8. März 1981. Der mittlere Rufbeginn zwischen 1979 und 1988 liegt am 20. April, der früheste Nachweis mit dem 1. April wiederum aus dem Jahr 1981. In Westfalen beginnt der Laubfrosch nach LOOS und HILDENHAGEN (in FELDMANN 1986) erst ab Mai zu rufen.

Ab Mitte Juni ist den Beobachtungen von MAI (1989) zufolge die Rufperiode beendet, spätere Ruffeststellungen stammten nur von Einzeltieren, die gelegentlich auch tagsüber verhört wurden.

Laich und Larven: Die Paarung findet im Wasser und während der Dunkelheit statt. Das Weibchen legt zwei bis fünf, selten bis zu zehn Eiklumpen mit je 70 bis 1 100 Eiern ab, die jeweils etwa die Größe einer Walnuß besitzen. Sie liegen auf dem Boden oder werden an Wasserpflanzen befestigt. Die etwa 1,5 mm großen Einzeleier sind oberseits blaß bräunlich, unterseits gelblich gefärbt, ihre Gallerthülle mißt 3 bis 4 mm im Durchmesser. Die Weibchen verlassen anschließend das Gewässer, während sich die Männchen noch mit weiteren Weibchen paaren können (ARNOLD und BURTON 1979, FRÖHLICH et al. 1987, LOOS und HILDENHAGEN in FELDMANN 1981).

Nach acht bis 15 Tagen schlüpfen die Kaulquappen, die sich binnen zwei bis drei Monaten bis zur Metamorphose entwickeln. Die Larven leben häufig einzeln und bewegen sich sehr schnell mit raschen, fischähnlichen Bewegungen. Typisch ist ihr sehr ausgeprägter Flossensaum, der sich weit nach vorne bis fast in Augenhöhe erstreckt. Ihr linksseitig sitzendes Atemloch zeigt nach hinten und (schwach) nach oben. Der Schwanz ist zugespitzt. Oberseits sind die Laubfrosch-Kaulquappen meist goldoliv, auf der Bauchseite weiß gefärbt (siehe ARNOLD und BURTON 1979).

Aktionsraum: Das Gros der adulten Laubfrösche scheint sich auch im Sommer nicht sehr weit von ihrem Laichgewässer zu entfernen; BLAB (1986) geht anhand verschiedener Literaturangaben von einem Radius des Jahreslebensraumes von etwa 600 m aus, jedoch wanderten definitiv auch einzelne Individuen einer Population ab. Durch solche vagabundierenden Exemplare sei die oft schnelle Besiedlung neu entstandener Gewässer innerhalb bestehender Siedlungsgebiete der Art zu erklären.

Entsprechend beobachtete auch MAI (1989), daß sich die meisten Laubfrösche »nur einige Meter von den Laichplätzen entfernt« im Landlebensraum aufhielten, während er in einigen Fällen auch einzelne Individuen »mehrere Kilometer vom nächsten Laichgewässer« antraf. In einem Fall registrierte er die Begründung einer neuen Population in zirka 4 km Entfernung vom nächsten Vorkommen in einer Sandgrube bei Edertal-Böhne.

Gefährdung: In Hessen ist der Laubfrosch hochgradig bestandsbedroht. Es kann davon ausgegangen werden, daß die heutige Verbreitung bereits deutlich lückenhafter ist als in der Karte dargestellt. Die drastische Reduktion des Bestandes im Raum Bad Wildungen/Edertal (siehe oben) trotz umfassender Erhaltungsbemühungen und der Besiedlung neu geschaffener Laichgewässer und das Erlöschen gerade der beiden stärksten Populationen mit über 100 rufenden Männchen (MAI 1989) lassen in Zukunft für den Laubfrosch ein besonders düsteres Bild erwarten. Geringe Populationsstärken und ein lückenhaftes Verbreitungsbild begründen ohnehin ein erhöhtes Aussterberisiko.

Die Gründe für den starken Rückgang sind komplex. Eine wesentliche Rolle spielt mit Sicherheit die Zerstörung von Laichgewässern durch Verfüllung oder Trockenlegen. Hinzu kommen Fischbesatz, Eutrophierung und Verlandung der Gewässer, in manchen Fällen auch der Straßentod. Ebenso kann die Mahd und/oder Beseitigung von ufernaher Vegetation (Röhricht, Gebüsche, Hochstaudenfluren) negativ wirken. Besonders empfindlich reagiert der Laubfrosch nach Aussage von FRÖHLICH et al. (1987) auf die Einwirkung und Einschwemmung von Bioziden – eine Tatsache, der zum Schutz der restlichen Populationen verstärkte Beachtung geschenkt werden sollte.

Hinweise zur Beobachtung: Anhand des Paarungsrufes des Männchens läßt sich der Laubfrosch am besten nachweisen, er kann kaum mit anderen Tierstimmen verwechselt werden. Mit Hilfe einer Klangattrappe (Kassetenrecorder) können die Tiere vom Einbruch der Dämmerung an zur Lautäußerung animiert werden. Schwieriger gelingt die Beobachtung, die am ehesten im Falle sich sonnender Tiere über oder nahe am Wasser möglich ist. Auch die Kaulquappen sind nicht leicht zu entdecken, da sie meist einzeln leben und fast fischartig schnell flüchten.

4.13 Moorfrosch (*Rana arvalis*)

Kennzeichen: Eine braune Grundfärbung der recht glatten Haut weist den Moorfrosch als einen Vertreter der sogenannten Braunfrösche aus. Mit 6 bis 8 cm Länge ist er etwas kleiner als der wesentlich häufigere Grasfrosch. Ein spitzer Kopf, ein meist vorhandenes helles Band auf der Rückenmitte, welches oft Warzenreihen säumen, und die stets fehlende Zeichnung auf der hellen Bauchseite sind die wichtigsten Unterscheidungsmerkmale gegenüber Gras- und Springfrosch. An den Hinterfüßen – seitlich oberhalb der kleinsten Zehe – trägt der Moorfrosch einen großen, festen, harten und zuweilen scharfrandigen Fersenhöcker (beim Grasfrosch klein und weich). Der dunkle Schläfenfleck ist immer deutlich vorhanden, während er beim Grasfrosch fehlen kann. Die Färbung ist sehr variabel, manche Männchen sind während der Paarungszeit hellblau gefärbt.

Moorfrösche verfügen über eine gedämpfte Stimme, die sich mit einem abrupt in der Luft hin- und herbewegten Blatt, mit aus einer untergetauchten Flasche blubbernder Luft oder mit einem weit entfernt bellenden jungen Hund vergleichen läßt (»uop – uop – uop...«) (ARNOLD und BURTON 1979).

Status: 65 Vorkommen wurden gemeldet, die Präsenz beträgt 6,7 % (6,2 %); aus 41 von 613 bearbeiteten (bzw. 660 in Hessen vorhandenen) Quadranten liegt mindestens ein Nachweis vor. Der Moorfrosch ist damit die drittseltenste Amphibienart Hessens, noch geringer ist die Zahl der Nachweise nur von Wechsel- und Knoblauchkröte.

Verbreitung: Die meisten Teile des Landes sind unbesiedelt, insbesondere – mit ganz vereinzelten Ausnahmen – der gesamte nordhessische Raum (Abb. 30). Geringfügige Konzentrationen von Nachweisen zeigen sich in der Untermainebene und Nördlichen Oberrheinniederung/Hessischen Rheinebene, im Östlichen Hintertaunus und im westlichen Vogelsberg. Alle Nachweise im Kreisteil Dieburg liegen in Höhen unter 180 m über NN (HEIMER 1981).

Bereits MERTENS (1947) stellte fest, daß der Moorfrosch im weiteren Rhein-Main-Gebiet keinesfalls allgemein verbreitet und nur wenigen Landschaften eigen sei: dem Rheintal (nur an manchen Stellen zwischen Neckar- und Nahemündung häufig), dem unteren Maintal, in Dreieich, Bergstraße und Neckartal. Fehlen würde der Bewohner von Ebenen in Spessart, Odenwald, Vogelsberg, Taunus sowie in den Gebieten von Lahn und Dill.

Populationsstärke: keine Angaben möglich.

Laichhabitat: Von 52 Laichgewässern liegen Angaben zur Gestalt des Laichhabitats vor: In aller Regel nutzt der Moorfrosch Teiche (20mal genannt) und Tümpel (14mal). Demgegenüber besitzen andere Gewässertypen nur geringe Bedeutung, nämlich Bach und Graben (je viermal), Baggersee (dreimal), Altarm, Überschwemmungsgebiet und Wasser in Betonbecken (je zweimal) sowie See (einmal). 37 von 61 Laichgewässern sind ungenutzt, 18 dienen als Fischteich, je zwei als Zier- bzw. Feuerlöschteich, je einer als Klärteich und Badesee.

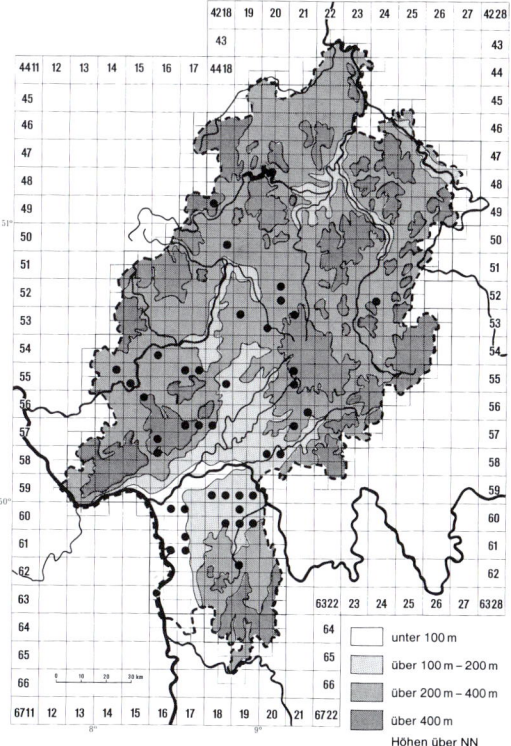

Abb. 30: Verbreitung des Moorfrosches.

Höhen über NN

		unter 100 m		
		über 100 m – 200 m		
		über 200 m – 400 m		
		über 400 m		

Eine spitzere Schnauze, ein breites helles Band auf der Rückenmitte und eine stets ungefleckte Bauchseite unterscheiden den Moorfrosch von den anderen Braunfröschen.

In der Umgebung der hessischen Laichgewässer dominieren Wald (36 Nennungen) und landwirtschaftliche Nutzfläche (29), seltener finden sich Brachland (12) und Sonstiges (insgesamt 7). HEIMER (1981) bezeichnet feuchte Wiesen, Bruchwälder und schilfbestandene Teiche als die typischen Lebensräume.

In Frage kommen nach BLAB (1986) nahezu alle Typen stehender, gelegentlich auch träge fließender Gewässer, die meist innerhalb größerer Feuchtgebiete wie Flachmooren und Feuchtwiesen liegen. Bevorzugt werden zur Laichablage vegetationsreiche Uferpartien, insbesondere Unterwasserrasen, auch überschwemmte Wiesen, und gelegentlich zwischen Seggenhorsten. Von Vorteil sind Besonnung und Wassertiefen unter 15 cm (BLAB 1986).

Eine besondere Rolle spielt offensichtlich auch der Gewässerchemismus: Nach Angaben von STEINBORN und HILDENHAGEN in FELDMANN (1981) ist der Nährstoffhaushalt der Laichgewässer als schwach oligotroph oder dystroph bis mesotroph einzustufen. Optimal scheinen pH-Werte des Wassers zwischen pH 5 und pH 7 zu sein; unter pH

4,5 verpilzt der Laich und stirbt ab (CLAUSNITZER 1979, STEINBORN und HILDENHAGEN in FELD-MANN 1981).

Jahreslebensraum: Der Moorfrosch zeigt ganzjährig eine deutliche Präferenz für einen hohen Stau- oder Grundwasserstand in Feuchtgebieten größerer Ausdehnung – besiedelt werden vor allem Kontaktbiotope zum offenen Wasser wie sumpfiges Grünland, Niedermoorsäume längs von Ufern, Riede, Bruch- und Auenwälder (BLAB 1986). Nur bei Siedlungsdruck dringt er auch in trockeneres Gebiet vor (SCHRÖDER nach BLAB).

Verstecke des Moorfrosches liegen häufig an der Basis von Seggen- und Binsenhorsten, aber auch in nassen Flächen der Besenheide, im Pfeifengras-Stadium von Glockenheide-Gesellschaften und allgemein in hohen, dichten Graskomplexen ohne menschliche Nutzung (STEINBORN und HILDENHAGEN in FELDMANN 1981).

Lebensweise und Phänologie: Rufaktivität ist vorwiegend in der Dämmerung und nachts feststellbar (besonders intensiv in den Stunden von 21 bis 24 Uhr), doch auch den ganzen Tag über (FRÖHLICH et al. 1987, STEINBORN und HILDENHAGEN in FELDMANN 1981). Typisch sind wie bei allen echten Fröschen Laichgesellschaften; Einzeltiere beginnen zu rufen, die übrigen Männchen stimmen nach und nach in das Konzert ein.

Als Frühlaicher ist der Moorfrosch in der Regel zwischen Anfang und Mitte April (STEINBORN und HILDENHAGEN) bzw. zwischen Ende März und Anfang Mai (FRÖHLICH et al.) im Laichgewässer anzutreffen. Die Weibchen verlassen sofort, die Männchen bald darauf das Gewässer und wechseln in die nahen Sommerquartiere. Das Winterquartier wird nach FRÖHLICH et al. erst relativ spät bezogen, teilweise wohl erst im November.

Laich und Larven: 800 bis 3000 Eier legt das Moorfrosch-Weibchen in ein bis zwei Ballen an Wasserpflanzen oder Äste, seltener auf den Gewässergrund. Die einzelnen Eier – 1,5 bis 2 mm groß – sind oberseits schwärzlich, ihr unteres Drittel (bis Hälfte) weißlich. Die Larven schlüpfen nach ein bis drei Wochen.

Alle Kaulquappen der echten Frösche zeigen eine recht große Variabilität, die einzelnen Arten sind besonders schwierig zu bestimmen. Gemeinsam ist ihnen ein nach hinten und – wenn auch schwach – nach oben gerichtetes Atemloch auf der linken Körperseite, ein zumindest stumpf zugespitztes Schwanzende und, im Unterschied zu den Kröten-Kaulquappen, das Vorhandensein von kleinen, rundlichen Erhebungen (Papillen) unterhalb der Unterlippe.

Die Kaulquappen des Moorfrosches werden bis zu 4,5 cm lang und metamorphosieren ein bis drei Monate nach dem Schlüpfen. Ihre Oberseite ist braun, die Bauchseite grau gefärbt, am oberen Flossensaum tragen sie zuweilen große dunkle Flecken. Ihr Schwanzende ist meist deutlich zugespitzt, und zwar spitzer als beim Grasfrosch (vergleiche ARNOLD und BURTON 1979).

Aktionsraum: Adulte Moorfrösche entfernen sich in ihren Landlebensräumen in der Regel nicht weiter als 300 m von ihrem Laichplatz (BLAB 1986, STEINBORN und HILDENHAGEN in FELDMANN 1981), sie verfügen somit über einen relativ kleinen Aktionsradius. Wandernde Jungtiere sind dagegen auch weitab von Gewässern anzutreffen.

Gefährdung: Der Moorfrosch ist in Hessen hochgradig bestandsbedroht. Wenngleich die Art von Natur aus in manchen Landschaftsteilen fehlen dürfte, die ihre Habitatansprüche mit hoch anstehendem Grund- oder Stauwasser nicht erfüllen, so ist doch von einem starken Rückgang auszugehen. Angaben zur Stärke der verbliebenen Populationen sind nicht möglich, jedoch scheint es sich in der Regel um die Beobachtung einzelner Individuen zu handeln. Als Ursachen der Gefährdung kommen in erster Linie folgende Faktoren in Betracht:
– Flächenreduktion und Zerstörung der Jahreslebensräume wie Feuchtwiesen, Niedermoore, Bruch- und Auenwälder durch Eingriffe in den Wasserhaushalt (Entwässerung, Absenken des Grundwasserspiegels) und durch Nutzungsintensivierung;
– Zerstörung von Laichgewässern, häufig im Zusammenhang mit den zuvor genannten Eingriffen;
– Beeinträchtigen der Wasserqualität in den Laichgewässern durch Nährstoffbelastungen mit der Folge einer Eutrophierung; eingeschwemmte Düngemittel stören die Entwicklung der Kaulquappen (STEINBORN und HILDENHAGEN in FELDMANN 1981);
– Versauerung der Gewässer mit der Folge einer Verpilzung der Laichballen (CLAUSNITZER 1979);
– Nutzung von Laichgewässern als Fischteiche.

Hinweise zur Beobachtung: Wie bei allen Braunfrosch-Arten ist die Stimme des Moorfrosches wenig auffällig. Der Wasseraufenthalt ist relativ kurz, so daß akustische Nachweise vorwiegend im April möglich sind. Außerhalb der Laichperiode ist der Moorfrosch am ehesten im näheren Umfeld des Laichgewässers in bodenfeuchten Lebensräumen – zumeist ohne landwirtschaftliche Nutzung – anzutreffen. Laich und Kaulquappen sind so schwer eindeutig zu bestimmen, daß der zweifelsfreie Nachweis nur über adulte Tiere möglich ist.

Sonstiges: SCHMIDT (1986) berichtet, daß ein Erdkröten-Männchen irrtümlich einen Moorfrosch umklammerte. Mehrere Männchen und Weibchen fand er lebend angefressen beim Laichgeschäft, andere Exemplare tot; als Ursache vermutet er einen Temperatursturz, so daß die wechselwarmen Moorfrösche nicht zur Flucht fähig waren und von – ebenso bestandsbedrohten – Wasserspitzmäusen angefressen werden konnten.

4.14 Springfrosch (*Rana dalmatina*)

Kennzeichen: Der bis 6 cm (Männchen) bzw. maximal 9 cm (Weibchen) große, meist aber kleinere Springfrosch ist ein graziler, zart gefärbter und manchmal etwas transparent wirkender Braunfrosch. Er besitzt eine meist lehmbraune Grundfarbe, die sich mit Faullaub vergleichen läßt und zwischen braungelb und rötlichbraun nur vergleichsweise wenig variiert. Kräftige Kontraste fehlen, dunklere Flecken auf der Oberseite sind nicht oder nur verstreut vorhanden. Gelegentlich können auf der Oberseite einige pechschwarze Flecken auftreten, besonders auf den Rückendrüsenleisten. Der Rücken trägt oft verstreute dunklere Tupfen. Die Weichen beiderseits des Körpers sind häufig schwefelgelb gefärbt, die Hinterbeine stets auffällig gebändert. Unterseits ist der Springfrosch hell (weißlich bis gelblich) gefärbt und in der Regel ungefleckt. Das große Trommelfell sitzt nahe am Auge.

Der Kopf ist im Vergleich zum Grasfrosch zugespitzt. Bei ausgewachsenen Tieren reicht die Ferse, legt man ein Hinterbein behutsam an den Körper an, oft beträchtlich weit über die Schnauzenspitze hinaus. Die langen Beine befähigen den Springfrosch zu auffallend weiten Sprüngen, bei der Flucht bis 2 m weit (FRÖHLICH et al. 1987). Die Fersenhöcker an den Hinterfüßen sind groß und hart, während sie beim ähnlichen Grasfrosch nur schwach entwickelt und weich sind. Die Brunstschwielen an den Armen des Männchens zeigen eine graue Färbung, beim Grasfrosch dagegen eine schwarze.

Das Männchen besitzt keine Schallblase. Seine Stimme beschreiben ARNOLD und BURTON (1979) als ein ziemlich gedämpftes, schnelles »quo – quo – quo – quo – quo – quo«, das meist an Lautstärke zunimmt.

Status: 128 mutmaßliche Vorkommen wurden gemeldet, die Präsenz beträgt 12 % (11,5 %); aus 76 von 613 bearbeiteten (bzw. 660 in Hessen vorhandenen) Quadranten liegt mindestens ein Nachweis vor. Der Springfrosch zählt somit zu den vier seltensten Amphibienarten Hessens. Diese Zahlen müssen sehr vorsichtig interpretiert werden, da aufgrund der selbst für Amphibienkenner sehr schwierigen Unterscheidung vom ähnlichen Grasfrosch von einem ganz erheblichen Anteil an Fehlbestimmungen auszugehen ist. Die tatsächliche Verbreitung ist vermutlich noch wesentlich punktueller und müßte durch Überprüfung der gemeldeten Vorkommen zweifelsfrei belegt werden. Unter diesen Vorbehalten sind auch die vorhandenen hessischen Daten ausgesprochen kritisch zu sehen.

Verbreitung: Aufgrund der unter dem vorangehenden Stichwort erwähnten Zweifel an einwandfreier Artbestimmung soll hier nicht näher auf die aktuelle Verbreitung eingegangen werden; daher wird auch keine Verbreitungskarte veröffentlicht. Potentiell ist der Springfrosch im südlichen Hessen, eventuell auch in den nördlichen Landesteilen zu erwarten (siehe Verbreitungskarten bei ARNOLD und BURTON 1979 sowie THIELCKE et al. 1991); die erstgenannten Autoren sprechen von »mehr oder weniger isolierten Vorkommen« in Mitteleuropa, »bis N-Deutschland, Dänemark und S-Schweden«. KLEWEN in FELDMANN (1981) nennt aus dem benachbarten Westfalen einen sicheren Nachweis, vermutet aber – wie LEMMEL (1978) in Niedersachsen –, daß die Art häufig übersehen werde.

HEIMER (1981) konstatiert ein mutmaßliches Schwerpunkt-Vorkommen im Bereich des Messeler Hügellandes; alle Vorkommen im Kreisteil Dieburg wurden nördlich der Linie Groß-Zimmern – Groß-Umstadt registriert.

Im Rhein-Main-Gebiet sah MERTENS (1947) die Vorkommen des Springfrosches beschränkt auf das Rhein- und Maintal mit den angrenzenden Landschaften Bergstraße und Dreieich, daneben seien Nachweise von den südlichen Odenwald-Ausläufern gemeldet. Angebliche Funde aus Taunus und Wetterau müßten, so MERTENS, überprüft werden.

Populationsstärke: keine Angaben möglich.

Laichhabitat: Hier liegen die konkretesten Angaben von BLAB (1986) aus dem Kottenforst bei Bonn vor. Er nennt als Laichhabitat »nahezu alle Typen stehender und sehr träge fließender Gewässer bzw. Stillwasserzonen in Bächen«, das Spektrum sei noch breiter als beim Grasfrosch. Zum Ablaichen dienten seichte, besonnte Ufer. Das Weibchen suche bei der Laichabgabe aktiv den Bezug zu Strukturen im Wasser, vorzugsweise etwa fingerdicke Äste oder Wurzeln, in zweiter Linie auch Kräuter und Gräser.

Vergleichsweise kontrastarm ist der lehmbraune Spring-frosch gefärbt. Die wärmeliebende Art zeigt in der Regel keine oder nur sehr wenige dunkle Flecken. Sie kann bis zu 2 m weit springen.

HEIMER (1981) notierte als Laichgewässer im Messeler Hügelland und Umgebung Bombentrich-ter, flache Tümpel und Teiche in Bruchwäldern, Tongruben und Steinbrüchen.

Jahreslebensraum: BLAB (1986) beobachtete bei einer Präferenz für Baumbestände die Besiedlung relativ trockener Stellen, die nur kurze Zeit am Tage beschattet würden, etwa Waldränder, Wald-wiesen, Schonungen, Fichtenjungwuchs mit gerin-gem Deckungsgrad, Wegränder, Schneisen und auch kleinste Lichtungen. »Als Einstand bevorzu-gen die Tiere dabei Freiräume (d. h. vegetations-arme bzw. kurzrasige Stellen) inmitten hoher Gras- und Krautvegetation, vornehmlich in unmittelba-rer Nähe eines dichten Busches. ... Bevorzugt wird Buschwerk, das insbesondere vom Boden bis ca. 30 cm Höhe sehr dicht ist (Brombeergebüsch, vom Wild verbissene Jungbuchen, auch Reisighaufen), ersatzweise auch hohes, dichtes Gras.«

FRÖHLICH et al. (1987) bezeichnen den Spring-frosch als wärmeliebend, die Art bevorzuge warme, lichte Laubwälder.

Fundorte im Messeler Hügelland und Umge-bung liegen in Buchen-Eichen-Wäldern und Bruch-waldgebieten (HEIMER 1981).

Lebensweise und Phänologie: Ähnlich dem Gras-frosch wird der Springfrosch schon früh im Jahr aktiv – im Februar, meist aber im März und selten im April hält er sich im Gewässer auf (FRÖHLICH et al. 1987). Die Männchen rufen in der Dämmerung und nachts. Unmittelbar nach dem Ablaichen ver-lassen die Weibchen das Gewässer, wenige Tage später auch die Männchen, um nach einer Ruhe-phase (Latenzperiode) zur Sommeraktivität über-zugehen. Unverpaarte Männchen können bis Ende April im Gewässer verharren (FRÖHLICH et al. 1987). Die Herbstwanderung findet nach Angaben der Autoren ab Anfang Oktober statt, beide Ge-schlechter überwintern größtenteils in Gewässer-nähe an Land.

Laich und Larven: Laichabgabe läßt sich ab einer Wassertemperatur von 6,5 °C beobachten (BLAB 1986). Das Weibchen setzt seine 600 bis 1000 Eier größtenteils in einem Ballen ab (FRÖHLICH et al. 1987), es bevorzugt dabei 10 bis 25 cm tiefes Wasser (BLAB). Die oberseits schwarzbraunen, unterseits weißlichen Eier sind 2 bis 3 mm groß, ihre Hülle mißt 9 bis 12 mm (ARNOLD und BURTON 1979).

Die Kaulquappen schlüpfen, so FRÖHLICH et al., nach etwa drei Wochen, sie werden mit bis zu 65 mm Länge größer als die von Gras- und Moor-frosch; ihre Metamorphose erfolgt nach zwei bis fünf Monaten. Eine sichere Bestimmung der Kaul-quappen ist wie bei allen echten Fröschen sehr schwierig; ARNOLD und BURTON (1979) beschreiben sie so: oberseits hellbraun bis fuchsrot mit dunkleren Flecken; Bauch weiß mit goldener Flekkung; verhältnismäßig hoher Flossensaum, der sich unvermittelt zu einer scharfen Schwanzspitze verjüngt und oft einige dunkle Flecken aufweist.

Aktionsraum: Nach Erkenntnissen von BLAB (1986) entfernen sich Springfrösche während des Sommers sehr unterschiedlich weit vom Laichgewässer – bei 37 Fängen notierte er Distanzen zwischen 80 und 1660 m. Der Gürtel der höchsten Siedlungsdichte liege zwischen 100 und 700 m, als Grenze des Jahreslebensraumes sieht er in erster Näherung einen Radius von 1100 m. Ausschlaggebend für die Wahl des Sommerquartiers – das erst im Juni definitiv eingenommen sei – schienen wesentlich die Habitatqualitäten zu sein.

Innerhalb des Sommerquartiers ist der Springfrosch wohl recht ortstreu: Unter 157 von BLAB (1986) markierten adulten Tieren betrug die Distanz (außer zwei Männchen in 270 bzw. 410 m entfernt vom Markierungsort) vereinzelt bis zu 30 m, meist aber unter 15 m. Dabei spricht BLAB von einer »Barrierewirkung des Hochwaldes außerhalb der Wanderzeiten«.

Gefährdung: Aufgrund des nach wie vor unklaren Verbreitungsbildes, ganz sicher aber sehr lückenhafter Verbreitung in Hessen, ist der Springfrosch als hochgradig bestandsbedroht zu betrachten. Über die Ursachen kann nur spekuliert werden. Es kommen sowohl natürliche Verbreitungslücken (wobei unklar ist, welche und warum) als auch die Zerstörung von Laichgewässern und Jahreslebensräumen in Frage. FRÖHLICH et al. (1987) nennen als eine Ursache die Versauerung von Gewässern, die durch allgemein wirkende Umweltbelastungen und durch Fallaub im Wasser verursacht wird; bei einem pH < 5 würden die Laichballen zu verpilzen und abzusterben beginnen.

Hinweise zur Beobachtung: Sämtliche Beobachtungen von Braunfröschen, insbesondere die Meldungen mutmaßlicher Springfrösche, bedürfen einer kritischen Überprüfung. Besteht der Verdacht, daß es sich um Springfrösche handelt, sollten stets Fotobelege angefertigt werden und möglichst im Feld Bestätigungen durch Amphibienkenner erfolgen. Wichtige Merkmale sind die Länge der Hinterbeine (doch sollte dieser Test wegen der Verletzungsgefahr für die Frösche Fachleuten überlassen werden) und die fallaubfarbene, kontrastarme Oberseite.

Anhand des Laiches, der Kaulquappen und auch junger, noch nicht geschlechtsreifer Frösche scheint eine zweifelsfreie Bestimmung überhaupt nicht möglich zu sein.

4.15 Grünfrösche (*Rana esculenta*-Komplex)

Infolge noch immer nicht zweifelsfrei geklärter Verwandtschaftsverhältnisse und aufgrund der schwierigen Unterscheidung im Gelände werden die Grünfrösche des sogenannten *Rana esculenta*-Komplexes hier gemeinsam abgehandelt:
– Kleiner Teichfrosch (*Rana lessonae*),
– Wasserfrosch (»*Rana esculenta*«),
– Seefrosch (*Rana ridibunda*).

Als reine Arten werden Seefrosch und Kleiner Teichfrosch betrachtet; sie hybridisieren gelegentlich und bringen dann als Nachkommen Wasserfrösche hervor. Vermutlich liegt in dieser Hybridbildung generell der Ursprung des Wasserfrosches, der genetisch in vier verschiedenen Formen auftritt: Eine Form paart sich oft mit dem Kleinen Teichfrosch fruchtbar, die andere mit dem Seefrosch. Im Gegensatz zu ihnen, die einen diploiden Chromosomensatz besitzen (je einen Satz Erbanlagen von Seefrosch und Kleinem Teichfrosch), sind die beiden anderen Formen des Wasserfrosches triploid, das heißt, sie verfügen über einen zusätzlichen Chromosomensatz. Eine Fortpflanzung findet auch zwischen der Hybridform allein statt. Näheres siehe ARNOLD und BURTON (1979) und EIKHORST (1981).

Kennzeichen: Gemeinsame Merkmale der Grünfrösche sind ihre meist grünliche, sehr variable Färbung, das Fehlen eines dunklen Schläfenflecks, näher als bei den Braunfröschen beieinander liegende Augen und äußere Schallblasen der Männchen, die sie hinter den Mundwinkeln aufblasen können. Zur Laichzeit tragen sie ihre damit verstärkten Rufe im Chor vor. Ihre Haut ist glatt, ihr Kopf zugespitzt. Große, bis an die Zehenspitzen der Hinterfüße reichende Schwimmhäute weisen die Grünfrösche als gute Schwimmer aus. Den Rücken kann eine gelbliche Mittellinie zieren. Der weißliche Bauch erscheint häufig dunkel marmoriert. Die Länge der Tiere variiert zwischen 6 und 17 cm.

Der **Seefrosch** als größte Grünfrosch-Art besitzt eine plumpe, kräftige Gestalt mit breitem Kopf und meist mit dunklen Flecken auf dem Rücken. Die sehr langen Hinterbeine tragen oberhalb der kleinen Zehen einen kleinen und weichen Fersenhöcker (vergleiche Abb. 31); dieser soll etwa 1/4 bis 2/5 der Länge der ersten Hinterzehe besitzen (ARNOLD und BURTON 1979). Ein weiteres Kriterium kann die Färbung der Oberschenkel-Hinterseite sein: Sie sind dunkel und weiß, hellgrau oder oliv, nach EIK-

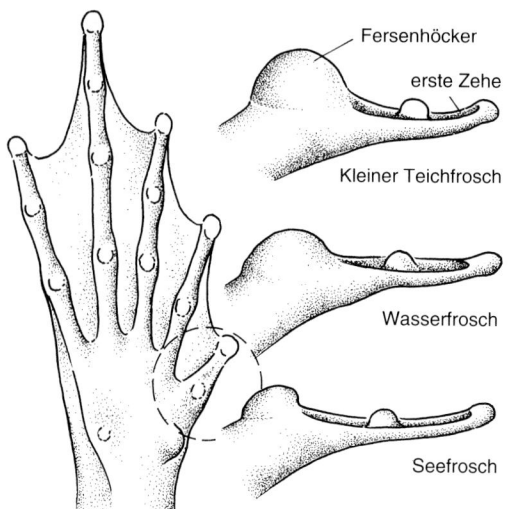

Abb. 31: Größe und Gestalt des Fersenhöckers am Hinterfuß als Unterscheidungsmerkmal der Grünfrösche in Relation zur ersten Zehe (aus Eikhorst 1981).

HORST (1981) weiß und olivgrün marmoriert. Die Schallblasen des Männchens zeigen in der Regel eine graue Färbung. Eikhorst nennt als weitere Merkmale: meist olivgrüne oder braune Rückenfärbung, oft ein hellgrüner Längsstreifen auf dem Rücken, ein Überlappen der langen Unterschenkel bei angewinkelter Haltung der Hinterbeine, eine mehr oder minder dunkle Fleckung der Bauchseite sowie ein deutlich verschobener Hochpunkt des kleinen Fersenhöckers.

Mit maximal 9 cm Länge, aber selten über 6 cm, bleibt der **Kleine Teichfrosch** vergleichsweise klein. Er ähnelt sehr dem Seefrosch, zur Unterscheidung dienen weiße Schallblasen des Männchens, kürzere Hinterbeine, die gelb/orange und braungraue (schwarze) Marmorierung der Oberschenkel-Hinterseite und ein großer, fester und gewöhnlich scharfrandiger Fersenhöcker; dieser erreicht bis zu 2/3 der Länge der ersten Hinterzehe (Arnold und Burton 1979).

Dieser halbmondartig hochgewölbte Fersenhöcker ist nach Eikhorst (1981) das sicherste Kennzeichen zur Unterscheidung; das Schienbein ist kürzer als die halbe Kopf-Rumpf-Länge. Die Rückenfärbung bezeichnet Eikhorst als ein helles Grün mit wenigen dunklen Flecken, ein deutlicher Mittelstreifen auf dem Rücken sei die Regel, die Bauchseite meist rein weiß gefärbt.

Der **Wasserfrosch** erreicht maximal 12 cm Länge, bleibt in der Regel aber kleiner. Die Unterscheidung von den beiden mutmaßlichen Elternarten ist ausgesprochen schwierig. Die Hinterbeine sind länger als beim Teich-, aber kürzer als beim Seefrosch. Ebenso besitzt der Fersenhöcker eine mittlere Größe, zwischen 1/3 bis 1/2 der Länge der ersten Hinterzehe (Arnold und Burton 1979). In seiner sehr variablen Körperfärbung ähnelt er mit allen Schattierungen von überwiegend Grün bis überwiegend Braun, meist dunklen Flecken und oft einer hellen Rückenlinie eher dem Kleinen Teichfrosch; am häufigsten tritt eine gras- bis dunkelgrüne Färbung der Oberseite auf. Die Schallblasen sind in der Regel weißlich. Eikhorst (1981) führt als weitere Kennzeichen an die Schienbein-Länge mit etwa der halben Kopf-Rumpf-Länge, eine weißliche Bauchseite mit mehr oder weniger grauer Fleckung und eine kontrastreiche gelb-schwarze Marmorierung der Oberschenkel sowie weiße bis gräuliche Schallblasen rufender Männchen.

Alle Grünfrösche sind recht ruffreudig, besonders der Seefrosch; anhand ihrer Stimme kann die Unterscheidung leichter fallen. Arnold und Burton (1979) sowie Eikhorst (1981) beschreiben die unterschiedlichen Rufe so:

– Der **Seefrosch** verfügt über sehr verschiedenartige Rufe, die er bei Tag und Nacht während des ganzen Sommers, vor allem aber während der Paarungszeit hören läßt. Er äußert sich mit einem breiten Spektrum resonanter Quak- und Glucktöne, etwa »uerr – uerr ...«, »uarr – uarr ...«, »uorr – uorr ...«, »oёck – oёck ...« oder »kroack – kroack ...«, bis zu einem durch den Ruf »uäck – uäck« häufig unterbrochenen »re-ke-ke-ke-ke-ke-kek«. Die Rufe schwellen oft an und ab; der Paarungsruf wird als »Keckern« bezeichnet. Seine Impulsfrequenz ist sehr niedrig, das menschliche Ohr nimmt jeden Gipfel deutlich wahr, so daß ein abgehackter Eindruck entsteht.

– Ähnlich ruft der **Kleine Teichfrosch**, doch nicht so resonant. Das entsprechende »re-ke-ke-ke-ke-ke-kek« ist gleichmäßiger. Kleiner Teich- und Wasserfrosch haben einen mehr schwirrenden Paarungsruf; ersterer mit einer so raschen Frequenz, daß ihn das menschliche Ohr nur als aufsteigenden Ton mit plötzlichem Abbruch hört.

– Zwischen der Stimme beider Arten liegt die vom **Wasserfrosch**. Der schwirrende Paarungsruf besitzt eine geringere Frequenz als die des Kleinen Teichfrosches, so daß sich so gerade noch ein rasches Auf- und Abschwellen ausmachen läßt.

Die temperaturabhängige Ruffrequenz des Paarungsrufes liegt beim Seefrosch zwischen acht und

Die Grünfrösche unterscheidet ihre grüne Grünfärbung von den Braunfrosch-Arten. Sie sind die Urheber des sehr selten gewordenen Froschkonzerts am Dorfteich.

Grünfrösche können variabel gefärbt sein. Dieses Tier ist ausgesprochen braun, doch weist die grüne Mittellinie auf dem Rücken eindeutig auf einen Grünfrosch hin.

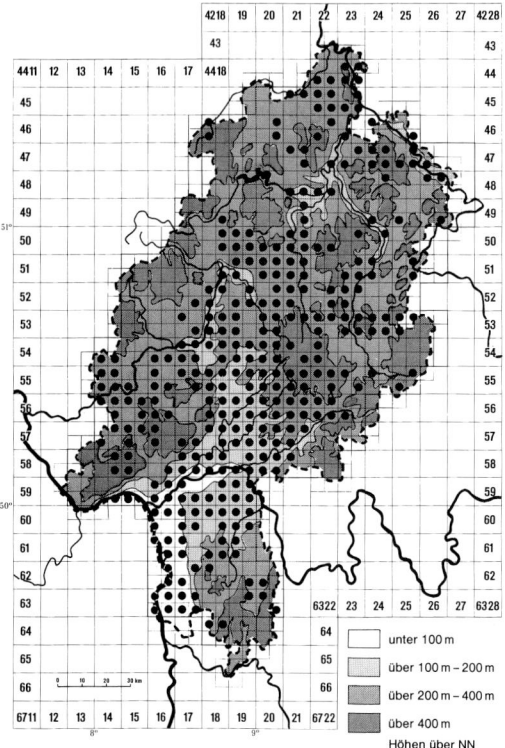

	unter 100 m	
	über 100 m – 200 m	
	über 200 m – 400 m	
	über 400 m	
	Höhen über NN	

Abb. 32: Verbreitung der Grünfrösche.

ßerer Flüsse (BLAB 1986). MAI (1989) erwähnt für den Landkreis Waldeck-Frankenberg die Bestimmung von drei Seefrosch-Vorkommen und südlich von Frankenberg einer Population des Kleinen Teichfrosches anhand ihrer Rufe.

Recht weit verbreitet sind die Grünfrösche – ungeachtet ihrer Unterscheidung – im gesamten mittel- und südhessischen Raum mit Ausnahme vor allem der Naturräume des Westerwaldes, der Rhön und des Odenwaldes; auch im Taunusraum bestehen offenbar größere Lücken (Abb. 32). In den nördlichen Teilen Hessens treten die Grünfrösche dagegen wesentlich vereinzelter auf; im Landkreis Waldeck-Frankenberg ermittelte MAI (1989) auf der genaueren Basis von 1/16-Meßtischblatt-Quadranten Vorkommen nur in 21 von 267 Quadranten, dies entspricht einer Präsenz von nur 7,9 %.

Zu dem Verbreitungsbild trägt offenbar die Bevorzugung niedriger Höhenlagen bei. Nur einzelne Vorkommen liegen über 400 m Meereshöhe, so im Taunus, in den Höhenlagen des Fulda-Werra-Berglandes und im Vogelsberg. Auch PREYWISCH in FELDMANN (1981) spricht von nur wenigen aktuellen Nachweisen oberhalb von 300 bis 400 m über NN.

Der Wasserfrosch war in früheren Jahrzehnten nach MERTENS (1947) zwar in allen Landschaften des weiteren Rhein-Main-Gebietes nachweisbar, aber nicht überall gleich häufig. »Überaus häufig« sei er in der Rhein- und unteren Main-Ebene, »sehr häufig« in Wetterau, Dreieich und Vogelsberg, selten hingegen in Spessart, Odenwald, Rhön und einigen Teilen des Westerwaldes. MALKMUS (1975) registrierte ein Vorstoßen der Grünfrösche als typische Maintal-Bewohner in den Spessart nur innerhalb der größeren Bachtäler.

Populationsstärke: Die Grünfrösche bilden Laichgesellschaften, die aus einzelnen Individuen, aber auch aus mehreren hundert Tieren bestehen können (PREYWISCH in FELDMANN 1981). Ob die Beobachtungen von MAI (1989) aus dem Kreis Waldeck-Frankenberg mit relativ wenigen Vorkommen auf ganz Hessen übertragbar sind, muß dahingestellt bleiben: Er beobachtete überwiegend kleine Bestände mit weniger als 50 Tieren; von 22 Laichgewässern im Raum Bad Wildungen/Edertal wiesen acht Vorkommen bis zu zehn rufende Männchen, 13 elf bis 50 Männchen und nur eines 51 bis 100 Männchen auf. Südlich von Frankenberg allerdings erwähnt MAI eine aus mehreren hundert Exemplaren bestehende gemeinsame Population des Wasser- und Kleinen Teichfrosches.

Laichhabitat: 53 % der hessischen Grünfrosch-Laichgewässer wurden in Teichen gemeldet, 17 %

zwölf, beim Kleinen Teichfrosch zwischen 30 und 45, beim Wasserfrosch über 15 Rufe pro Sekunde (dabei aber weit in die Ruffrequenz des Kleinen Teichfrosches hineinreichend) (GÜNTHER nach FRÖHLICH et al. 1987).

Status: 897 Vorkommen von Grünfröschen wurden gemeldet, die Präsenz beträgt 53 % (49 %); aus 323 von 613 bearbeiteten (bzw. 660 in Hessen vorhandenen) Quadranten liegt mindestens ein Nachweis vor. Die Grünfrösche stellen damit nach Grasfrosch, Erdkröte, Berg- und Teichmolch die fünfthäufigste Amphibienart bzw. Artengruppe in Hessen. Dabei war eine Unterscheidung innerhalb des Komplexes nach See-, Teich- und Wasserfrosch nicht möglich.

Verbreitung: Biogeographisch können Kleiner Teich- und Wasserfrosch in ganz Hessen auftreten, während der Seefrosch vermutlich nur im südlichen und nördlichen Teil Hessens zu erwarten ist (Verbreitungskarte bei THIELCKE et al. 1991). PREYWISCH in FELDMANN (1981) nennt ein Seefrosch-Vorkommen kaum 2 km nördlich der Landesgrenze bei Beverungen-Würgassen (nahe der Weser). Der Verbreitungsschwerpunkt des Seefrosches liegt im Normalfall in Überschwemmungsgebieten gröin Tümpeln und 14% – ein bemerkenswert hoher Wert – in Baggerseen (Abb. 33). Weitere Nennungen entfielen auf Gräben (6%), Seen (3%) und sonstige Gewässer (8%; Bach, Überschwemmungsgebiet, Altarm, Wasser in Betonbecken und andere). Ungenutzt sind 43% der Gewässer, als Fischteich dienen 45%. Je 4% entfallen auf Badeseen und Zierteiche, 2% auf Feuerlöschteiche und 1% auf Klärteiche.

In der Umgebung der Gewässer herrschen landwirtschaftliche Fläche (48%) und Wald (41%) vor. Hinzu kommen Brachland (20%), Abbaugelände (12%), Freizeitgelände (4%) und bebaute Fläche (2%).

Grünfrösche zeigen eine recht aquatische Lebensweise. Sie halten sich die überwiegende Zeit des Jahres im bzw. unmittelbar am Gewässer auf. Generell werden stabile Gewässer mit starker Besonnung bevorzugt (MAI 1989). Während der Fortpflanzungsphase, wenn die Männchen mit ihren Laichgesellschaften eine komplizierte soziale Organisation aufbauen, stellt der Grünfrosch von allen heimischen Amphibienarten die größten Ansprüche an die Gewässerausstattung (BLAB 1986): offenes Wasser, Besonnung und ausgeprägte Wasservegetation als Minimum, in der Regel zusätzlich eine größere Wasserfläche ab der durchschnittlichen Größe eines kleineren Fischteiches und mit mindestens 40 cm Wassertiefe. Horizontale, teppichbildende Wasserpflanzen-Bestände, wie Laichkräuter und Seerosen, werden so, BLAB, gegenüber vertikaler Vegetation (Röhricht) vorgezogen. Auch HEIMER (1981) betont die Bedeutung üppiger aquatischer und amphibischer Vegetation, doch würden auch vollkommen vegetationslose Kiesgruben nicht vollständig gemieden. Ständige Wassertrübung und andauernd unbesonnte Ufer werden gemieden (PREYWISCH in FELDMANN 1981).

Jahreslebensraum: Außerhalb der Laichphase halten sich die Grünfrösche weitgehend in Gewässern bzw. ihrem Uferbereich auf. Dann genügen offenes

Wasser und Besonnung als Habitatqualitäten, während das Vorhandensein von Wasservegetation, Größe und Tiefe des Gewässers keine maßgebliche Rolle mehr spielen (BLAB 1986). Ansonsten sei auf die Beschreibung der Laichgewässer verwiesen, die meist mit dem Jahreslebensraum identisch sind.

Grünfrösche bevorzugen, so BLAB, offene Landschaften, dringen jedoch auch in lichte Wälder vor. **Lebensweise und Phänologie**: Sämtliche Grünfrösche sind vorwiegend am Tage aktiv und sonnen sich gerne, zeigen aber auch regelmäßige Nachtaktivität. Dem Beobachter fallen sonnenbadende Grünfrösche am Ufer häufig erst auf, wenn sich diese mit einem lauten Plumps ins Wasser flüchten. Häufig sitzen sie auf oder zwischen Wasserpflanzen ruhig an der Wasseroberfläche, über die nur der Kopf hinausschaut. Rufaktivität ist auch tagsüber festzustellen, typisch ist aber besonders das abendliche »Froschkonzert«, das MAI (1989) nur selten nach 1 Uhr nachts hörte.

Erste rufende Männchen registrierte MAI (1989) in Nordhessen ab Anfang April, die Hauptrufaktivität ab Ende April bis Mitte Juni. Regelmäßig verzeichnete er rufende Wasserfrösche bis Ende August. Nach Ende der Laichzeit – hauptsächlich im Juli – siedeln nach Beobachtungen von BLAB (1986) einzelne Grünfrösche vor allem bei und nach Regenfällen an andere Gewässer über. Er protokollierte das Abwandern der Grünfrösche vom Gewässer zwischen Ende September und Ende Oktober/Anfang November, und zwar tags wie nachts. Die Frühjahrswanderung des typischen Spätlaichers läuft laut BLAB zwischen Anfang März und Ende Juni ab, schwerpunktmäßig von Ende April bis Anfang Juni.

Überwinterungen kommen sowohl im Wasser als auch an Land vor; BLAB (1986) vermutet unterschiedliches Verhalten bei geographisch getrennten Populationen, da er im Kottenforst bei Bonn nahezu ausschließlich Landüberwinterung, im Regnitzbecken dagegen beide Formen nebeneinander feststellte.

Laich und Larven: Das Weibchen legt mehrere tausend Eier in mehreren Laichballen am Gewässergrund bzw. untergetaucht zwischen Wasserpflanzen ab. Oberseits sind die einzelnen, etwa 1,5 mm großen Eier braun, unten gelblich; ihre Gallerthülle mißt 7 bis 8 mm. Die Larven schlüpfen nach wenigen Tagen bis mehreren Wochen, je nach Wassertemperatur; bis zur Metamorphose benötigen die Kaulquappen beim Seefrosch sechs bis zwölf Wochen, beim Kleinen Teichfrosch fünf Wochen bis mehrere Monate (ARNOLD und BURTON 1979, FRÖHLICH et al. 1987).

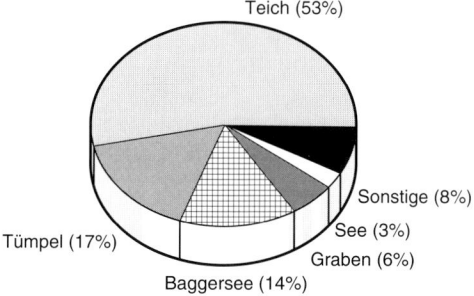

Abb. 33: Laichhabitat der Grünfrösche (n = 731).

Die Kaulquappen der drei Grundformen der Grünfrösche ähneln sich noch stärker als die adulten Tiere: ARNOLD und BURTON beschreiben sie mit bis zu 7,5 cm Länge, gewöhnlich aber kleiner; ihre Oberseite ist oliv, olivbraun oder olivgrau, in späteren Stadien oft grün, ihr Bauch weiß; das Schwanzende ist deutlich zugespitzt.

Aktionsraum: Es ist davon auszugehen, daß der überwiegende Teil der Population im Gewässer und in dessen näherer Umgebung bleibt, jedoch können die Laichwanderungen vermutlich auch weiter in die Umgebung führen. Exaktere Entfernungsangaben dazu liegen jedoch nicht vor. BLAB (1986) schätzt die Grünfrösche als leistungstark in bezug auf das Wandervermögen ein; ein markiertes Männchen legte in einer Nacht eine Strecke von 400 m zurück.

Gefährdung: Nach einem generellen starken Rückgang der Grünfrosch-Vorkommen in Westfalen seit dem 19. Jahrhundert scheint in jüngster Zeit ein Umkehren dieser Entwicklung stattzufinden, indem neue Laichgewässer besiedelt werden (PREYWISCH in FELDMANN 1981). Der erste Teil der Aussage trifft auf Hessen sicherlich ebenso zu, und Beobachtungen von MAI (1989) stützen auch die zweite These: Während 1979 im unteren Edertal zwischen Edertalsperre und Fritzlar nur ein Laichplatz vorhanden war, waren 1988 im selben Gebiet 27 Laichgewässer besiedelt, obwohl das ursprüngliche Gewässer zwischenzeitlich verfüllt wurde. Dennoch ist weiterhin von einer Gefährdung der Grünfrösche in ganz Hessen auszugehen, da nach wie vor Laichgewässer zerstört werden und diese Beobachtungen sicher nicht verallgemeinerbar sind. Der Wasserfrosch wird als bestandsbedroht eingestuft. See- und Kleiner Teichfrosch müssen vorläufig – bis genauere Kenntnisse ihrer Verbreitung vorliegen – als hochgradig bestandsbedroht gelten.

Weitere negative Einflüsse gehen aus von
– Eingriffen in Flußauen insgesamt (Flußkorrekturen und -verbau, Zerstören von Altwässern, Abbau oberflächennaher Rohstoffe, Absenken des Grundwasserspiegels durch Wasserbau, Landwirtschaft und Grundwasser-Entnahmen);
– Beseitigung von Vegetation (insbesondere Schwimmblattpflanzen) in Fischteichen und anderen Gewässern;
– intensiver Fischbesatz in als Fischteich genutzten Feuchtbiotopen;
– Beschattung besiedelter Gewässer(-abschnitte) durch Bepflanzung und/oder natürliche Entwicklung von Gehölzen in Ufernähe;
– Straßentod.

Aufgrund der ungeklärten Aufteilung der hessischen Grünfrosch-Populationen auf See-, Kleinen Teich- und Wasserfrosch ist eine an sich notwendige differenziertere Betrachtung der Gefährdungssituation noch nicht möglich. Ausgesprochen selten ist aufgrund der vermuteten Verbreitungslücke in Mittelhessen ganz sicher der Seefrosch; er muß daher als vom Aussterben bedroht gelten. Eher noch seltener könnte der Kleine Teichfrosch sein, wenn man westfälische Ergebnisse auf Hessen überträgt (vergleiche PREYWISCH in FELDMANN 1981). Hier sind weitere Untersuchungen besonders dringlich.

Hinweise zur Beobachtung: Von den Braunfröschen sind die Grünfrösche auch für den Laien anhand Färbung und Stimme leicht zu unterscheiden. Die Rufe verraten besonders zur Paarungszeit im Mai und Juni das Vorkommen von Grünfröschen. Sich sonnende, ins Wasser flüchtende Tiere können während der gesamten sommerlichen Aktivitätsperiode gefunden werden, doch sind diese meist sehr scheu und daher nur schwer zu beobachten.

Ungleich diffiziler ist das Problem, Seefrosch, Kleinen Teichfrosch und Wasserfrosch zweifelsfrei anzusprechen – hier können die unter dem Stichwort der Kennzeichen vermittelten Merkmale Hilfen geben, doch sollten stets erfahrene Fachleute mit zu Rate gezogen werden. Nachvollziehbare Belege können das Vermessen der Tiere (Relation Bein-/Körperlänge), Fotos zur Dokumentation und aufgezeichnete Lautäußerungen erbringen.

4.16 Grasfrosch (*Rana temporaria*)

Kennzeichen: Als typische Merkmale der Braunfrösche besitzt der Grasfrosch wie Moor- und Springfrosch einen dunklen Schläfenfleck hinter dem Auge und eine stets braune Färbung mit dunkleren, braunen oder auch schwarzen Flecken. Der Grasfrosch wird bis zu 10 cm lang, bleibt aber gewöhnlich etwas kleiner. Von oben betrachtet fällt bei ausgewachsenen Tieren eine vergleichsweise stumpfe Schnauze auf; bei jüngeren Individuen kann ihre Form stärker variieren. Die Hinterbeine sind – ebenso wie beim Moorfrosch – deutlich kürzer als beim Springfrosch; die Ferse reicht nur selten über die Schnauzenspitze. Die Rückendrüsenleisten liegen näher als beim Springfrosch beieinander. Der Fersenhöcker an den Hinterfüßen ist nur schwach entwickelt.

Sehr variabel gefärbt, kann der Rücken des Grasfrosches braun, grau, rötlich, oliv oder auch gelb sein, gewöhnlich mit dunkleren und oft – stärker als bei den anderen Braunfröschen – verstreuten schwarzen Flecken. Unterseits ist der Grasfrosch weiß und gelblich gefärbt und in aller Regel auf Kehle und Bauch dunkler fein gesprenkelt, getüpfelt oder marmoriert. Das Männchen trägt zur Paarungszeit an der Handinnenseite schwarz gefärbte Brunstschwielen.

Die Stimme des Grasfrosches ist nur aus der Nähe hörbar. Während der Paarungszeit äußert er ein leises und dumpfes Knurren, auch unterhalb der Wasseroberfläche.

Status: 2382 Vorkommen wurden gemeldet, die Präsenz beträgt 92% (86%); aus 566 von 613 bearbeiteten (bzw. 660 in Hessen vorhandenen) Quadranten liegt mindestens ein Nachweis vor. Der Grasfrosch ist damit die häufigste Amphibienart in Hessen: von der Zahl der Nachweise her deutlich häufiger noch als die Erdkröte, in bezug auf die Zahl der besiedelten Raster jedoch nur unwesentlich häufiger.

Verbreitung: Alle Landesteile und naturräumlichen Einheiten Hessens sind besiedelt, Schwerpunkte und Gebiete dünnerer Besiedlung sind in der Rasterkarte auf der Basis von Meßtischblatt-Vierteln nicht erkennbar (Abb. 34). Lücken in der Verbreitungskarte werden in den meisten Fällen auf Kar-

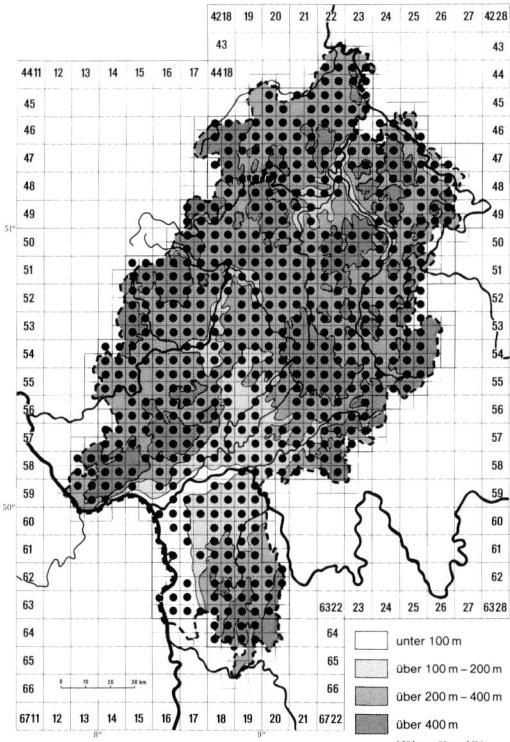

Abb. 34: Verbreitung des Grasfrosches.

Höhen über NN:
unter 100 m
über 100 m – 200 m
über 200 m – 400 m
über 400 m

tierungsdefizite zurückzuführen sein und lassen wohl kaum auf das Fehlen der Art schließen. Definitiv unbesiedelt sind nur kleinräumige Landschaftsteile, so bei Korbach und südwestlich von Frankenberg (MAI 1989). Alle Höhenlagen in Hessen sind besiedelt.

Dennoch kann keineswegs von einer weitgehend flächigen Verbreitung ausgegangen werden. Die Populationen stehen nur teilweise miteinander in räumlichem Kontakt, der Verbund ist vielerorts zerrissen (siehe zum Beispiel JEDICKE 1991a für die Großgemeinde Arolsen).

»In allen Landschaften zu Hause und in den meisten der häufigste Vertreter der Froschlurche«, vermerkt auch MERTENS (1947) für das Rhein-Main-Gebiet; nur in den Riedgebieten am Rhein einschließlich Kühkopf scheine er an Individuen dem Wasser- und Moorfrosch unterlegen zu sein.

Populationsstärke: Nach Untersuchungen im Raum Bad Wildungen/ Edertal durch MAI (1989) überwiegen Klein-Populationen: Unter 92 Laichplätzen wiesen fast 94% weniger als 50 Laichballen auf, 40% sogar unter zehn. Je zweimal registrierte er 51 bis 100, 101 bis 200 und 201 bis 500 Laichballen.

Dieser Sachverhalt trifft vermutlich auf ganz Hessen zu: Große Populationen mit über 100 Individuen treten nur ausnahmsweise auf. Auch HEIMER (1981) stellte nur wenige Massenlaichplätze fest, meist handele es sich um Kleinpopulationen. An einem 700 m langen Amphibienschutzzaun an der Vorsperre des Twistestausees wurden im Jahre 1979 rund 200 Individuen gefangen (JEDICKE 1982a), doch scheint der Grasfrosch dort inzwischen weit seltener. Anfang der 80er Jahre bestand eine große Population von vermutlich über 1000 Grasfröschen im inzwischen als Naturschutzgebiet gesicherten Stadtbruch von Volkmarsen.

Laichhabitat: Der Grasfrosch nutzt ein breites Spektrum an Laichgewässern. 47% der kartierten Vorkommen befanden sich in Teichen, 21% in Tümpeln und 13% in Gräben (Abb. 35). Daneben werden langsam fließende Bachabschnitte bzw. Bachkolke (7%) und sonstige Gewässertypen (insgesamt 13%) besiedelt, und zwar – in der Reihenfolge abnehmender Häufigkeit – Überschwemmungsgebiete, Baggerseen, Quellmulden, Altarme, Seen, Wagenspuren und Wasser in Betonbecken.

59% der kartierten Laichgewässer lassen keine Nutzung durch den Menschen erkennen, während 32% – rund ein Drittel – als Fischteiche genutzt werden. Weniger bedeutsam sind Zierteiche, Feuerlöschteiche, Badeseen und – ganz selten – Klärteiche.

Braune Grundfärbung, dunkelbraune und/oder schwarze Flecken, eine stumpfe Schnauze und Fleckung oder Marmorierung von Kehle und Bauch kennzeichnen den Grasfrosch.

Frösche legen ihre Eier im Unterschied zu den Kröten in Laichklumpen oder -ballen ab. Der Grasfrosch laicht vorzugsweise in sogenannten Laichgesellschaften zu mehreren Tieren ab.

Wald und landwirtschaftliche Flächen sind in der unmittelbaren Gewässer-Umgebung mit 51 und 50 % am häufigsten zu finden. Brachland grenzt an 23 % der Laichhabitate. Jeweils knapp 2 % nehmen Abbaugelände und bebaute Fläche ein, gut 1 % Freizeitgelände.

Diese Zahlen entsprechen Angaben in der Literatur. Auch BLAB (1986) bestätigt, daß der Grasfrosch nahezu alle Typen stehender und langsam fließender Gewässer zur Fortpflanzung nutzt. Als bedeutsame Faktoren für die Laichplatz-Wahl nennt er – in der Reihenfolge abnehmender Bedeutung – offenes Wasser, Flachwasserbereiche und Vegetation, Besonnung sowie Strömung. Bereits allein die Existenz einer Wasserfläche kann ihm jedoch genügen.

Der Laich wird bevorzugt in 5 bis 15 cm Wassertiefe abgegeben, vorzugsweise in verkrauteten Bereichen, über im Wasser liegenden Ästen oder Fallaub, ersatzweise auch in Binsen- und Schwaden-Beständen (BLAB 1986, SCHLÜPMANN in FELDMANN 1981). Während er zu Beginn der Laichperiode tagsüber (besonders am frühen Nachmittag) ablaicht und dann bevorzugt sonnenexponiertes Flachwasser mit höheren Wassertemperaturen aufsucht, scheint dieser Faktor gegen Ende der Laichzeit mit vorherrschendem nächtlichem Ablaichen seine Bedeutung zu verlieren (BLAB 1986).

Häufig läßt sich beim Grasfrosch die Bevorzugung von Wasserbereichen mit geringer Strömung beobachten, etwa in Gräben mit leichter permanenter Wasserbewegung, in ruhigeren Fließgewässer-Abschnitten und an den Zu- und Abläufen von Teichen bzw. allgemein von Staugewässern.

Jahreslebensraum: Außerhalb der Laichzeit nimmt der Grasfrosch bewaldete und offene Lebensräume an. Auch hier scheint er mit einem breiten Habitatspektrum zurecht zu kommen, bevorzugt jedoch bodenfeuchte Bereiche (BLAB 1986, SCHLÜPMANN in FELDMANN 1981): Bruch-, Fluß- und Bachauenwälder, unterwuchsreiche Laubwälder, Hochstaudenfluren, Extensiv- und/oder Feuchtgrünland, Quellfluren, dichtbewachsene Teich- und Grabensäume sind die wichtigsten Landhabitate. Daneben werden aber auch Bachtäler allgemein, wegbegleitende Grassäume im Forst, Windbruch- und Waldrandbereiche besiedelt. Nach BLAB besteht eine Habitatpräferenz für Baumbestände; in der offenen Landschaft ist die Art eng an Sträucher, Binsenbulten oder hohe Stauden gebunden.

Lebensweise und Phänologie: Beim Grasfrosch überwiegt nächtliche Aktivität, einzelne Tiere können jedoch auch am Tage angetroffen werden. Tagaktivität ist während des Sommers nach BLAB

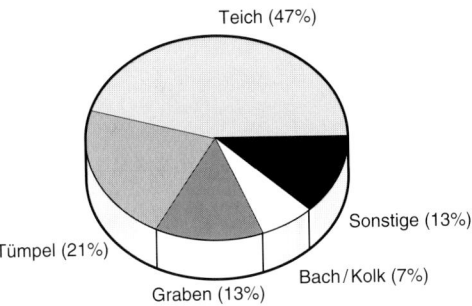

Abb. 35: Laichhabitat des Grasfrosches (n = 1880).

(1986) lediglich an Regentagen oder bei feuchtem Untergrund des Habitats sowie bei Störungen zu beobachten.

Die Laichwanderung im Frühjahr beginnt in den ersten Märztagen (MAI 1989), doch sind auch Beobachtungen im Februar und bereits Ende Januar möglich (vergleiche SCHLÜPMANN in FELDMANN 1981). Die unter anderem temperaturabhängige Hauptlaichphase erstreckt sich zwischen März und spätestens Anfang April auf einen Zeitraum von zwei bis drei Wochen. Der Grasfrosch bildet bevorzugt größere Laichgesellschaften, die weitgehend synchron ablaichen. Unmittelbar nach dem Fortpflanzungsgeschäft verlassen die Grasfrösche in der Regel das Gewässer und halten sich, so BLAB (1986), zunächst im unmittelbaren Uferbereich auf; es schließt sich eine Ruhephase (Latenzzeit) bis zur Monatswende vom April zum Mai an.

In den Landhabitaten sind Grasfrösche bis Mitte Oktober (MAI 1989) oder seltener Mitte/Ende November (FRÖHLICH et al. 1987, SCHLÜPMANN in FELDMANN 1981) anzutreffen. Die Herbstwanderung findet hauptsächlich zwischen Mitte und Ende September statt, als Überwinterungsquartier werden sowohl Landverstecke als auch (schlammige) Teichböden im Wasser aufgesucht (BLAB 1986, FRÖHLICH et al. 1987). Bei Staufenberg beobachtete der Verfasser noch Anfang Dezember bei milder Witterung zwei aktive Exemplare in einem klaren Quelltümpel.

Laich und Larven: Der Grasfrosch laicht wie alle Frösche in Laichklumpen, die meist an der Wasseroberfläche schwimmen. Die einzelnen Eier, 2 bis 3 mm groß, sind schwarz und tragen auf der Unterseite einen kleinen hellen Fleck; die Gallerthülle mißt 8 bis 10 mm im Durchmesser (ARNOLD und BURTON 1979). Das Weibchen setzt ein bis zwei Laichballen mit 1000 bis 4000 Einzeleiern ab (FRÖHLICH et al. 1987).

Die Kaulquappen schlüpfen in Abhängigkeit von der Wassertemperatur nach drei bis vier Wochen (FRÖHLICH et al. 1987, SCHLÜPMANN in FELDMANN 1981); MAI (1989) registrierte in einem Fall sogar 33 Tage Entwicklungszeit. Bis zur Metamorphose benötigen sie zwei bis vier Monate, wenn sie häufig synchron zur selben Zeit in großer Zahl an Land streben (»Froschregen« bei großen Vorkommen). Die bis zu 4,5 cm langen Kaulquappen zeigen eine braune bis schwarze Oberseite, ihr Bauch ist grau bis schwarz gefärbt. Die Schwanzspitze ist gewöhnlich stumpf (ARNOLD und BURTON 1979).

Aktionsraum: Bei Untersuchungen im Kottenforst bei Bonn an markierten Grasfröschen ermittelte BLAB (1986) im Jahreslebensraum individuell sehr unterschiedliche Distanzen zum Laichgewässer: bei 16 Männchen betrug die Entfernung 50 bis 630 m, im Mittel 240 m; bei 14 Weibchen 80 bis 750 m, im Mittel 330 m. Der Siedlungsschwerpunkt beider Geschlechter liege in einer Laichplatzentfernung von bis zu 400 m, vor allem aber in einem Gürtel zwischen 100 bis 300 m; über 800 m entfernt – als ungefähre Grenze der Jahreslebensräume – gelangen keine Wiederfänge markierter Tiere, jedoch könnten Einzelindividuen auch laichplatzfernere Sommerlebensräume aufsuchen.

Anhand genetischer Untersuchungen wiesen REH und SEITZ (1990) nach, daß ein Individuenaustausch zwischen Grasfrosch-Populationen im Grünland über Distanzen zwischen 2 und 7 km erfolgt; vorzugsweise scheint das Abwandern einzelner Frösche entlang von Grabenbiotopen zu erfolgen.

Gefährdung: Der Grasfrosch muß, auch wenn er in Hessen häufiger als alle anderen Amphibienarten auftritt, als potentiell gefährdet eingestuft werden. Dafür sind folgende Gründe ausschlaggebend:

– In intensiv landwirtschaftlich, vor allem ackerbaulich genutzten Räumen scheint der Grasfrosch heute weitestgehend zu fehlen, obwohl er früher eine allgegenwärtige Amphibienart gewesen sein muß. Dafür wird nicht nur der Mangel an geeigneten Laichgewässern verantwortlich sein, sondern vermutlich auch eine Reaktion der Grasfrösche auf Eutrophierung und den Eintrag von Bioziden in verbliebene Gewässer (vergleiche SCHLÜPMANN in FELDMANN 1981).

– Rund ein Drittel der gemeldeten hessischen Grasfrosch-Vorkommen laicht in Fischteichen – als absolute Zahl immerhin rund 770 (bekannte) Populationen. Dies sind suboptimale Laichhabitate, die fast stets nur kleine Populationen beherbergen, deren langfristiger Fortbestand in Frage gestellt ist: Die durch Besatz meist in überhöhter Dichte vorkommenden Nutzfische fressen Laich

und Kaulquappen, und die mit der Teichnutzung häufig verbundende Zurückdrängung der Vegetation kann den Amphibienlarven Versteckmöglichkeiten entziehen und so zu einer weiter verstärkten Erbeutung führen. HEHMANN und ZUCCHI (1985) beobachteten in einem bisher nur extensiv genutzten Fischteich, daß 1200 eingesetzte Regenbogenforellen (*Salmo gairdneri*) nahezu sämtliche Grasfrosch-Kaulquappen auffraßen – sie vermuten aufgrund der starken Bestandschädigung ein Aussterben der Population.

– Gemeinsame Vorkommen des Grasfrosches mit Molchen wirken sich für den Grasfrosch vermutlich negativ aus, da die Molche gern dessen Laich und Larven fressen (SCHLÜPMANN in FELDMANN 1981). In Waldeck-Frankenberg betrifft dieses gemeinsame Vorkommen 70 % aller Grasfrosch-Nachweise. Andererseits müßten solche Verluste in der Natur für den Grasfrosch ausgleichbar sein, wenn seine Populationen nicht zugleich durch anthropogene Einflüsse geschwächt werden.

– Bekannt sind negative Reaktionen des Grasfrosches auf die Versauerung von Gewässern und Böden durch Schwefeldioxid-Immissionen; in sehr sauren Gewässern beobachtete SCHLÜPMANN in FELDMANN (1981) ein Verpilzen des Laiches. Bei einem pH-Wert $\leq 4,5$ stirbt Grasfrosch-Laich nach Untersuchungen von ARNOLD (1983) ab.

– Große Individuenzahlen werden ein Opfer des Straßenverkehrs, wenngleich nach eigenen Beobachtungen und übereinstimmenden Aussagen in der Literatur (zum Beispiel MAI 1989, SCHLÜPMANN in FELDMANN 1981) die Verluste nicht derart hoch und bestandsbedrohend wie bei der Erdkröte zu sein scheinen.

– Neben der direkten Zerstörung von Laichgewässern durch Verfüllen unterliegen auch zahlreiche Landhabitate weiterhin negativen Einflüssen durch den Menschen – als Beispiele genannt seien die Entwässerung und Düngung feuchter Wiesen zwecks Nutzungsintensivierung, verbesserte Drainage von Nutzflächen unter fortschreitender Austrocknung auch angrenzender Flächen sowie der naturferne Ausbau und die Ausräumung von feuchten Gräben.

Alle diese Ursachen tragen in unterschiedlich hohem Maße dazu bei, daß auch der Grasfrosch in Hessen weiter zurückgeht. Populationen erlöschen, die übrigen verinseln, werden also durch zu große Distanzen zu benachbarten Beständen voneinander isoliert, und die Populationsstärken reduzieren sich. Gerade der hohe Anteil sehr kleiner Populationen und die zunehmende Seltenheit von Großvorkommen sind unverkennbare Warnsignale.

Hinweise zur Beobachtung: Grasfrösche lassen sich vom Ende des Winters an bis in den Herbst recht leicht beobachten. Ihr Gewässeraufenthalt ist zwar nur kurz (dort in Laichgesellschaften anzutreffen), in den Jahreslebensräumen sind aber bei Störung regelmäßig auch tagsüber Tiere zu sehen. Abgesehen von regnerischen Tagen liegt die Hauptaktivität aber in Dämmerung und Dunkelheit. Die Lautäußerungen während der Laichzeit erregen wenig Aufmerksamkeit, weil sie sehr leise sind.

Sonstiges: MARTINI (1971) wies in der Rhön nach, daß der Waldkauz (*Strix aluco*) auch Grasfrösche frißt. Unter 279 Beutetieren, überwiegend Kleinsäugern, befanden sich Reste von 20 Grasfröschen, vor allem zu deren Laichzeit im April.

4.17 Außerhalb Hessens vorkommende Arten

Zwei weitere Amphibienarten, die natürlicherweise nicht in Hessen, wohl aber in anderen Teilen der Bundesrepublik vorkommen, seien der Vollständigkeit halber erwähnt: der Alpensalamander und die Rotbauchunke.

Der **Alpensalamander** (*Salamandra atra*) lebt in Deutschland nur am Alpenrand in meist 700 bis über 2000 m über NN Höhe. Das 14 bis 16 cm lange Tier ist zierlicher als der Feuersalamander; sein einfarbig schwarzer Körper ist deutlich gerippt. Außerhalb der Alpen, jedoch stets in deren Nähe, befinden sich nur wenige Vorposten, so am Adelegg-Massiv. Als Lebensraum besiedelt der Alpensalamander nicht allein Waldgebiete, sondern auch Viehweiden, Almen und Matten oberhalb der Waldgrenze. Er ist überwiegend während der Nacht und nach warmen Regenfällen aktiv.

Benötigt der Feuersalamander Wasserstellen nur zum Absetzen der frisch schlüpfenden Larven, zeigt der Alpensalamander eine noch größere Unabhängigkeit vom Wasser: Im Mutterleib entwickeln sich in ein- bis zwei-, maximal vierjähriger Tragzeit nur noch zwei Jungtiere, die das Weibchen auf dem Land absetzt. Die kleinen Salamander sind bereits 4 bis 5,5 cm lang und sofort voll lebensfähig.

Die **Rotbauchunke** (*Bombina bombina*) besitzt eine östliche Verbreitung und erreicht im Osten Schleswig-Holsteins, Niedersachsens und Thüringens bzw. in Sachsen ihre westliche Arealgrenze. Sie ähnelt mit ihrer warzigen, aschgrauen bis dunkelbraunen, warzenreichen Oberseite der Gelbbauchunke, welcher auch die herzförmige Pupille entspricht. Unterseits zeigt die Rotbauchunke jedoch eine rot-schwarze Färbung mit weißen Pünktchen. In Einzelfällen kann das Rot so schwach sein, daß eine Verwechslung mit der Schwesterart nicht auszuschließen ist – die Gelbbauchunke trägt aber stets gelbe Fingerspitzen an den vorderen Füßen, die der Rotbauchunke fehlen. Die einander ähnlichen Unkenrufe (»uh – uh – uh«), im Chor zu hören, werden von der Rotbauchunke alle 1,5 bis 4 Sekunden vorgetragen (Gelbbauchunke 0,5 bis 1 Sekunde).

Unterschiedlich sind auch die Habitatansprüche der beiden Unkenarten. Während die Gelbbauchunke flache Tümpel mit Vegetationsarmut im Hügel- und Bergland bevorzugt, besiedelt die Rotbauchunke als Tieflandsart stark verkrautete Gewässer in Wiesenniederungen und Überschwemmungsgebieten, vor allem in den Talauen der großen Flüsse, wie z. B. der Elbe.

5 Gesamtbilanz und Bewertung der Kartierung

Insgesamt wurden im Zeitraum von 1979 bis 1985 in Hessen 10501 Amphibien-Vorkommen erfaßt, die sich auf 3893 Laichgewässer bzw. Gewässerkomplexe verteilen. Tab. 7 faßt die absolute Häufigkeit und den Status der 16 Arten in der Reihenfolge abnehmender Nachweiszahl zusammen. Als häufigere Arten, die in mindestens drei Viertel der untersuchten Meßtischblatt-Viertel (bzw. in zwei Drittel aller hessischen Raster) jeweils mindestens an einem Ort vorkommen, sind nur vier zu nennen: der Grasfrosch als die verbreitetste Art, dann Erdkröte, Bergmolch und Teichmolch. Freilich bedeutet das Vorkommen auch dieser Arten in einem Raster nicht, daß dieses noch von einer überlebensfähigen Population, geschweige denn durchgängig besiedelt ist.

Hessen hat Anteil an 660 Meßtischblatt-Vierteln; dabei blieben sehr kleine Flächen unberücksichtigt. Die Status-Angabe – also die Zahl, in wieviel Prozent der Raster eine Art nachgewiesen werden

Tab. 7. Nachweiszahl und Status der hessischen Amphibienarten.

Art	Nachweise		Anzahl besiedelter Raster		
	n	% aller Arten	n	% bearbeiteter Raster	% aller Raster
Grasfrosch	2382	22,7	566	92,3	85,8
Erdkröte	1763	16,8	560	91,4	84,8
Bergmolch	1668	15,9	503	82,1	76,2
Teichmolch	1345	12,8	476	77,7	72,1
Grünfrosch	897	8,5	323	52,7	48,9
Feuersalamander	693	6,6	302	49,3	45,8
Fadenmolch	364	3,5	200	32,6	30,3
Kammolch	301	2,9	196	32,0	29,7
Kreuzkröte	218	2,1	136	22,2	20,6
Geburtshelferkröte	215	2,0	151	24,6	22,9
Gelbbauchunke	212	2,0	109	17,8	16,5
Laubfrosch	171	1,6	105	17,1	15,9
Springfrosch	128	1,2	76	12,4	11,5
Moorfrosch	65	0,6	41	6,7	6,2
Wechselkröte	44	0,4	44	7,2	6,7
Knoblauchkröte	35	0,3	24	3,9	3,3

konnte – vermittelt indes ein schiefes Bild bei solchen Arten, deren natürliche Verbreitungsgrenze durch Hessen verläuft. Dennoch zeichnet sie auf den ersten Blick ein Bild, wie häufig oder selten die einzelnen Arten in Hessen zu erwarten sind.

Amphibien-Nachweise liegen von 613 Rastern vor; Raster mit mindestens einem Nachweis wurden als bearbeitete Fläche gezählt. Somit ergibt sich ein Bearbeitungsgrad von knapp 93 %. Die tatsächlich untersuchte Fläche ist etwas höher anzusetzen, da sich Raster ohne Amphibien-Nachweis (hier als unbearbeitet betrachtet) in den Randbereichen Hessens auf angeschnittene Raster konzentrieren. Abb. 36 nennt die ermittelten Artenzahlen in den einzelnen Rastern, die zwischen 1 und 14 schwanken. Als Mittelwert ergibt sich eine Artenzahl von 6,2 Spezies pro untersuchtem Raster (siehe Häufigkeitsverteilung in Abb. 37). Für die vergleichbare westfälische Kartierung errechnete FELDMANN (1981) einen Wert von 8,5 Arten. Angesichts durchaus ähnlicher naturräumlicher Ausstattung und biogeographischer Lage ist diese Differenz mit der geringeren Kartierungs-Intensität in Hessen zu erklären.

Angesichts der hohen Zahl beteiligter Kartierer mit zwangsläufig sehr unterschiedlichem Fachwissen liegen Unsicherheiten auf der Hand. Mögliche Verwechslungen zwischen Teich- und Kammolch, Geburtshelferkröte und Gelbbauchunke, Gras- und Springfrosch wurden bereits in den Artkapiteln diskutiert. So ist davon auszugehen, daß die Kartierung für Kammolch, Gelbbauchunke und ganz besonders für den Springfrosch ein falsches, zu optimistisches Bild zeichnet, d.h. daß diese drei Arten in der Realität noch seltener sind, als die Verbreitungskarten und Statusangaben vermuten lassen. Eine nur mit ehrenamtlich tätigen Mitarbeitern durchgeführte Kartierung muß solche Fehler tolerieren, wenngleich es sie in Zukunft zu verhindern gilt. Dieses Buch kann und will nur eine Zwischenbilanz des heutigen Kenntnisstandes in bezug auf die Vorkommen, Gefährdungen und Schutzmaßnahmen der hessischen Amphibien geben, der der baldigen Aktualisierung und Verfeinerung bedarf.

Ganz klar unterscheidet sich von Raster zu Raster auch der Erfassungsgrad, da die Kartierer mit verschiedener Intensität mitarbeiteten. Auch diese Tatsache kann durch den Einsatz bezahlter Herpetologen mit wissenschaftlichem Anspruch für künftige Kartierungen zwar entscheidend verbessert, aber auch nicht völlig ausgemerzt werden.

Wenig spezifisch sind leider die auf der hessischen Kartierung basierenden Aussagen zum Laichhabitat. Zum Teil liegt dies in einem nicht konsequent durchdachten Kartierschlüssel, dessen Rubriken vorab einzeln und unzweifelhaft hätten definiert werden müssen. Zum anderen ließen hier verschiedene Kartierer beim Ausfüllen der Erhebungsbögen die notwendige Sorgfalt vermissen. Aus diesen Gründen erfolgte für die vorliegende Veröffentlichung allein die Auswertung der Gewässerart, dessen Nutzung und »Umgebung« (deren Abgrenzung ebenfalls nicht definiert war). Eine erneute Kartierung wird auch hier fundiertere und differenziertere Ergebnisse bringen.

Die Feldarbeit für die hier zusammengefaßten Daten erfolgte in den Jahren 1979 bis 1985 – insofern kann die Situation verschiedener Amphibienpopulationen jetzt bereits verändert, z. B. das eine oder andere damalige Vorkommen erloschen sein.

Trotz dieser Einschränkungen erschien es angebracht und für die praktische Naturschutzarbeit wertvoll, die damals mit großen Mühen erarbeiteten Daten nicht in Aktenschränken ungenutzt liegen zu lassen, sondern sie auszuwerten und der Fachöffentlichkeit zugänglich zu machen. Das hessische Landesentwicklungs-Ministerium, in dessen Geschäftsbereich die Kartierung durchgeführt wurde, die Stiftung Hessischer Naturschutz und der Verfasser waren sich einig, daß so künftiger Kartierungsarbeit, wissenschaftlicher Forschung, praktischem Amphibienschutz und vermehrter Berücksichtigung der Lurche und ihrer Ansprüche bei Planungen Vorschub geleistet werden kann.

Teiche stellen mit 47 % der Laichgewässer aller Amphibienarten den wichtigsten Biotoptyp dar, der zur Fortpflanzung genutzt wird. Vorteilhaft wirken sich für die meisten Arten fehlende Nutzung durch den Menschen, die Existenz von Flachwasserzonen sowie die Ausbildung von im Wasser wurzelnder Vegetation aus. (Teich bei Marburg-Haddamshausen, Kreis Marburg-Biedenkopf).

Abb. 36: Nachgewiesene Zahl der
Amphibienarten pro Meßtischblatt-
Quadrant.

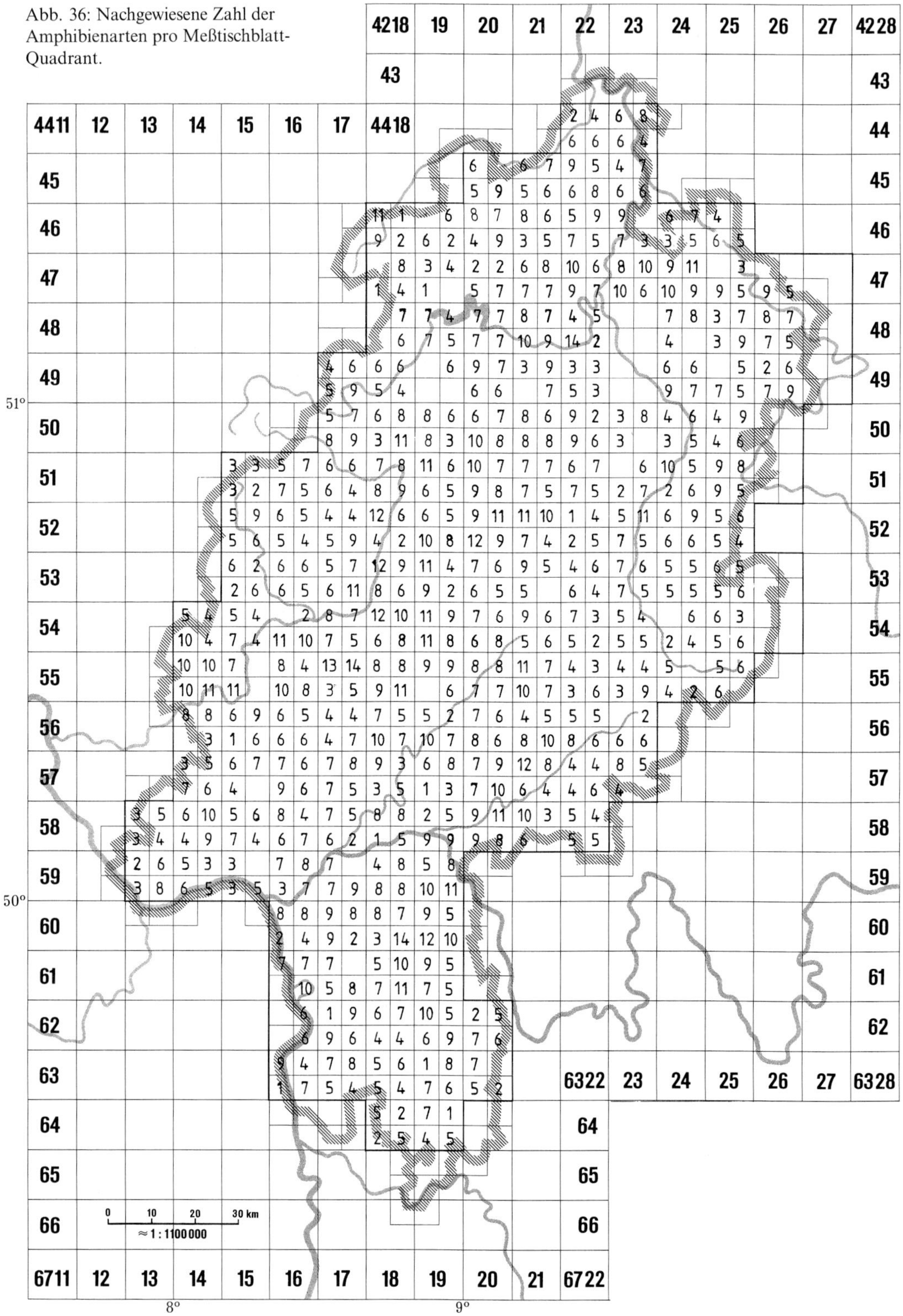

| 4218 | 19 | 20 | 21 | 22 | 23 | 24 | 25 | 26 | 27 | 4228 |

43 · · · · · · · · · · 43

| 4411 | 12 | 13 | 14 | 15 | 16 | 17 | 4418 |

2 4 6 8
6 6 6 4

45 · · · · · · · · 6 · 6 7 9 5 4 7 · 45
5 9 5 6 6 8 6 6

46 · · · · · 11 1 6 8 7 8 6 5 9 9 6 7 4 46
9 2 6 2 4 9 3 5 7 5 7 3 3 5 6 5

47 · · · · 8 3 4 2 2 6 8 10 6 8 10 9 11 3 47
1 4 1 5 7 7 7 9 7 10 6 10 9 9 5 9 5

48 · · · 7 7 4 7 7 8 7 4 5 7 8 3 7 8 7 48
6 7 5 7 7 10 9 14 2 4 3 9 7 5

49 · · 4 6 6 6 6 9 7 3 9 3 3 6 6 5 2 6 49
5 9 5 4 6 6 7 5 3 9 7 7 5 7 9

51° 50 · 5 7 6 8 8 6 6 7 8 6 9 2 3 8 4 6 4 9 50
8 9 3 11 8 3 10 8 8 8 9 6 3 3 5 4 6

51 · 3 3 5 7 6 6 7 8 11 6 10 7 7 7 6 7 6 10 5 9 8 51
3 2 7 5 6 4 8 9 6 5 9 8 7 5 7 5 2 7 2 6 9 5

52 · 5 9 6 5 4 4 12 6 6 5 9 11 11 10 1 4 5 11 6 9 5 6 52
5 6 5 4 5 9 4 2 10 8 12 9 7 4 2 5 7 5 6 6 5 4

53 · 6 2 6 6 5 7 12 9 11 4 7 6 9 5 4 6 7 6 5 5 6 5 53
2 6 6 5 6 11 8 6 9 2 6 5 5 6 4 7 5 5 5 5 6

54 · 5 4 5 4 2 8 7 12 10 11 9 7 6 9 6 7 3 5 4 6 6 3 54
10 4 7 4 11 10 7 5 6 8 11 8 6 8 5 6 5 2 5 5 2 4 5 6

55 · 10 10 7 8 4 13 14 8 8 9 9 8 8 11 7 4 3 4 4 5 5 6 55
10 11 11 10 8 3 5 9 11 6 7 7 10 7 3 6 3 9 4 2 6

56 · 8 8 6 9 6 5 4 4 7 5 5 2 7 6 4 5 5 5 2 56
3 1 6 6 6 4 7 10 7 10 7 8 6 8 10 8 6 6 6

57 · 3 5 6 7 7 6 7 8 9 3 6 8 7 9 12 8 4 4 8 5 57
7 6 4 9 6 7 5 3 5 1 3 7 10 6 4 4 4 6 4

58 · 3 5 6 10 5 6 8 4 7 5 8 8 2 5 9 11 10 3 5 4 5 58
3 4 4 9 7 4 6 7 6 2 1 5 9 9 9 8 6 5 5

59 · 2 6 5 3 3 7 8 7 4 8 5 8 59
3 8 6 5 5 5 3 7 7 9 8 8 10 11

50° 60 · 8 8 9 8 8 7 9 5 60
2 4 9 2 3 14 12 10

61 · 7 7 7 5 10 9 5 61
10 5 8 7 11 7 5

62 · 6 1 9 6 7 10 5 2 5 62
6 9 6 4 4 6 9 7 6

63 · 9 4 7 8 5 6 1 8 7 | 6322 | 23 | 24 | 25 | 26 | 27 | 6328
1 7 5 4 5 4 7 6 5 2

64 · 5 2 7 1 · 64
2 5 4 5

65 · · 65

66 · · 66
0 10 20 30 km
≈ 1 : 1 100 000

| 6711 | 12 | 13 | 14 | 15 | 16 | 17 | 18 | 19 | 20 | 21 | 6722 |

8° 9°

98

Abb. 37: Häufigkeitsverteilung der nachge-
wiesenen Artenzahlen pro Meßtischblatt-
Quadrant.

- ·   1   Art   in   11 Quadranten
- •   2– 5   Arten in 230 Quadranten
- ●   6–10   Arten in 342 Quadranten
- ⬤   11–16   Arten in   30 Quadranten
-      0   Arten in   47 Quadranten

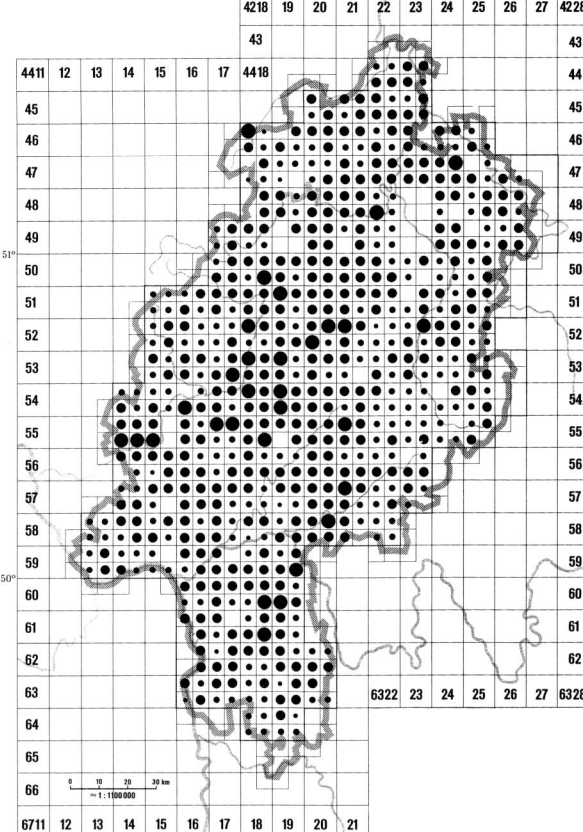

Zahl der MTB-Quadranten

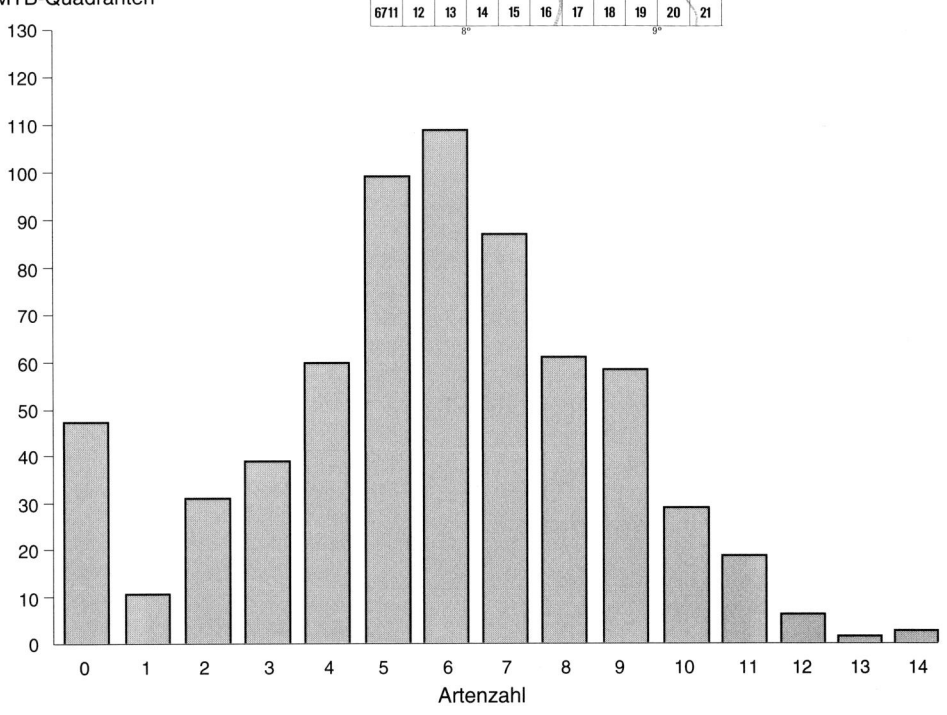

99

6 Lebensräume der Amphibien in Hessen

6.1 Laichhabitate

Stehende und nicht vom Menschen genutzte Gewässer sind mit Abstand die wichtigsten Laichhabitate der Amphibien. Faßt man die kartierten Laichgewässer aller Amphibienarten in Hessen zusammen (siehe die beiden ersten Spalten in Tab. 8), so zeigt sich, daß

- 47% der Lurchpopulationen in Teichen laicht,
- 23% der Bestände sich in Tümpeln fortpflanzen,
- 84% der Vorkommen auf stehende Kleingewässer angewiesen sind, und zwar neben Teichen und Tümpeln auch wassergefüllte Gräben und Wagenspuren, Quellmulden und Altarme;
- fast 58% der Populationen in vom Menschen ungenutzten Gewässern laicht, jedoch fast jedes dritte Gewässer (32%) als Fischteich dient und somit zumindest suboptimal für den Populationserhalt ist.

Natürlich sollten die Laichplatz-Ansprüche artspezifisch differenziert betrachtet werden, wie dies in den Artbeschreibungen in Kapitel 4 geschieht und in Tab. 8 noch einmal zusammengefaßt wird. Aus diesen Zahlen und vertiefenden Beobachtungen ergeben sich als für die Fortpflanzung hessischer Amphibien relevante Gewässertypen die nachfolgend zusammengestellten Resultate.

Teiche

Sämtliche Lurcharten nutzen Teiche als Laichgewässer, auch wenn sie – wie für den Feuersalamander – nicht dem Habitatoptimum entsprechen; doch auch von ihm liegt über ein Viertel der Nachweise in diesem Gewässertyp. Überdurchschnittlich hoch ist der Anteil der Teich-Laicher bei Erdkröte (fast 63%), Laubfrosch (56%), Geburtshelferkröte (knapp 55%), Grünfrosch (53%) und Kammolch (48%).

Allerdings müssen die Teiche als Amphibien-Lebensräume in bezug auf Größe und Wassertiefe, Bewuchs, Sonnenexposition und menschliche Nutzung nuancierter gesehen werden. Ein Teich ist per definitionem ein durch Menschenhand künstlich entstandenes, im Normalfall durch natürliche Einflüsse nicht trockenfallendes Gewässer (vergleiche

JEDICKE 1988). In der hessischen Kartierung war jedoch der Begriff des Weihers nicht vorgesehen – als natürlich entstandene, ganzjährig wasserführende und im wesentlichen unter 2 m tiefe Stillgewässer, unabhängig von ihrer Größe. Damit kennzeichnet der Begriff des Teiches – im Volksmund wie bei der Amphibienkartierung – hier einen weiter gefaßten Sachverhalt, indem er sämtliche kleineren Stillgewässer meint, die größer bzw. beständiger als Tümpel sind, aber kleiner als ein See und Baggersee.

Besonders amphibienreich mit teilweise acht bis zehn Arten sind gerade die (selten vorkommenden) Weiher. Das ist durch verschiedene Faktoren zu erklären: ihre oft ausgedehnten Flachwasserzonen, üppige submerse Vegetation, reiche Deckungsmöglichkeiten, oft fehlender oder nur geringer Fischbesatz. Den Weihern ebenbürtig sein können Teiche, deren Nutzung aufgegeben wurde, die über ausreichend große Flachwasserzonen verfügen und – mehr oder minder sonnenexponiert – stärkeren Bewuchs am Gewässergrund zeigen. Submerse Vegetation bei etwas größeren Wassertiefen bevorzugt der Kammolch, zumindest etwas Vegetation (besonders Schwimmblattpflanzen) die Grünfrösche. Recht genügsam sind Grasfrosch und Erdkröte, letztere benötigt allein geringfügige Strukturen im Wasser, um die sie ihre Laichschnüre wickeln kann.

Fischteiche, Zierteiche und ähnliche Nutzungen

Gut 32% der kartierten Laichgewässer werden als Fischteich genutzt; noch höher als dieser Durchschnittswert ist der Anteil der in Fischteichen laichenden Grünfrösche und Erdkröten (jeweils rund 45%), Geburtshelferkröten (34%) und Laubfrösche (33%), während der Grasfrosch exakt dem Mittel entspricht. Selbst bei Arten, die an sich ganz andersartige Ansprüche an ihr Laichhabitat stellen, liegt der Anteil der Laichplätze in Fischteichen noch zwischen 16 und 20%: bei Feuersalamander, Gelbbauchunke und Kreuzkröte. Die übrigen (etwas häufigeren) Arten befinden sich im Mittelfeld der Skala.

Bei diesen Zahlen muß man bedenken, daß es sich bei Fischteichen stets um zumindest subopti-

Tab. 8. Habitatmerkmale der Laichgewässer hessischer Amphibienarten.
Nicht aufgeführt sind aufgrund zu geringer Datengrundlage die seltensten Arten: Knoblauchkröte, Wechselkröte, Moorfrosch und Springfrosch. Angaben (außer Nachweis-Zahl) in Prozent, auf ganze Zahlen gerundet (0 = < 0,5; – = kein Nachweis).
Abkürzungen der Artnamen: FS = Feuersalamander, BM = Bergmolch, FM = Fadenmolch, TM = Teichmolch, KM = Kammolch, GHK = Geburtshelferkröte, GBU = Gelbbauchunke, EK = Erdkröte, KK = Kreuzkröte, LF = Laubfrosch, GüF = Grünfrosch, GaF = Grasfrosch.

	Mittel	FS	BM	FM	TM	KM	GHK	GBU	EK	KK	LF	GüF	GaF
Nachweis-Zahl	10501	693	1668	364	1345	301	215	212	1763	218	171	897	2382
Art des Gewässers:													
Teich	47,4	27	41	46	47	48	55	31	63	25	56	53	47
Tümpel	23,0	18	26	27	29	28	27	34	18	38	25	17	21
Graben	8,2	8	10	11	8	5	2	9	4	4	4	6	13
Bach/Kolk	6,3	38	5	5	3	2	1	2	3	1	2	3	7
Baggersee	4,3	0	3	1	4	3	6	7	4	14	4	14	2
Wagenspur	2,8	1	8	3	3	3	4	9	2	4	1	0	1
See	1,9	1	2	3	2	3	2	1	2	4	3	3	2
Überschwemungsgebiet	1,8	0	1	1	2	4	–	3	1	8	2	2	3
Quellmulde	1,8	4	3	3	1	1	2	4	1	1	1	1	2
Wasser in Betonbecken	1,4	1	2	–	2	2	1	1	2	1	2	1	1
Altarm	1,0	0	1	0	1	1	–	–	1	1	1	1	2
Nutzung des Gewässers:													
keine Nutz. erkennbar	57,5	75	66	66	58	58	58	73	42	70	55	43	59
Fischteich	32,3	18	25	23	31	30	34	16	45	19	33	45	32
Zier-/Zierfischteich	4,2	4	4	5	5	4	3	5	5	–	3	4	4
Feuerlöschteich	3,4	3	3	4	4	5	2	3	5	2	3	2	3
Badesee	1,9	1	1	–	2	2	4	2	2	5	2	4	1
Klärteich	0,7	0	0	2	1	2	1	1	1	3	4	1	0
Umgebung:													
Wald/Forst	55,0	77	66	66	55	54	58	51	54	24	37	41	51
Landwirtsch. Fläche	44,2	37	39	42	43	40	34	34	47	44	51	48	50
Brachland	21,9	21	21	23	23	22	20	21	22	22	29	20	23
Abbaugelände	6,7	3	8	9	10	13	24	20	3	14	3	12	2
Freizeitgelände	1,7	1	1	2	2	2	1	1	2	4	2	4	1
bebaute Fläche	1,5	1	0	1	2	1	1	3	2	1	1	2	2

male, wenn nicht gänzlich ungeeignete Laichgewässer handelt, welche langfristig nicht den Populationserhalt gewährleisten können; Amphibienschutz und Fischzucht – auch wenn diese nur zur hobbymäßigen Angelfischerei dient – schließen sich weitestgehend aus (siehe S. 117).

Zierteiche und Zierfischteiche werden von fast allen Arten ausnahmsweise genutzt (durchschnittlich 4,2% unter den Nutzungstypen). Fast generell weisen sie jedoch nur kleine (Rest-)Populationen auf, da sie durch Fischbesatz, häufig fehlenden Bewuchs und vor allem starke Isolation infolge Bebauung, Verkehrslinien und umgebendem intensiv genutztem Ziergrün in der Regel sehr schlechte Lebensbedingungen bieten. Feuerlöschteiche (im Mittel 3,4% der Nutzungstypen) sind ähnlich selten vertreten, doch läßt sich dies mit der wachsenden Seltenheit dieser Nutzung erklären. Diese in unmittelbarer Siedlungsnähe liegenden Gewässer wurden größtenteils verfüllt, da ihre Funktion im Brandfall zumeist die Trinkwasser-Leitungen übernehmen. Gerade 0,7% im Durchschnitt entfallen auf Klärteiche. Auch dabei handelt es sich um vergleichsweise selten vorkommende Gewässer. Inwieweit ihr extremer Nährstoffreichtum negativ auf Amphibien wirkt, ist unklar.

In Betonbecken stehendes Wasser als Laichgewässer-Typ – durchschnittlich 1,4% – ist im Nutzungstyp Zier-/Zierfischteich enthalten. Gerade hier handelt es sich um ausgesprochene Notlaich-

32% aller hessischen Amphibien-Laichgewässer sind Fischteiche – hier eine Teichanlage bei Waldeck-Höringhausen (Kreis Waldeck-Frankenberg). Stets handelt es sich dabei um suboptimale Lebensräume, die ein langfristiges Überleben der Amphibien keinesfalls garantieren können. Allein die Erdkröte scheint Fischbesatz zu tolerieren.

plätze, die kaum nennenswerte Bedeutung für den Populationserhalt übernehmen können.

Tümpel

Nach den Teichen bilden Tümpel mit 23% durchschnittlichem Anteil den zweitwichtigsten Laichgewässer-Typ. Besonders häufig laichen hier Kreuzkröte (38%), Gelbbauchunke (34%), Teichmolch (29%), Kammolch (28%), Fadenmolch und Geburtshelferkröte (je 27%), Bergmolch (26%) und Laubfrosch (25%). Nimmt man die Wagenspuren als gleichermaßen temporäre Gewässer hinzu, ergeben sich für diese Arten Anteile zwischen 30 und 42%.

Tümpel sind definiert als nur periodisch vorhandene Gewässer, die ihr Wasser im Normalfall ein- oder mehrmals jährlich durch Austrocknen einbüßen. Ob sie natürlich oder künstlich entstanden sind, spielt dabei keine Rolle. Da den Kartierern in

Hessen jedoch nicht eine solche klare Definition an die Hand gegeben wurde, müssen die vorstehenden Zahlen vorsichtig interpretiert werden. Als typische Tümpellaicher können zumindest Kreuzkröte, Gelbbauchunke und die drei Molcharten Berg-, Faden- und Teichmolch angesehen werden, während die oben genannten Arten Kammolch, Geburtshelferkröte und Laubfrosch eher beständige Gewässertypen bevorzugen.

Feuersalamander, Erdkröte und Grünfrosch nutzen Tümpel als Laichgewässer nur relativ selten.

Wichtige ökologische Faktoren von Tümpeln sind ihr zeitweises Austrocknen, eine geringe Wassertiefe und das weitgehende Fehlen echter Wasserpflanzen. Ihre Entstehung ist vielfältig, ihr Wasser rekrutiert sich aus Schmelz-, Niederschlags-, Fluß- oder Quellwasser. Beispiele sind
- wassergefüllte Senken im Überschwemmungsbereich von Fließgewässern (in der Laichgewässer-Statistik zum Teil unter dem Kriterium Überschwemmungsgebiet erfaßt),
- im Frühjahr infolge Schneeschmelze oder starker Niederschläge wassergefüllte Geländevertiefungen,
- durch Bodenverdichtung länger bestehende Wagenspuren schwerer Maschinen, vor allem im Wald sowie in Abgrabungen (Kies-, Sand- und Tongruben),

Zeitweise austrocknende Tümpel sind wichtige Laichbiotope für Berg- und Fadenmolch, teils auch für den Teichmolch. Unter der geschlossenen Wasserlinsen-Decke dieses Tümpels bei Volkmarsen (Kreis Waldeck-Frankenberg) sind die Molche jedoch nur schwer zu entdecken.

– durch Grundwasser gefüllte Tümpel in Bruchwäldern;
– nur periodisch wasserführende Quelltöpfe.

Die Wassertemperatur in den ganzjährig nicht beschatteten Tümpeln schwankt im Tagesverlauf extrem. Das flache Wasser erwärmt sich tagsüber sehr stark, was im zeitigen Frühjahr die Entwicklung von Laich und Larven der Amphibien ebenso wie die Vermehrung des als Larvennahrung dienenden Planktons deutlich beschleunigt. Die Wassertemperatur liegt in der Regel etwas über dem Niveau der Lufttemperatur, da der Boden unter der flachen Wasserbedeckung die Wärmestrahlung der Sonne speichert und wieder an das Wasser abgibt.

Im Gegensatz dazu verzögert sich die Entwicklung aller Gewässerorganismen – auch der Amphibien – in schattigen Waldtümpeln, deren Wasser sich nur langsam erwärmen kann. Ein Extrem bilden häufig **Quelltümpel** mit ganzjährig nahezu konstanter, dem lokalen Jahresmittel der Luft entsprechender Temperatur; dort leben vor allem Larven von Feuersalamander, Faden- und Bergmolch.

In Waldtümpeln dienen besonders den Molchen oft ins Wasser gefallene Blätter von Bäumen als Versteck, da Wasserpflanzen weitgehend fehlen.

Beachtung verdienen **wassergefüllte Wagenspuren**, die insbesondere im Wald auf nur sporadisch von schweren Forstmaschinen befahrenen Wegen entstehen. Vor allem Berg- und Fadenmolch besitzen hier wichtige, im Rahmen der Kartierung sicherlich häufig übersehene Vorkommen.

Gräben

8,2 % der hessischen Laichplätze befinden sich im Mittel in wassergefüllten Gräben. Sie sind vor allem für Grasfrosch (13 %), Fadenmolch (11 %, jedoch nur im bewaldeten Raum) und Bergmolch (10 %) von Bedeutung. Der Wert von an sich zur Entwässerung angelegten Gräben für die Amphibienfauna hängt von der Art ihrer Wasserführung ab: Rasch durchflossene Gräben scheiden als

In einem Pappelforst im Naturschutzgebiet »Stadtbruch von Volkmarsen« (Kreis Waldeck-Frankenberg) bildeten sich unter den Wurzeltellern umgestürzter Bäume Amphibientümpel.

Laichgewässer aus; langsame Wasserbewegung toleriert am ehesten der Grasfrosch. Wichtig ist die Konstanz des Wassers: Optimal für die genannten Arten wirken Stauwehre oder Sohlschwellen im Graben, die über einige Wochen oder Monate für Wasserführung sorgen – das Austrocknen wird so verzögert. Positiv ist das Vorhandensein krautiger Vegetation im Graben, die durch Grabenräumung in vielen Fällen zerstört wird.

Bachläufe und Kolke

Eine herausragende Rolle spielen Fließgewässer lediglich für den Feuersalamander mit 38 % der gefundenen Laichbiotope: Er setzt seine Larven gern in Kolken und ähnlich ruhigen Abschnitten kleinerer Bachläufe in Laubwaldgebieten ab. Alle anderen Arten nutzen Fließgewässer nur ausnahmsweise und lediglich an solchen Stellen, wo sie weit-

Wassergefüllte Wagenspuren auf nur selten befahrenen Forstwegen besiedelt vor allem der Bergmolch. In Waldgebieten wie dem Krofdorfer Forst (Kreis Gießen) können sich dort bedeutende Laichplätze finden.

gehend ruhiges, nicht fließendes Wasser vorfinden, etwa in Kolken und vor allem in vom eigentlichen Fließgewässer mehr oder minder abgeschnittenen Armen/Tümpeln, die nur bei Hochwasser überflutet und durchströmt werden.

Indirekt besitzen Fließgewässer mit ihren Talauen Bedeutung für einige Amphibienarten. Dies betrifft vor allem Altwässer, die im folgenden Abschnitt besprochen werden. Flußniederungen mit Sand- und/oder Kiessedimenten (Oberrhein, Main, Eder, Diemel usw.) bieten, insbesondere bei Vorhandensein kahler, mehr oder weniger vegetationsfreier Stellen, den Arten Kreuzkröte, Wechselkröte und Knoblauchkröte Lebensraum (siehe auch Abgrabungen).

Altarme

Von Bach- und Flußläufen abgeschnittene Schleifen, die ehemals von Wasser durchflossen, heute aber lediglich bei Hochwässern geflutet werden, fallen mit durchschnittlich 1,0 % in der Statistik kaum ins Gewicht. Dennoch handelt es sich dabei in der Regel um sehr amphibienreiche Gewässer, besonders bei Vorhandensein üppiger Vegetation – zum Beispiel mit Berg-, Teich- und Kammolch, Erdkröte, Laubfrosch, Grünfröschen und Grasfrosch. Der Grund für die geringe Zahl von Meldungen liegt in der weitgehenden Zerstörung der Altwässer in Hessen.

Baggerseen/Abgrabungs-Gewässer

Als Sekundärlebensraum kommt Abgrabungen für verschiedene Arten eine große Bedeutung zu, welche die Statistik nur unzureichend widerspiegelt. So stellen Baggerseen 4,3 % der Amphibien-Laichgewässer; häufiger kommen hier Kreuzkröte und Grünfrösche (je 14 %), Geburtshelferkröte (7 %) und Gelbbauchunke (6 %) vor. Jedoch findet man diese Arten kaum gemeinsam an ein und demselben Baggersee, weil sie unterschiedliche Sukzessionsstadien bevorzugen: Während Kreuzkröte und Gelbbauchunke häufig bereits vorkommen, wenn die menschliche Abbautätigkeit in Sand- und Kiesgruben noch fortschreitet, besiedeln die Grünfrösche erst spätere Stadien, wenn sich nach Aufgabe der Nutzung die Gewässer bereits mit Ufer-, Schwimmblatt- und/oder submerser Vegetation besiedelt haben. Dann siedeln sich auch weitere Amphibienarten an, beispielsweise Erdkröte, Grasfrosch, Molche und Laubfrosch. Die Geburtshelferkröte nimmt eine Mittelstellung ein, denn sie beansprucht sonnenexponierte, trockene Versteck- und Rufplätze mit fehlender oder lückiger Vegeta-

Gräben beherbergen Amphibien, wenn sie über längere Zeit stehendes Wasser führen. In diesem Graben am Waldhaus im Krofdorfer Forst (Kreis Gießen) laichen Grasfrosch und Bergmolch.

Laichplatz der Gelbbauchunke in einem Steinbruch im Kreis Marburg-Biedenkopf – trotz des flachen, nur temporär vorhandenen Wassers kann sich dort eine kleine Population halten.

tion in Gewässernähe. Jedoch fordern alle diese Arten – mit Ausnahme vor allem der Grünfrösche – nicht unbedingt größere Baggerseen. Innerhalb von Abgrabungen laichen viele Arten auch in Wagenspuren und anderen, kleinflächigen und flachen Tümpeln und ähnlichen Wasserstellen. Hier erlauben die Zahlenangaben zur Umgebung der Laichgewässer Rückschlüsse: In 6,7% der Vorkommen grenzt Abbaugelände an, besonders häufig bei Geburtshelferkröte (24%), Gelbbauchunke (20%), Kreuzkröte (14%), Kammolch (13%), Grünfröschen (12%) und Teichmolch (10%).

Seen

Als Seen werden im allgemeinen größere Gewässer mit einer Tiefe von über 2 m bezeichnet (siehe JE-DICKE 1988). Ihre Kennzeichen sind eine große Wasserfläche, in der Regel üppige Ufervegetation und eine lichtarme oder lichtlose Tiefenzone. Jedoch gibt es hier starke Unterschiede, ob es sich zum Beispiel um natürlich entstandene, vielleicht nährstoffarme Gletscherseen oder etwa um künstlich angelegte Stauseen handelt, in denen Vegetation im Grenzbereich zwischen Wasser und Land häufig vollständig fehlt. Die Zahlen aus der hessischen Amphibienkartierung lassen keine Rückschlüsse zu.

Abgrabungsgewässer beherbergen, wo sie ungestört erhalten bleiben, vielfach artenreiche Laichpopulationen (Steinbruch bei Weimar-Kehna, Kreis Marburg-Biedenkopf). ▷

Laichplatz-Ansprüche im Überblick

Die artspezifischen Ansprüche an die Ausstattung der Laichplätze faßte BLAB (1986) in einem Schema zusammen, das in Abb. 38 gezeigt wird. Die Befunde lassen sich auch auf die hessischen Verhältnisse übertragen. Der Autor weist darauf hin, daß die Ansprüche meist sehr unspezifisch und merkmalsarm sind. So können bei vielen Arten als Strukturen im Wasser submerse Vegetation, überstaute Graspflanzen, im Wasser liegende Zweige usw. gleichermaßen fungieren. Die Gewichtung der genannten Faktoren kann variieren, etwa die Bedeutung einer Besonnung des Gewässers in Abhängigkeit von Höhenlage und Klima. Es genügt mit Ausnahme der Grünfrösche eine recht kleinflächige Ausprägung der Merkmale.

Für die Populationsstärke spielt nach Auffassung von BLAB (1979, 1986) die Gewässerausstat-

Abb. 38: Laichplatzschemata der in Hessen vorkommenden Amphibienarten (nach BLAB 1986).

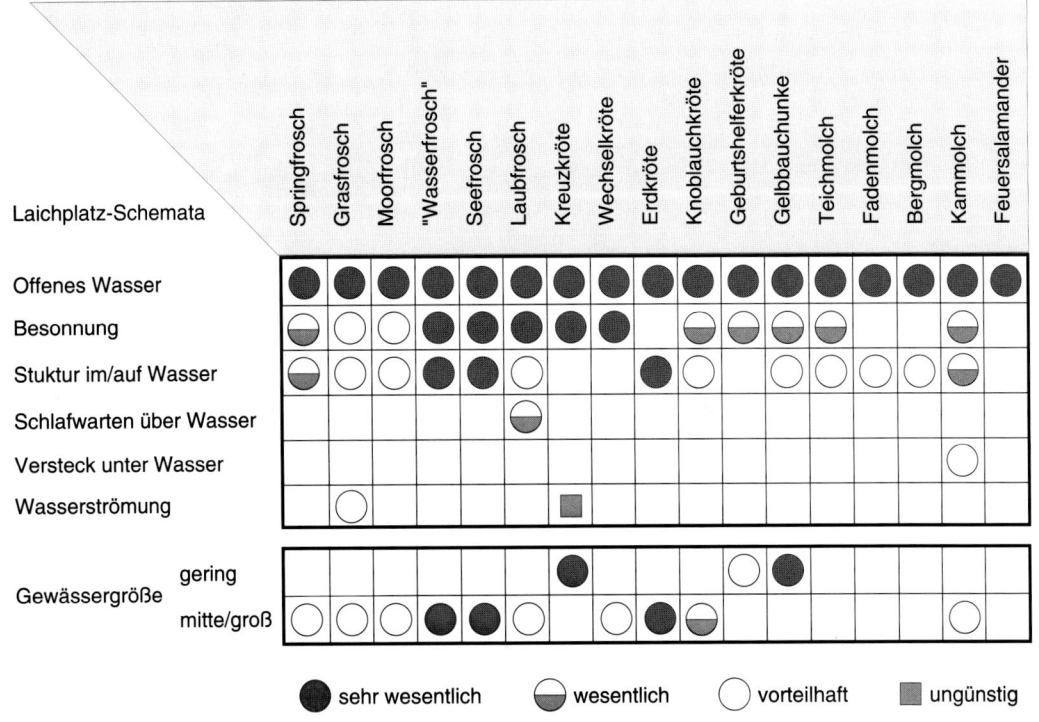

tung nur bei den vorwiegend wasserlebenden Arten eine Rolle. Bei den Arten, die Wasserstellen nur kurzfristig zur Laichabgabe aufsuchten, werde die Größe der Population vor allem durch die Beschaffenheit und Kapazität der Landlebensräume bestimmt.

Eine teils deutliche Abhängigkeit der Siedlungsdichte in Gewässern beobachtete BLAB von deren Lage: In der Regel seien die Abundanzen an sehr isoliert gelegenen Wasserstellen vergleichsweise gering, bei einem lockeren Verbund mit anderen Gewässern dagegen höher. Laubfrosch und Grünfrösche schienen sogar bei punktuell noch vorhandenen Gewässern auszusterben, nachdem zu viele Laichplätze innerhalb eines intakten Verbundsystems vernichtet oder entwertet worden waren.

Ausnahmen von der Verbund-Abhängigkeit bildeten, so BLAB, Arten mit stark ausgeprägter Laichplatztreue (Erdkröte, auch Spring- und Grasfrosch) und sehr wanderfreudige und stimmbegabte Arten (zum Beispiel Kreuz- und Wechselkröte).

Feuchtwälder wie dieser quellige Bach-Erlen-Eschenwald am Fohnbach bei Wettenberg (Kreis Gießen) sind ganzjährig bedeutsame Amphibien-Lebensräume.

6.2 Landlebensräume

Mit Ausnahme der Grünfrösche, des Kammolchs und eingeschränkt der Gelbbauchunke, die über eine nahezu ganzjährige Gewässerbindung verfügen, verbringen die Amphibien den größten Teil des Jahres in ihren Landlebensräumen, die teilweise fernab von jeglichen Gewässern liegen können. Hier ist zunächst die Frage der Aktionsradien interessant, wie weit also das einzelne Individuum von seinem Laichgewässer aus in die Umgebung wandert. Zum anderen bevorzugen die Arten unterschiedliche Habitattypen, die nachfolgend eingegrenzt werden.

Aktionsradien

Die wassergebundene Larvenphase aller in Hessen vorkommenden Amphibienarten zwingt die Tiere, zur Fortpflanzung stets ein geeignetes Gewässer aufzusuchen. Dies erleichtert die Erfassung der Amphibien, aber auch die Abgrenzung der Lebensräume von Populationen. Laichgewässer sind die zentralen Bezugspunkte einer Amphibienpopulation. Von dort wandern die meisten Arten nach

Wertvoll für Amphibien sind generell eng miteinander verzahnte Feuchtgebiete und vom Menschen extensiv genutzte oder ungenutzte Lebensräume. Im Naturschutzgebiet »Stadtbruch von Volkmarsen« (Kreis Waldeck-Frankenberg) sind wassergefüllte Gräben und Tümpel mit nur randlich genutzem Feuchtgrünland verbunden – Lebensraum einer Grasfrosch-Population von über 1000 Individuen.

Wald- und Forstbiotope nutzen viele heimische Lurcharten als Landlebensräume, sofern es sich nicht um Nadelholzforsten handelt. Der Feuersalamander bewohnt fast ausschließlich Laubwälder, und auch Erdkröte, Fadenmolch und Springfrosch sowie eingeschränkt Grasfrosch und Bergmolch beanspruchen Baumbestände. Naturnahe Methoden der Forstwirtschaft helfen vermutlich, ihren Lebensraum zu verbessern.

Abschluß des Fortpflanzungsgeschäfts – teilweise nach einer kurzen Ruhepause (Latenzperiode) – in ihre Sommerquartiere ab, in denen sie meist relativ stationär mit kleinen Aktionsräumen leben: im Normalfall mit einem Radius von unter 30 m, nur bei der Erdkröte bis 50 m (Blab 1986). Im Herbst begibt sich ein Teil der Tiere bereits in Richtung ihres Laichgewässers; einzelne Individuen können bereits im Gewässer überwintern, die meisten überdauern die kalte Jahreszeit in einem terrestrischen Winterquartier in mehr oder minder großer Entfernung vom Gewässer. Im Frühjahr wandern dann alle laichwilligen Tiere in das Laichgewässer (siehe Abb. 39).

In Abb. 40 sind nach Angaben von Blab (1986) und anderen Autoren mutmaßliche Aktionsradien von Laichpopulationen verschiedener Amphibienarten zusammengestellt. Dabei handelt es sich um in Luftlinie gemessene Entfernungen zwischen Laichgewässer und Sommerquartier. Einzelne Individuen können sich auch weiter entfernen. Der zwischen Laich- und Sommerhabitat liegende Raum wird im Rahmen der saisonalen Ortsveränderungen durchwandert – auch er muß gewisse Mindestqualitäten aufweisen (siehe unten).

Winterquartier
Winter
Herbstwanderung
Laichplatzwanderung
Herbst
Frühjahr
Laichgewässer
Rückzug
Sommer
Sommerquartier
Latenzperiode
Rückzug

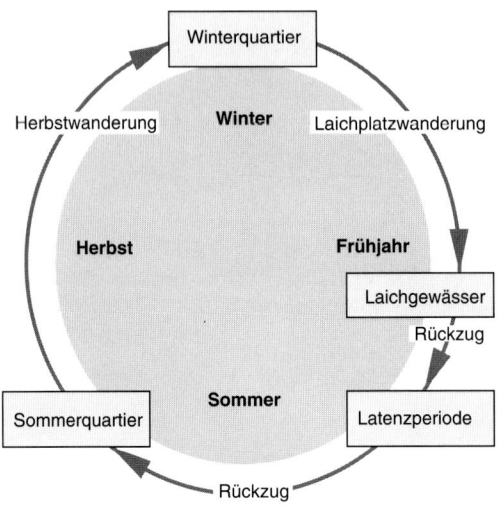

Abb. 39: Jahresperiodik der Erdkröte (aus Jedicke 1990a).

Abb. 40: Aktionsradien verschiedener Amphibienarten als mutmaßliche Größe des Jahreslebensraumes (nach Angaben von Blab 1986).

2200 m
1100 m
800 m
600 m
500 m
400 m
300 m
100 m
Geburtshelferkröte
Moorfrosch
Bergmolch,
Fadenmolch, Teichmolch
Laubfrosch, Knoblauchkröte
Grasfrosch
Springfrosch
Erdkröte
See

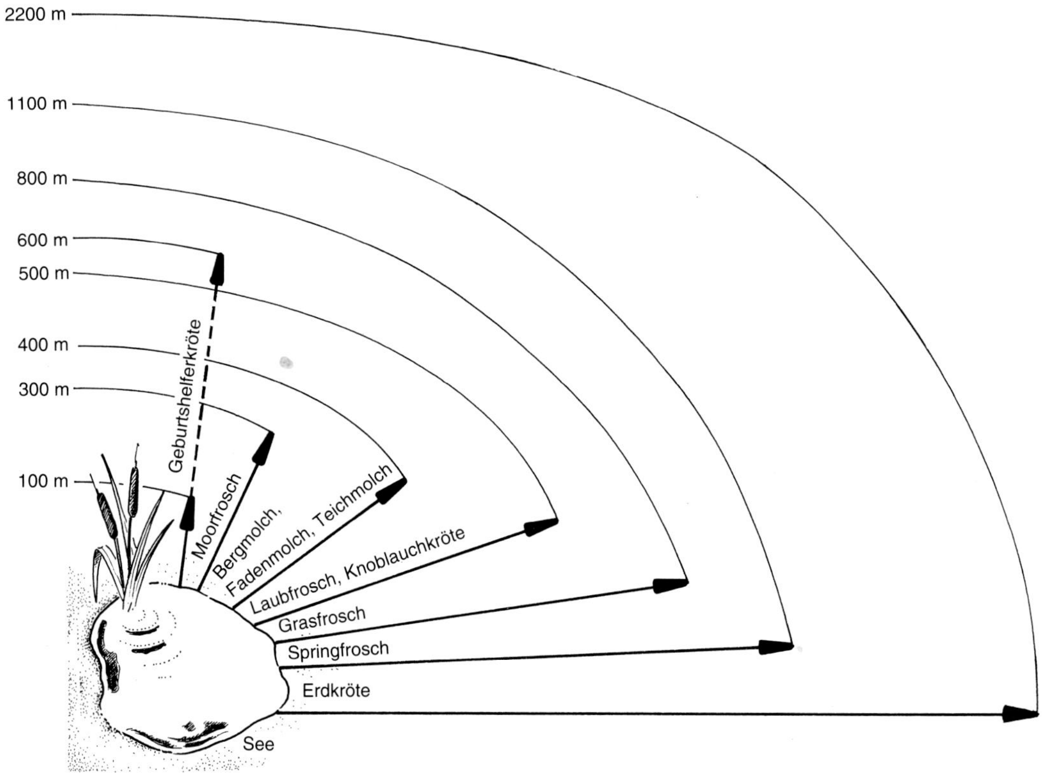

Solche Distanzen lassen sich nur für laichplatztreue Arten angeben, die im Regelfall zum Ablaichen an das Gewässer zurückkehren, in welchem sie selbst ihre Metamorphose abschlossen. Dies gilt für die Molche, Geburtshelfer-, Knoblauch- und Erdkröte sowie die Grün- und Braunfrösche. Allerdings müssen sich auch diese Arten ausbreiten, um nicht auszusterben – stets weichen einzelne Individuen (Jung- oder Alttiere) vom gewohnten Weg ab und besiedeln neue Lebensräume. Auch diese Ausbreitungs-Aktivitäten müssen im Naturschutz Berücksichtigung finden.

Sommerlebensräume

Welche Habitate kommen als Sommerlebensräume und wohl auch zur Überwinterung in Frage? Auch hier sind artspezifische Unterschiede zu beobachten. BLAB (1986) beschreibt verschiedene Präferenzen:
– Baumbestände beanspruchen Erdkröte, Fadenmolch, Feuersalamander und Springfrosch, eingeschränkt auch Grasfrosch und Bergmolch;
– vertikale Strukturen in Laichplatznähe fordert der Laubfrosch;
– vegetationsarme Flächen nutzen Kreuz-, Wechsel- und Geburtshelferkröte, eingeschränkt auch die Gelbbauchunke;

Förderlich für viele Tierarten wirkt sich das Vorhandensein von Totholz aus – für die Amphibien zum Beispiel durch gute Möglichkeiten des Unterschlupfs sowie indirekt durch eine verbesserte Nahrungsgrundlage.

– lockersandige Böden entsprechen den Anforderungen der Knoblauchkröte sowie eingeschränkt der Kreuzkröte;
– hohen Grundwasserstand bevorzugt der Moorfrosch, sehr bedingt auch Laubfrosch, Grasfrosch und die Grünfrösche;
– eine ganzjährige Gewässerbindung weisen die Grünfrösche, der Kammolch und eingeschränkt die Gelbbauchunke auf;
– keine Präferenz für bestimmte Landschaftsfaktoren mit Ausnahme des Mikroklimas legen Berg- und Teichmolch an den Tag.

Konkreter wurde eine Beschreibung der Habitatansprüche in den einzelnen Artkapiteln versucht. Jedoch ist die Kenntnis der Lebensweise unserer Amphibien außerhalb der Laichzeit nach wie vor sehr lückenhaft und erfordert künftig verstärkte Untersuchungen.

Generell kommt eine reiche und kleinkammerige Gliederung der Landschaft den Ansprüchen der

meisten Amphibienarten entgegen. So dienen Hekken und Feldgehölze, Brachland und Hochstaudenfluren verschiedenen Arten als Jahreslebensraum und vermutlich auch als Wanderungslinien, ebenso Feuchtwiesen und feuchte Gräben. Umgekehrt scheinen flächige Intensiv-Nutzflächen wie Äcker – mit Ausnahme der Knoblauchkröte – weitgehend gemieden zu werden. Stark negativ wirken sich alle asphaltierten Flächen aus, vor allem Straßen, Feldwege und der hochgradig versiegelte Siedlungsraum.

Aufschlußreiche Untersuchungen publizierten MÜLLER und STEINWARZ (1987), die Wanderungen frisch metamorphosierter Erdkröten beobachteten. Diese Ergebnisse lassen sich mit gewissen Vorbehalten vermutlich auch für ausgewachsene Tiere der Erdkröte und anderer Amphibien verallgemeinern. Demnach zeigen die von ihrem Geburtsgewässer abwandernden Jungkröten folgendes Verhalten:

– Im Wald, unmittelbar neben dem Laichgewässer gelegen, ist eine starke Akkumulation von Jungkröten zu beobachten, die sich innerhalb des Waldes konzentrisch ausbreiten.
– In wiesenartige Lebensräume wandern die Jungkröten unverzüglich und in hohen Individuenzahlen ein; an vegetationslosen Stellen verbergen sie sich an warmen Tagen gemeinschaftlich in kühleren Erdritzen. Ansonsten bietet die dichte Grasvegetation ein kühleres und feuchteres Mikroklima als kahlere Bereiche.
– Strukturarme Felder werden weitgehend gemieden; nur wenige Individuen durchqueren ein Getreidefeld mit rauher Bodenoberfläche, die meisten umwandern dieses. Noch deutlicher wird ein Maisacker gemieden; im Grenzbereich Wald/Maisfeld biegt der Wanderzug ab, so daß deutliche Massierungen auftreten.
– Hecken, Straßengräben und Feldraine dienen regelmäßig als »Zugstraßen«; die weitgehend gemiedenen Felder werden entlang ihrer Raine umrundet. Das Mikroklima in dichter Vegetation ist relativ feucht und kühl.

◁ Gehölzstrukturen in der offenen Landschaft sind wichtige Elemente des Biotopverbunds, entlang derer Baumbestände beanspruchende Amphibien zwischen Laichgewässer und Jahreslebensraum wandern können. Vor allem Äcker scheinen nahezu vollständig gemieden zu werden.

◁ Für den Grasfrosch ist bekannt, daß ein Individuenaustausch entlang feuchter Gräben über Distanzen von mehreren Kilometern funktioniert.

– Aufgrund der mikroklimatischen Änderungen im Randbereich einer 6 m breiten Straße stauen sich die Jungkröten bei trockener Witterung wiederholt mehr als zwei Wochen lang im Straßengraben und an einer von jungen Gehölzen bestandenen Böschung. Einsetzender Regen bewirkt eine rasche Änderung des vorher trockenwarmen Mikroklimas auf der Straßenoberfläche: Es kommt zu einer unvermittelten gleichzeitigen Passage der Straße von oft vielen Tausend Jungkröten. Dieser Vorgang wiederholt sich, je nach Länge der Trockenperioden, jährlich zwei- bis fünfmal. Allerdings bewirkt zu starke Regenintensität ein Zurückziehen der Tiere unter schützende Vegetation.

BLANKE und METZGER (1987) berichten für aus dem Wald heranwandernde Erdkröten über ein zum Teil starkes Abweichen der Tiere am Waldrand (parallel zu diesem) von ihrer eigentlichen Zielrichtung. Dieses Verhalten beschrieben JUNGFER und HEUSSER früher bereits als Kulisseneffekt, einer Scheu, aus dem Wald heraus auf offenes Feld zu wandern. BLANKE und METZGER beobachteten an markierten Erdkröten binnen drei Tagen ein Abweichen um bis zu 800 m von der Senkrechten zum Laichgewässer.

Innerhalb der Forsten bieten Laubwaldbestände die besten Lebensbedingungen, während Fichtenforsten weitgehend als Lebensraum auszufallen scheinen, soweit es sich um gewöhnlich dichte, am Boden fast lichtlose und nicht von krautiger Vegetation bewachsene Bestände handelt. Strukturreichtum verspricht auch hier die Chance, Amphibien vielfältige Lebensbedingungen zu bieten: mit am Boden liegendem Totholz als Versteckmöglichkeit und Ort der Nahrungssuche, mit gemischtaltrigen Baumbeständen, wechselnder Belichtungsintensität am Boden und entsprechend üppiger oder reduzierter Krautvegetation usw. Eine naturgemäße Forstwirtschaft, so läßt sich begründet vermuten, realisiert für Amphibien wie für viele andere Tiergruppen bessere Lebensbedingungen als die herkömmliche Altersklassen-Wirtschaft.

7 Gefährdungssituation und Ursachen der Bedrohung

7.1 Rote Liste Hessen
(3. Fassung, Stand April 1992)

Rote Listen fassen für einen bestimmen Bezugraum die Gefährdung der dort vorkommenden Arten zusammen. Sie sind eine wichtige Grundlage für die Naturschutz- und Planungspraxis, um zum Beispiel Bewertungskriterien und Argumente für die Sicherung von Populationen in bezug auf vorgesehene Eingriffe in den Naturhaushalt zu liefern.

Für die Amphibien in Hessen existiert bisher nur eine vorläufige Rote Liste, die in ihrer zweiten Fassung von Juni 1980 stammt (BITTNER und VIERTEL 1980). Daher ist unter Berücksichtigung der in der Folgezeit erarbeiteten Kartierungsergebnisse und der eingetretenen Veränderungen eine Neubewertung geboten. Die hessische Amphibienkartierung erlaubt neben einer landesweiten Roten Liste zudem eine gewisse Regionalisierung der Aussagen für die hessischen Anteile an den vier naturräumlichen Großregionen (siehe Abgrenzung in Abb. 41 sowie Naturraum-Beschreibungen auf Seite 14ff.):

1 Süddeutsches Schichtstufen-Tafelland, d.h. Hessisch-Fränkisches Bergland mit Südrhön, Spessart, Büdinger Wald und Odenwald;
2 Oberrheinische Tiefebene oder Oberrhein-Untermain-Senke mit Nördlicher Oberrhein-Niederung, Hessischer Rheinebene, Bergstraße, Rhein-Main-Tiefland sowie Mittelrheingebiet;
3 Grundgebirgs-Schollenland als westlicher Randstreifen Hessens mit Taunus, Gießen-Koblenzer Lahntal, Westerwald und Bergisch-Sauerländischem Gebirge;
4 Hessisches Bruchschollen-Tafelland mit Westhessischem Berg- und Senkenland, Osthessischem Bergland, Oberem Weserbergland und Weser-Leine-Bergland.

Für **Hessen** werden die Gefährdungsgrade unter Beibehaltung des Schemas von BITTNER und VIERTEL (1980) wie folgt abgegrenzt:
0 Ausgestorben oder verschollen
A Hochgradig bestandsbedrohte Arten
B Bestandsbedrohte Arten
C Arten, die derzeit noch weniger im Bestand gefährdet sind, die aber ebenfalls vollen Schutz benötigen, weil ihre Bestände bereits sehr stark zurückgehen

Die Rote Liste der **Bundesrepublik Deutschland** (BLAB et al. 1984) definiert folgende Gefährdungsgrade:
0 Ausgestorben oder verschollen:
bei den Amphibien bisher nicht der Fall.
1 Vom Aussterben bedroht:
Arten, für die Schutzmaßnahmen dringend notwendig sind. Das Überleben dieser Arten in der Bundesrepublik Deutschland ist unwahrscheinlich, wenn die verursachenden Faktoren weiterhin einwirken oder bestandserhaltende Schutz- und Hilfsmaßnahmen des Menschen nicht unternommen werden bzw. wegfallen.
Bestandssituation:
– Arten, die nur in Einzelvorkommen oder wenigen, isolierten und kleinen bis sehr kleinen Populationen auftreten (sogenannte seltene Arten), deren Bestände aufgrund gegebener oder absehbarer Eingriffe ernsthaft bedroht sind.
– Arten, deren Bestände durch lange anhaltenden starken Rückgang auf eine bedrohliche bis kritische Größe zusammengeschmolzen sind oder deren Rückgangsgeschwindigkeit im größten Teil des heimischen Areals extrem hoch ist.
Die Erfüllung eines der Kriterien reicht aus.
2 Stark gefährdet:
Gefährdung im nahezu gesamten einheimischen Verbreitungsgebiet.
Bestandssituation:
– Arten mit kleinen Beständen,
– Arten, deren Bestände im nahezu gesamten einheimischen Verbreitungsgebiet signifikant zurückgehen oder regional verschwunden sind.
Die Erfüllung eines der Kriterien reicht aus.
3 Gefährdet:
Die Gefährdung besteht in großen Teilen des einheimischen Verbreitungsgebietes.
Bestandssituation:
– Arten mit regional kleinen oder sehr kleinen Beständen,
– Arten, deren Bestände regional bzw. vielerorts lokal zurückgehen oder lokal verschwunden sind.
Die Erfüllung eines der Kriterien reicht aus.

4 Potentiell gefährdet:

Arten, die im Gebiet nur wenige und kleine Vorkommen besitzen, und Arten, die in kleinen Populationen am Rande ihres Areals leben, sofern sie nicht bereits wegen ihrer aktuellen Gefährdung zu den Gruppen 1 bis 3 gezählt werden. Auch wenn eine aktuelle Gefährdung zum gegenwärtigen Zeitpunkt nicht besteht, können solche Arten wegen ihrer großen Seltenheit durch unvorhergesehene lokale Eingriffe schlagartig ausgerottet werden.

Die Gefährdungsgrade sind in den Roten Listen der Bundesrepublik und Hessens somit unterschiedlich definiert. Der hessische Status A vereint die bundesdeutschen Gefährdungsgrade 1 und 2; der Status B entspricht dem bundesdeutschen 3, während C und 4 völlig unterschiedlich bestimmt sind. BITTNER et al. (1980) begehen einen Fehler, wenn sie beide auf eine Stufe stellen. Der hessische Status C bezieht sich noch auf weniger bestandsgefährdete Arten, während der bundesdeutsche Status 4 Arten bezeichnet, die im Gebiet nur wenige Vorkommen besitzen und/oder in kleinen Populationen an ihrem Arealrand leben (sofern nicht einer anderen Kategorie zugeordnet). Auf die berechtigte Kritik an der mißverständlichen Formulierung und Bezeichnung des Status 4 sei an dieser Stelle ledig-

Tab. 9. Rote Liste der in Hessen gefährdeten Amphibien. 3. Fassung, Stand April 1992

Naturräumliche Großregionen (Erläuterung siehe Text):

1 Hessisch-Fränkisches Bergland
2 Oberrhein-Untermain-Senke
3 Grundgebirgs-Schollenland
4 Hessisches Bruchschollen-Tafelland

Gefährdungsgrade in Hessen:

0 Ausgestorbene oder verschollene Arten
A Hochgradig bestandsbedrohte Arten
B Bestandsbedrohte Arten
C Arten, die derzeit noch weniger im Bestand gefährdet sind, die aber vollen Schutz benötigen, weil ihre Bestände bereits sehr stark zurückgehen

Gefährdungsgrade in Deutschland (West):

0 Ausgestorben oder verschollen
1 Vom Aussterben bedroht
2 Stark gefährdet
3 Gefährdet
4 Potentiell gefährdet

Einstufung in der Bundesartenschutzverordnung:

● Vom Aussterben bedrohte Art
○ Besonders geschützte Art

| Art | Hessen | Naturräumliche Großregion | | | | Bundesrepublik (West) | Bundesartenschutzverordnung |
		1	2	3	4		
Feuersalamander	B	B	A	B	B	-	○
Bergmolch	C	C	B	C	C	-	○
Fadenmolch	B	B	A	B	B	-	○
Teichmolch	C	B	C	C	C	-	○
Kammolch	A	A	B	A	B	3	●
Geburtshelferkröte	A	0	0	A	A	3	●
Gelbbauchunke	A	A	A	A	A	3	●
Knoblauchkröte	A	0	A	A[1]	A[1]	3	●
Erdkröte	C	C	C	C	C	-	●
Kreuzkröte	A	A	B	A	A	3	●
Wechselkröte	A	A	A	A[1]	A	2	●
Laubfrosch	A	A	A	A	A	2	●
Moorfrosch	A	A[1]	A	A	A	2	●
Springfrosch	A	A	A	A	A	2	●
Grünfrösche:							
Wasserfrosch	B	A	C	B	B	-	○
Kleiner Teichfrosch	A[2]	A[2]	A[2]	A[2]	A[2]	-	○
Seefrosch	A[2]	A[2]	A[2]	A[2]	A[2]	3	○
Grasfrosch	C	C	C	C	C	-	○

[1] möglicherweise inzwischen verschollen (0)
[2] vorläufige Einstufung, bis exaktere Kenntnisse zum Status vorliegen

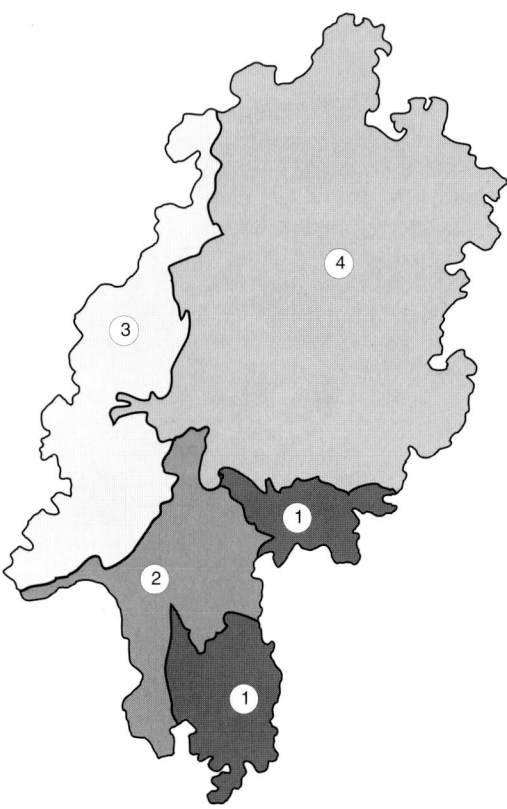

Abb. 41: Abgrenzung der vier naturräumlichen Großregionen als Einteilung der Regionen in der Roten Liste.

lich hingewiesen (vergleiche zum Beispiel AUHAGEN
1991).

In Tab. 9 ist der heutige Kenntnisstand zur Gefährdung der hessischen Amphibienarten als Rote
Liste zusammengefaßt. Dabei erfolgt die Bewertung sowohl (wie bisher) in einer für ganz Hessen
gültigen Abschätzung als auch – als erster Versuch
– getrennt für die vier naturräumlichen Großregionen, an denen Hessen Anteil besitzt. Schließlich
wird der westdeutsche Gefährdungsgrad nach
BLAB et al. (1984) genannt und die Einstufung in
der Bundesartenschutzverordnung verzeichnet.

Im Vergleich zur vor über einem Jahrzehnt publizierten vorläufigen Fassung der Roten Liste der
gefährdeten Amphibien Hessens (BITTNER und
VIERTEL 1980), bei deren Aufstellung noch keine
Ergebnisse aus einer landesweiten Kartierung vor-
lagen, mußten mehrere Arten in eine stärkere Ge-
fährdungskategorie eingeordnet werden. Nach wie
vor sind alle einheimischen Lurcharten in der Liste
aufgeführt. Die Grünfrösche, bisher in Kategorie
C, mußten in die Kategorie B (Wasserfrosch) bzw.

sogar in die Kategorie A (Kleiner Teichfrosch und
Seefrosch) aufrücken; liegen bei einer späteren
Neufassung der Roten Liste genauere Erkenntnisse
vor, scheint es möglich, daß sie nach B herabgestuft
werden können.

Von der Kategorie B nach A rückten in der 3.
Fassung der Roten Liste Kammolch, Knoblauchkröte, Kreuzkröte, Laubfrosch und Moorfrosch.
Hier macht sich die fehlende Differenzierungsmög-
lichkeit in die bundesweit gültigen Stufen 1 und 2
negativ bemerkbar; mit Ausnahme der Knoblauchkröte wären die Arten in Hessen dem Gefährdungsgrad 2 zuzuordnen.

In der Bilanz sind somit elf von 18 Amphibienarten – die drei Grünfrosch-Formen hier als eigene
Arten gerechnet – in Hessen vom Aussterben bedroht, drei Arten bestandsbedroht und vier Arten
derzeit noch weniger gefährdet. In den einzelnen
naturräumlichen Großregionen ergibt sich ein
davon abweichendes Bild.

7.2 Gefährdungsursachen im Überblick

Von einzelnen, lokal begrenzten positiven Be-
standsentwicklungen abgesehen, ist bei allen hessischen Amphibienarten ein nach wie vor nicht ge-
stoppter, sondern sich fortsetzender Rückgang zu
konstatieren. Amphibien sind dabei Bioindikato-
ren, die beweisen, daß Naturschutz noch immer
nicht genügend bewirkt, um das Artensterben zu
stoppen und die Übernutzung der Landschaft
durch den Menschen zu begrenzen. Zur Gefährdung der Amphibien trägt eine ganze Reihe von
Faktoren bei, deren Auswirkungen nur zum Teil
exakter bekannt sind:
– Nutzung von Laichgewässern als Fischteiche,
– direkte Zerstörung von Laichgewässern und
  Landlebensräumen,
– Veränderungen im Gewässerchemismus,
– Einflüsse von Land- und Forstwirtschaft,
– Pestizid-Anwendung,
– Straßentod,
– Landschaftsverbrauch durch Überbauung,
– Verinselung der Populationen,
– Fang und Verschleppen durch den Menschen.

Die einzelnen Gefährdungsursachen werden in den
nachfolgenden Abschnitten ausführlich besprochen.

Fischbesatz in Teichen sorgt für das Verschwinden von Amphibienvorkommen. Das Freizeitvergnügen weniger wird vielfach auf Kosten der Natur ausgetragen – hier gipfelnd in einem schwimmenden Haus einer Fischteich-Anlage bei Gut Höhnscheid/Arolsen (Kreis Waldeck-Frankenberg).

7.3 Fischzucht und Amphibien

Nach bisherigen Erkenntnissen kann allein die Erdkröte in gewissem Rahmen in genutzten Fischteichen längerfristig überleben. Amphibienschutz und Fischbesatz schließen sich aus. Das begründet sich zum einen durch die Gewässereigenschaften: Die Ufer werden häufig gezielt versteilt und Flachwasserzonen beseitigt, um Fischfressern wie dem Graureiher die Erbeutung von Nutzfischen zu erschweren. Wasserpflanzen empfinden die meisten Teichwirte als störend, der Bewuchs wird großenteils entfernt – damit entfallen unter anderem lebenswichtige Versteckmöglichkeiten für die Kaulquappen. Selbst Erdkröten benötigen zur Befestigung ihrer Laichschnüre wenigstens minimale Strukturen unter Wasser, die in vielen Fischteichen fehlen. Winterliches Ablassen kann den Tod für überwinternde Larven und metamorphosierte Lurche bedeuten, die die kalte Jahreszeit im Schlamm am Teichgrund verbringen.

Zum anderen ist als gravierendste Folge der Fischteich-Nutzung von einem starken (bis nahezu vollständigen) Ausfall der Kaulquappen der meisten Amphibienarten auszugehen, wenn die Teiche, der üblichen Praxis folgend, mit Nutzfischen

(über)besetzt sind. HEHMANN und ZUCCHI (1985) wiesen nach, daß von einer Koexistenz von Fischen und Amphibien bei intensiv genutzten Gewässern nicht gesprochen werden kann. Nach dem Besatz eines bislang nur extensiv genutzten Fischteiches mit 1200 Regenbogenforellen (*Salmo gairdneri*) ließen sich von 3193 adulten, am Laichgeschehen teilnehmenden Grasfröschen lediglich 160 abwandernde, frisch metamorphosierte Jungfrösche zählen; zum Populationserhalt wären schätzungsweise 16000 Individuen notwendig. Das Erlöschen des Bestands ist abzusehen. Auch Berg- und Fadenmolch werden vermutlich durch die Fische geschädigt. Allein Erdkröten-Larven verfügen über Schutzmechanismen, die offenbar eine Schädigung des Bestandes verhindern. Sie enthalten einen Bitterstoff, der sie für Freßfeinde ungenießbar macht. Bei Verletzung geben sie einen Schreckstoff ab, der den übrigen, sich meist im Schwarm bewegenden Individuen Gefahr signalisiert – diese verteilen sich blitzschnell und lassen sich zu Boden sinken.

FILODA (1981) kommt nach Untersuchung von 111 Laichgewässern im östlichsten Teil Lüchow-Dannenbergs zu dem Ergebnis, daß in künstlich geschaffenen Hobbyfischteichen und in mit Fischen übersetzten Angelgewässern nur sehr große Bestände der Erdkröte und mäßige Bestände von Grünfröschen (Wasser-, See- und Kleiner Teichfrosch) existieren können, alle übrigen Amphibienarten jedoch nur in Kleinstpopulationen oder überhaupt nicht. Gewässer mit natürlichem Fischbestand wiesen dagegen durchaus Vorkommen von hochgradig bestandsbedrohten Lurchen auf.

7.4 Sonstige Veränderungen im Laichhabitat

Nach einer dramatischen Reduktion der Laichgewässer durch den Menschen in den letzten Jahrzehnten auf Bruchteile ihres ursprünglichen Bestands werden auch heute noch durch Amphibien zur Fortpflanzung genutzte Kleingewässer vollständig zerstört: durch Verfüllen mit Bauschutt, Müll und Erdaushub; durch Verrohren von Gräben und regelmäßige Grabenräumungen, die zu raschem Wasserabfluß führen; in der Vergangenheit durch Bach- und Flußregulierungen; durch die Befestigung von Wegen, insbesondere Waldwegen, mit Zerstörung von wassergefüllten Wagenspuren; indirekt durch Absenken des Grundwasserspiegels und daraus resultierende Austrocknung von Oberflächengewässern; durch natürliche Verlandung

Gräben werden nach wie vor ohne vorherige Beteiligung der Naturschutzbehörden und -verbände ausgebaggert – mit dem Ziel eines raschen und ungehinderten Abflusses des Wassers (Wettenberg-Wißmar, Kreis Gießen).

◁ Trotz eindeutiger Gesetzeslage kommt es immer wieder zu verbotswidrigen Verfüllungen von Amphibien-Laichgewässern: Bergmolch-Laichplatz in einer Abgrabung bei Lohra-Kirchvers (Kreis Marburg-Biedenkopf).

Kann sich in einem verkrauteten Graben noch Wasser zu tümpelartigen Kleingewässern stauen, die auch Amphibien als Laichbiotop nutzen, so haben sie in derart ausgebauten und befestigten Rinnen keinen Raum mehr (Arolsen-Mengeringhausen, Kreis Waldeck-Frankenberg).

119

kleiner, flacher Gewässer, die schließlich austrocknen.

In vielen Fällen geht die Zerstörung von Laichgewässern schleichend vor sich: indem ihre Ufer versteilt und »gesäubert«, »störende« Wasserpflanzen entfernt oder Zierfische eingesetzt werden – unabhängig von einer Umnutzung als Fischteiche (siehe Abschnitt 7.3). Weitere Schädigungen gehen von einer Verbauung der Ufer stehender Gewässer aus, ebenso von einer Rekultivierung von Abgrabungsgewässern mit meist einförmigem Uferprofil und Reduktion der wichtigen Flachwasserzonen.

Chemische Veränderungen des Milieus in Laichgewässern sind mit ihren Konsequenzen für die Lurche noch kaum erforscht. Es muß davon ausgegangen werden, daß die Versauerung der Gewässer auch auf Amphibien Auswirkungen zeigt; der Laich des Moorfrosches verpilzt bei einem pH-Wert < 4,5 und stirbt ab (CLAUSNITZER 1979). Ähnliche Auswirkungen sind bei anderen Amphibienarten und vermutlich schon weniger stark versauertem Wasser zu vermuten. Ebenso müßten durchaus mögliche oder sogar wahrscheinliche negative Folgen durch den Nährstoffeintrag aus der Luft wie durch Einschwemmung (insbesondere Stickstoff-Verbindungen) näher untersucht werden. LEMMEL (1977) etwa spricht beim Fadenmolch von »nur mäßig mit Nährstoffen versorgten« Laichgewässern. GLANDT (nach BLAB 1986) verweist auf Zusammenhänge zwischen der Siedlungsdichte von Molchen sowie der Gesamtleitfähigkeit der Gewässer.

7.5 Situation der Landlebensräume

Landwirtschaftliche Nutzung beeinflußt neben den Laichgewässern (zum Beispiel durch Nährstoffeintrag) vor allem die Landhabitate der Amphibien ausgesprochen negativ. Die Agrarwirtschaft bewirkte – bis heute nicht gestoppt – eine gravierende Uniformierung der Landschaft durch großflächige Monokulturen ohne Versteckmöglichkeiten, durch Roden von Hecken und Feldgehölzen, durch Zerstörung von Feldrainen und Uferrandfluren, durch Entwässerungen ehemals feuchter Wiesenniederungen, durch intensive Düngung und immensen Pestizideinsatz mit noch weitgehend unerforschten Konsequenzen.

So stellt BLAB (1986) fest: »Im Zuge der fortschreitenden Austrocknungstendenzen in der Agrarlandschaft werden die Standortbedingungen für die nahezu in ihrer Gesamtheit hygrophilen Lurcharten nachhaltig verschlechtert.« In der Folge

seien von hohem Grundwasserstand abhängige Arten, wie besonders Moor-, Gras- und Laubfrosch, aus reinen Ackerlandschaften weitgehend verschwunden, während Kreuz-, Knoblauch-, Geburtshelfer- und vor allem Wechselkröte davon nicht betroffen, ja eventuell sogar etwas gefördert würden, solange ihre Brutgewässer nicht geschädigt werden. Die Mineraldüngung leiste zusätzlich der »Versteppung« Vorschub, da der Boden stärker verschlämme und sein Wasserspeichervermögen erheblich reduziert werde; ebenso schwinde das Bodenleben und so vermutlich auch die Nahrungsbasis der Lurche.

Die Beseitigung von Gehölzstrukturen betrifft Arten wie Laub-, Gras- und Moorfrosch, Teich- und Kammolch ebenso wie die typischen Waldbewohner Berg- und vor allem Fadenmolch, eingeschränkt auch Erdkröte, die entlang von Hecken und Feldgehölzen in die Agrarlandschaft vordringen können (vergleiche BLAB 1986). Gehölze bieten ihnen ein waldähnliches Innenklima, Verstecke, Unterschlupf und Nahrung, und nicht zuletzt wirken Gehölze durch Bremsen der Windgeschwindigkeit und vermehrten Taufall bzw. verlängerter Taulage der Austrocknung der Agrarflächen entgegen.

Die vor allem in der Landwirtschaft, aber auch im besiedelten Raum und in geringen Mengen sporadisch in der Forstwirtschaft ausgebrachten Pestizide scheinen die Amphibien auf zweierlei Wegen zu schädigen (HONEGGER 1978): zum einen durch Konsumieren mit der Nahrung, zum anderen über die Wasseraufnahme durch die Hautoberfläche. Amphibien gleichen ihre hohen Verdunstungsverluste an Wasser durch Entzug von Flüssigkeit aus ihrer Umgebung aus. Nach BLAB ist der Laubfrosch besonders empfindlich gegenüber Bioziden. Hinzu kommt die Reduktion der Nahrungstiere der Lurche als Folge des Pestizid-Einsatzes.

BAEHR (1987) nennt als Kurz- und Lanzeitfolgen einer zunehmenden Gift- und Schmutzbelastung der Amphibienlebensräume:

– unmittelbare Vergiftungen mit letalen Folgen,
– Anreicherung der Gifte in der Nahrungskette,
– Nahrungsmangel infolge Vergiftung der Nahrungstiere,
– Schädigung des Laichs infolge Verschmutzung und Sauerstoffarmut der Laichgewässer,
– ansteigende Sterblichkeits- und Mißbildungsrate bei Keimen und Embryonen durch Schädigung des Erbgutes.

Neben der Anwendung von Bioziden und Saatgut-Beizmitteln nennt er als Verursacher die Einleitung

Chemische Umweltbelastungen spielen eine zunehmende, bisher wenig beachtete Gefährdungsursache für Lurche. In diesem Fall bei Arolsen-Braunsen (Kreis Waldeck-Frankenberg) wirkt neben möglicher direkter Pestizid-Folgen auch die Zerstörung jeglicher Vegetation im Weg- und Wegrand-Bereich durch Herbizide negativ. Wanderbewegungen von Amphibien, hier zuvor noch theoretisch möglich, werden so wohl völlig unterbunden.

von häuslichen und industriellen Abwässern und Vergiftung vor allem durch Schwermetalle und Säuren, Einschwemmung oder Einleitung von Jauche, Düngemitteln, Silageresten u.a. von seiten der Landwirtschaft in Laichgewässer, Verschmutzung der Gewässer, Straßen- und Wegränder durch Treibstoff, Öl und Ölrückstände, Belastungen durch nahegelegene Mülldeponien, Vergiftung straßennaher Biotope durch Bleirückstände sowie Verschmutzung industrienaher Lebensräume durch

verdriftete bzw. niedergeschlagene Industrieabgase und Staub.

Im forstlichen Einflußbereich ist als Negativfaktor an erster Stelle die bisherige Ausdehnung von Nadelholzforsten zu nennen, die zur Zeit durch ein Umdenken gestoppt, ja vielleicht wieder zurückgedrängt werden. Dies betrifft vor allem die in Hessen von Natur aus nicht heimische Fichte, die heute einen Flächenanteil von 30 % des öffentlichen Waldes in Hessen einnimmt (GODT et al. 1988). Fichtenforsten, vor allem die 15- bis 30jährigen, dichten Bestände, fallen als Amphibien-Lebensräume weitgehend aus, abgesehen von einzelnen Streifzügen entlang von Wegrainen und Saumzonen in Nadelholz-Beständen. Für den Feuersalamander könnte die durch die Nadelstreu und das Ausfiltern saurer Niederschläge durch Fichten bedingte Versauerung von Waldfließgewässern zum baldigen Verschwinden führen.

Nicht unbedeutend ist vermutlich auch ein Mangel an Verstecken und Lebensstätten für Nahrungstiere durch das Entfernen von am Boden liegendem Totholz in den Forsten.

Schließlich bewirkt der fortschreitende Landschaftsverbrauch durch Überbauung mit Siedlungen, Industriegelände und Straßen die Zerstörung gerade des unproduktiven Brachlands, welches den meisten Amphibienarten als Teillebensraum dient.

7.6 Straßentod

Das Straßennetz wird auch in Hessen immer enger, die Verkehrswege werden breiter ausgebaut, die Verkehrsdichte (sprich die Frequentierung der Straßen) wächst. Nach Angaben des Hessischen Statistischen Landesamtes (1991) existierten am 1.1.1990 in Hessen Straßen des überörtlichen Verkehrs mit einer Gesamtlänge von 16648 km. Dies sind umgerechnet durchschnittlich 788 m/km^2 Fläche. Die Straßenlänge in Hessen läßt sich wie folgt aufschlüsseln (Abb. 42):
– 930 km Bundesautobahnen;
– 3492 km Bundesstraßen, davon 2835 km außer- und 656 km innerorts;
– 7186 km Landesstraßen, davon 5625 km außer- und 1562 km innerorts;
– 5041 km Kreisstraßen, davon 3770 km außer- und 1271 km innerorts.

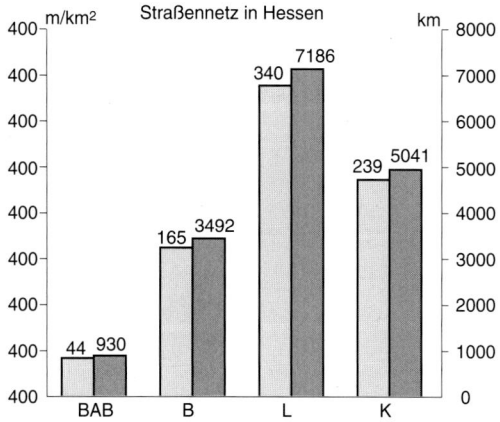

Abb. 42: Länge des Straßennetzes in Hessen am 1.1.1990 (nach Angaben des Hessischen Statistischen Landesamtes 1991): linker Balken = mittlere Länge pro Quadratkilometer (m/km^2); rechter Balken = Gesamtlänge des Netzes (km).
BAB = Bundesautobahnen, B = Bundesstraßen, L = Landesstraßen, K = Kreisstraßen.

Keine Zahlenangaben sind möglich für die Länge und die Dichte des Maschennetzes asphaltierter Feld- und Waldwege. Jedoch wurde in der Großgemeinde Arolsen, beschränkt allein auf die Agrarlandschaft, eine durchschnittliche Dichte asphaltierter Feld- und Ortsverbindungswege (ohne die Straßen überörtlichen Verkehrs) von 2,16 km/km^2 auf einer zugrunde liegenden Gesamtfläche von 5043 ha ermittelt (JEDICKE 1991a).

Einzelne massive Konfliktpunkte mit alljährlich massenhaftem Straßentod wandernder Amphibien sorgen zwar für Schlagzeilen, doch auch viele wohlmeinende und mit hohem ehrenamtlichem Engagement durchgeführte Rettungsaktionen können nach wie vor den Straßentod als bedeutenden Gefährdungsfaktor sehr zahlreicher Amphibien-Populationen nicht ausschalten. Lurche sind dabei je nach Art und Verhaltensweise aus verschiedenen Gründen bedroht (nach BLAB 1986):
– Erdkröte, Feuersalamander, Gras- und Springfrosch als die Arten mit dem größten Jahreslebensraum sind der Zerschneidung ihrer Aktionsräume durch Straßen am stärksten ausgesetzt.
– Einige Arten verharren im Scheinwerferlicht, anstatt zu fliehen, zum Beispiel Erdkröte, Feuersalamander, Berg-, Faden-, Teich- und Kammolch.
– Die meisten Arten benötigen viel Zeit, um eine Straße zu überqueren.
– Straßen können bevorzugte Aufenthaltsorte sein: Feuersalamander und Erdkröte nutzen sie als Jagdrevier; Springfrosch und Knoblauchkröte, vereinzelt auch Grasfrosch und Erdkröte, verharren gerade im zeitigen Frühjahr eng an den Asphalt gepreßt, um Wärme zu »tanken«, auf nasser Straße eventuell auch zur Regeneration ihres Wasserhaushalts.

KUHN (1987a) ermittelte an zwei Erdkröten-Populationen im Raum Ulm gravierende Verlustraten bereits bei geringer Verkehrsfrequenz: Schon bei nur sehr schwachem Verkehr mit einem Kraftfahrzeug pro 15 Minuten sterben mindestens 10 % der adulten Kröten beim Versuch, die Fahrbahn zu überqueren. Bei etwa 5 Kfz/15 min übersteigt die Quote überfahrener Kröten die 20 %-Marke; KUHN geht davon aus, daß eine Population selbst dann solche Verluste nicht mehr ausgleichen könne, wenn der Straßenverkehr über die Stunden des Erdkrötenzuges hinweg mit nur 1 Kfz/15 min bei Hin- und Rückwanderung äußerst gering sei. Zur Gefährdung der Erdkröte würden verschiedene Verhaltensweisen auf der Straße beitragen, und zwar Richtungsänderung, beschleunigtes Gehen, Flucht-Hüpfen, erneutes Betreten der Straße nach erfolgreicher Überquerung und »Warten« am Straßenrand.

Noch schädlicher für eine Erdkröten-Population als die Verluste von Alttieren kann das Überfahrenwerden der vom Geburtsgewässer abwandernden Jungkröten sein, KUHN (1987a) vermutet dabei vielerorts sogar den Schlüsselfaktor für den Bestandsrückgang. Die anfängliche Tagaktivität der Jungkröten bei höherer Frequenz des Straßenverkehrs, die geringen Wandergeschwindigkeiten, das geringe Gewicht und dadurch mögliche Verwehungen

der Tiere ließen ihre Chance zu einer erfolgreichen Straßenüberquerung recht gering erscheinen. SCHÜTTE (1986) beobachtete, daß Jungkröten mehr

788 m Straßen überörtlichen Verkehrs entfallen im statistischen Durchschnitt auf jeden Quadratkilometer Hessens. Bereits eine einzige, auch wenig frequentierte Straße reicht aus, in der Umgebung gelegene Amphibienpopulationen auszulöschen. Einer weiteren Verdichtung des Straßennetzes muß daher gerade im Interesse des Erhalts der Amphibien entgegengewirkt werden.

als vier Stunden Zeit benötigten, um einen 2 m breiten Betonweg bei strömendem Regen zu überqueren.

HEINE (1987) geht nach einem Rechenmodell davon aus, daß bei einer Verkehrssdichte von 8 Kfz pro Stunde (2 Kfz/15 min) sogar 50 % der wandernden adulten Erdkröten überfahren werden, nimmt allerdings lokale Abweichungen von dieser Rate besonders in Abhängigkeit von dem Winkel an, in welchem die Straße überquert wird: je schräger (kleiner) dieser Winkel, desto länger halten sich die Tiere auf der Straße auf und desto größer wird die verkehrsbedingte Mortalität sein.

Neben dem direkten Straßentod vermutet BLAB (1986), daß das Straßennetz »eventuell im Sinne von Raum-Widerständen bzw. Migrationsbarrieren das Ausbreitungsvermögen der einzelnen Arten und damit den Genfluß zwischen verschiedenen Populationen behindern bzw. weitgehend unterbinden und so der weiteren Arealaufspaltung und Populationsverinselung Vorschub leisten« kann. Zur Problematik der Verinselung sei auf den folgenden Abschnitt verwiesen.

7.7 Verinselung von Amphibienpopulationen

Biotopisolierung, Biotopverlust und Strukturverarmung führen als Hauptprozesse zum Phänomen der Verinselung einzelner Populationen ebenso wie naturnaher Landschaftsbestandteile. Die meisten heimischen Pflanzen- und Tierarten und sämtliche in Hessen vorkommenden Amphibienarten leben heute – durch den radikalen Landschaftswandel bedingt – in mehr oder minder isolierten, räumlich häufig scharf begrenzten und in der Regel kleinflächigen Restlebensräumen. Diese liegen wie Inseln im Meer inmitten lebensfeindlicher Nutzflächen. Neben den Straßen, die zur tödlichen Barriere werden können und so auch einen Individuenaustausch zwischen Amphibienpopulationen verhindern (Ausbreitungsbarriere für Individuen, die neue Areale besiedeln wollen), wirken für Lurche intensiv genutzte Äcker und kurzgeschorenes/abgeweidetes Grünland sowie sämtliche bebauten/versiegelten Flächen und die meisten Nadelholz-Monobestände so lebensfeindlich, daß sie gemieden werden und als Lebensraum ausfallen. Soweit solche Flächen nicht mit offenen Grabenbiotopen, Wegrainen, Hecken und anderen naturnäheren Habitatstrukturen durchdringbar sind, isolieren sie beiderseits liegende Lurchpopulationen voneinander.

Unter Anwendung der Theorien der an Meeresinseln entwickelten Inselökologie gehen diese Prozesse der Verinselung einher mit gravierenden Konsequenzen für den Arterhalt (umfassende Literatur bei JEDICKE 1990a). Aus Sicht des Amphibienschutzes erscheinen folgende Thesen bedeutsam:

– Die Artenvielfalt von Inselhabitaten ist flächenabhängig – je größer die Inselfläche, desto höher ist in der Regel die Zahl dort lebender Arten.

– Während in großräumigen Biotopen ein nahezu stationärer Artenbestand zu beobachten ist, herrscht auf kleinflächigen Habitatinseln ein starker Artenumsatz (Turnover) durch aussterbende und neu einwandernde Arten. Je kleiner die Inselfläche, umso geringer wird auch die Einwanderungsrate neuer Arten sein, denn die Wahrscheinlichkeit, daß umherstreifende Individuen eine kleine Insel »treffen«, nimmt mit der Flächengröße logischerweise ab.

– Die Arten-Distanz-Beziehung sagt aus, daß eine Habitatinsel von umso mehr Arten (oder von der einzelnen Art umso eher) neu besiedelt wird, je größer sie ist und je näher sie zu einer entsprechenden Besiedlungsquelle liegt. Ein neu entstandener Tümpel, dessen Struktur einer Kreuzkröte zusagt, wird vermutlich um so rascher als Laichgewässer angenommen, je näher ein bestehendes Kreuzkröten-Vorkommen liegt.

– Je kleiner eine Habitatinsel ist, desto weniger Individuen einer Art können dort aufgrund des begrenzten Ressourcenangebots leben. Mit verringerter Populationsgröße steigt jedoch die Gefahr, daß das Vorkommen vollständig erlischt – durch natürliche Populationsschwankungen (wie sie Amphibien häufig zeigen), durch Krankheiten, negative Veränderung von Umweltfaktoren, Straßentod, Fischbesatz im Laichgewässer usw.

– Ebenfalls erhöht wird das Aussterberisiko in isolierten Populationen, die durch Verinselung keinen Kontakt mehr zu anderen Beständen derselben Art besitzen. Kleine Populationen mit maximal mehreren hundert Individuen, so ein allgemeiner, nicht amphibienspezifischer Richtwert von SCHUBERT (1984), unterliegen einer erhöhten Gefahr der genetischen Drift, einer Abweichung und Veränderung in den Genfrequenzen, die zufällig auftritt. Zufallsfehler in der genetischen Information und die infolge der kleinen Zahl der an der Fortpflanzung teilnehmenden Individuen geringere Vielfalt der Erbmasse dieser Population können – mit Inzucht vergleichbar – viel leichter als in großen Beständen Merkmale der einzelnen Individuen auftreten lassen, die für ihre Überlebensfähigkeit von Nachteil sein können.

Die Aufspaltung der Verbreitungsareale von Amphibien in zahlreiche kleine Inselflächen hat auch zur Folge, daß Schadeinflüsse auf der gesamten Arealfläche wirken und die davon betroffenen Lurche nicht ausweichen können. Stirbt die hier lebende Amphibienpopulation aus, so ist eine Neueinwanderung weitaus weniger wahrscheinlich als beim Verschwinden von Teilpopulationen in großflächigeren Arealen. Hinzu kommt der Nachteil, daß die Aufspaltung zusammenhängender Areale in zahlreiche isolierte Inselareale mit einer Verlängerung der Arealgrenzen verbunden ist – und diese sind in den meisten Fällen »Verschleißzonen«, die »gewissermaßen vom Überschuß der Zentren leben« (BLAB 1986). Auch dieser Faktor bedingt eine weit höhere Gefahr des Aussterbens verinselter Vorkommen.

Um das Ausmaß der Verinselung der Amphibien sichtbar zu machen, müßten die Jahreslebensräume exakt bekannt sein. Da diese jedoch nur durch aufwendige Untersuchungen abgegrenzt werden können, bietet sich hilfsweise die Anwendung der durchschnittlichen Aktionsradien der einzelnen Arten (siehe Seite 110) an, die kreisförmig um die bekannten Laichgewässer herumgezogen werden. Dabei liegt die vereinfachende Annahme zugrunde, daß die Individuen einer Population von ihrem Vorkommenszentrum aus – dem Laichgewässer – gleichmäßig in alle Richtungen abwandern. Alle von diesen Radien eingeschlossenen Flächen müssen als potentielles Einzugsgebiet der kartierten Populationen gelten.

Auf diese Weise läßt sich die Überschneidung der Aktionsradien verschiedener Laichpopulationen erkennen, die einen genetischen Austausch zwischen diesen erwarten läßt. Zugleich wird deutlich, wie stark die Jahreslebensräume durch Straßen zerschnitten werden. So sind in der nordhessischen Großgemeinde Arolsen (126,3 km² Fläche) zwischen 45 und 91% der Amphibienpopulationen potentiell vom Straßentod bedroht (Tab. 10, vergleiche JEDICKE 1991a).

7.8 Fang und Verschleppen

Für viele unkundige Hobbygärtner dürfen Frösche und Molche im eigenen Gartenteich nicht fehlen. In Siedlungsnähe wird daher eine nicht unbeträchtliche Zahl von Amphibien aus ihren Laichgewässern gefischt und in die Städte und Dörfer verfrachtet. Vom Verbot der Entnahme von Laich, Larven und metamorphosierten Tieren abgesehen (siehe folgendes Kapitel), schlagen diese Ansiedlungsversuche in aller Regel fehl. Selbst wenn die Lebensraumansprüche der betreffenden Lurche in einem Gartenteich erfüllt sein können (in solchen Fällen findet bei nicht zu starker Isolation durch Straßen und Bebauung auch eine eigenständige Besiedlung statt), verlassen umgesetzte Alttiere in der Regel das Gewässer umgehend wieder, da sie auf ihr angestammtes Laichgewässer fixiert sind. Und auch wenn sie hier ablaichen würden, finden sie anschließend in den umliegenden Gärten häufig keinen geeigneten Landlebensraum, werden auf einer der zahlreichen Straßen überfahren oder fristen den kläglichen Rest ihres Lebens in einem Gully gefangen. Dieses Schicksal ereilt auch die meisten im Gartenteich aufgewachsenen Kaulquappen im Anschluß an ihre Metamorphose.

Die Entnahme von Amphibien aus ihrem Lebensraum kann vor allem in Ballungsgebieten zum Erlöschen von bereits aus anderen Gründen geschwächten Populationen führen. Daher sind alle Umsiedlungsversuche und selbstredend auch die verbotene Haltung einzelner Amphibien in Aquarium und Terrarium zu unterlassen.

Tab. 10. Zerschneidung von Amphibien-Jahreslebensräumen in der Großgemeinde Arolsen durch klassifizierte Straßen (JEDICKE **1991a**).
Nachweise = Anzahl der Laichgewässer, Radius = Radius des populären Jahreslebensraums.

Art	Nach- weise	Radius	von Straßen zerschnitten
Grasfrosch	36	800 m	29 = 80%
Erdkröte	23	2200 m	21 = 91%
Bergmolch	20	400 m	9 = 45%
Fadenmolch	14	400 m	7 = 50%
Teichmolch	9	400 m	6 = 66%
Feuersalamander	5		
Geburtshelferkröte	5	100/500 m	3 = 60%
Grünfrosch	2		
Kammolch	1		

8 Amphibienschutz in Hessen

8.1 Rechtsvorschriften zum Arten- und Biotopschutz

Amphibien und ihre Lebensräume stehen unter dem Schutz verschiedener Gesetze und Verordnungen. Dabei sind vor allem Regelungen des Bundes- und des hessischen Naturschutzgesetzes sowie der Bundes- und der Hessischen Artenschutzverordnung von Bedeutung; letztere regelt auch die Entnahme von Laich oder Kaulquappen für Lehrzwecke.

Bundesnaturschutzgesetz (Fassung vom 12.3.1987):

– § 20c stellt eine Reihe von Biotopen unter den Schutz des Gesetzes, die auch Amphibien als Lebensraum dienen: Moore, Sümpfe, Röhrichte, seggen- und binsenreiche Naßwiesen, Quellbereiche, naturnahe und unverbaute Bach- und Flußabschnitte, Verlandungsbereiche stehender Gewässer; ferner Bruch-, Sumpf- und Auwälder. »Maßnahmen, die zu einer Zerstörung oder sonstigen erheblichen oder nachhaltigen Beeinträchtigung« dieser Biotope »führen können, sind unzulässig.«
– § 20d verbietet, »wildlebende Tiere mutwillig zu beunruhigen oder ohne vernünftigen Grund zu fangen, zu verletzen oder zu töten« sowie »ohne vernünftigen Grund Lebensstätten wildlebender Tier- und Pflanzenarten zu beeinträchtigen oder zu zerstören«.
– § 20e ermächtigt den Bundesumweltminister, durch eine Rechtsverordnung bestimmte gefährdete Arten oder Populationen besonders zu schützen; auf dieser Grundlage fußt die Bundesartenschutzverordnung.
– § 20f schreibt das Verbot fest, »wildlebenden Tieren der besonders geschützten Arten nachzustellen, sie zu fangen, zu verletzen, zu töten oder ihre Entwicklungsformen, Nist-, Brut-, Wohn- oder Zufluchtstätten der Natur zu entnehmen, zu beschädigen oder zu zerstören«.

Bundesartenschutzverordnung vom 19.12.1986

Alle europäischen Lurche sind in der Bundesartenschutzverordnung als »besonders geschützte Arten« aufgenommen. »Vom Aussterben bedroht« gelten dabei folgende Arten: Geburtshelferkröte, Gelbbauchunke, Kreuzkröte, Wechselkröte, Laubfrosch, Knoblauchkröte, Moorfrosch, Springfrosch und Kammolch.

Hessisches Naturschutzgesetz vom 19.9.1980

– § 22 verbietet, »wildlebende Tiere mutwillig zu beunruhigen oder ohne vernünftigen Grund zu fangen, zu verletzen oder zu töten«.
– § 23 verankert den Schutz besonderer Lebensräume. Absatz 1 lautet wie folgt:
»Es ist verboten,
1. Hecken, Gebüsche, Röhricht oder Schilfbestände oder die Bodendecke auf Wiesen, Feldrainen oder nicht bewirtschafteten Flächen oder an Wegrändern abzubrennen oder dort durch das Ausbringen von Stoffen die Pflanzen- oder Tierwelt erheblich zu beeinträchtigen,
2. in der Zeit vom 1. März bis 31. August Röhricht oder Schilfbestände sowie im Außenbereich (...) Gehölze an Fließgewässern oder Hecken und Gebüsche zurückzuschneiden,
3. landschaftsprägende Hecken, Gebüsche, Feld- und Ufergehölze oder Einzelbäume zu beseitigen,
4. Röhricht oder Schilfbestände zu beseitigen,
5. Feuchtgebiete, insbesondere sumpfige oder moorige Flächen, Verlandungszonen, Altarme von Gewässern, Teiche oder Tümpel, zu verfüllen, zu entwässern oder sonst nachhaltig zu verändern,
6. Gewässer zweiter und dritter Ordnung im Außenbereich (...) zu begradigen oder in ihrer natürlichen Funktion durch technische Ausbaumaßnahmen zu beeinträchtigen,
7. Moore abzubauen, zu entwässern, zu pflügen oder zu düngen.«

Hessische Artenschutzverordnung vom 16.5.1984

Die Vorläufige Hessische Artenschutzverordnung überträgt den besonderen Schutz der in der Bundesartenschutzverordnung aufgeführten Tier- und Pflanzenarten auf das Bundesland Hessen, ebenso

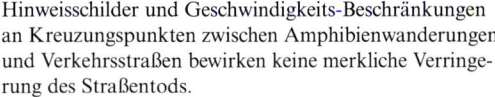

Hinweisschilder und Geschwindigkeits-Beschränkungen an Kreuzungspunkten zwischen Amphibienwanderungen und Verkehrsstraßen bewirken keine merkliche Verringerung des Straßentods.

gilt sie für weitere im Hessischen Naturschutzgesetz (§ 24 Abs. 1) genannte Arten.

In § 6 ist die Entnahme von Amphibienlaich oder Kaulquappen zu Lehrzwecken geregelt:

»Die Entnahme von Laich oder Kaulquappen des Grasfrosches oder der Erdkröte aus der Natur außerhalb von Naturschutzgebieten und Naturdenkmalen zur Beobachtung der Entwicklung im Rahmen der Erziehung ist in der Zeit vom 1. bis 31. März eines jeden Jahres zulässig unter der Voraussetzung, daß dies

1. in Anwesenheit eines Erwachsenen geschieht,
2. auf eine geringe Menge beschränkt bleibt,
3. in Gebieten erfolgt, in denen die Art in größerer Zahl vorkommt.

Die Tiere sind nach Beendigung des Versuches am Entnahmeort zurückzusetzen.«

8.2 Straßentod: Zur Problematik von Zäunen und Durchlässen

Spontane Rettungsaktionen für vom Straßentod bedrohte Amphibienpopulationen bilden vielfach den ersten Anstoß für eine intensivere Beschäftigung mit den Lurchen. Theoretisch bestehen fünf grundverschiedene Möglichkeiten, zu versuchen, Kreuzungspunkte zwischen Verkehrsstraßen und massiert benutzten Wanderwegen von Amphibien zu entschärfen:

– Das **Aufstellen von Hinweisschildern**, die Autofahrer auf die Ampibienwanderung hinweisen und zu langsamem Fahren auffordern, bringt keinen merklichen Erfolg; es kann lediglich einen ersten Versuch darstellen, die Todesrate sofort vielleicht um einzelne Tiere zu reduzieren.

127

– **Nächtliche Straßensperrungen** zu Zeiten konzentrierter Laichwanderungen sind dort möglich, wo akzeptable Ausweichstrecken zur Verfügung stehen. Die zuständige Verkehrsbehörde des Kreises bzw. der kreisfreien Stadt muß für eine deutliche, möglichst nicht umfahrbare, fest installierte Absperrung und für Kontrollen sorgen, um die Einhaltung des Durchfahrtverbots auch durchzusetzen. Nachteile dieser Methode sind, daß sie in der Regel auf die Hauptwandernächte beschränkt bleiben muß und somit keinen hundertprozentigen Erfolg gewährt, und daß vor Ort aufmerksame Beobachter den Ablauf der Amphibienwanderung möglichst vorhersehen und in engem Kontakt mit dem Straßenverkehrsamt die Sperrung und Wiederfreigabe organisieren müssen. Andererseits können nur Vollsperrungen einer Straße im Falle eines »Froschregens« massiert abwandernden Jungkröten oder -fröschen eine gefahrlose Straßenüberquerung ermöglichen (Schutzzäune werden leicht überklettert). Zudem ist der personelle und finanzielle Aufwand vergleichsweise gering.

Durch Änderung der Straßenverkehrsordnung besitzen seit 1.10.1988 die Straßenverkehrsbehörden das Recht, »hinsichtlich örtlich begrenzter Maßnahmen aus Gründen des Arten- und Biotopschutzes« die Benutzung bestimmter Straßen oder Straßenstrecken zu beschränken oder zu verbieten und den Verkehr umzuleiten (§ 45 Abs. 1a Nr. 4a).

– **Provisorische Fangzäune** in Verbindung mit eingegrabenen Eimern hindern Amphibien, die Fahrbahn zu erreichen. Täglich am frühen Morgen, zumindest während der Hauptwanderzeit zusätzlich auch in den späten Abendstunden, müssen freiwillige Helfer die in den Eimern gefangenen Tiere jenseits der Straße in Freiheit entlassen. Solche Aktionen erfordern einen hohen Zeitaufwand und sind zumeist nur wenige Jahre lang durchführbar. Somit sind Fangzäune stets nur eine vorübergehende Sofortmaßnahme, bis Untertunnelungen oder Ersatzlaichgewässer angelegt sind.

– **Tierdurchlässe** (»Krötentunnel«) in Verbindung mit festen Zaunanlagen, welche die anwandernden Lurche (und möglicherweise auch andere Tiere) zu den Tunneln hinleiten sollen, wurden in der Vergangenheit als dauerhafte Lösung des Problems favorisiert. Sehr unterschiedliche, vielfach schlechte Erfahrungen mit der Akzeptanz dieser Anlagen erfordern inzwischen aber neues Nachdenken (siehe unten).

Amphibienzaun aus haltbarem Kunststoffmaterial.

– **Ersatz-Laichgewässer** diesseits einer Straße anzulegen, ist in solchen Fällen die langfristig beste Lösung, wenn das Asphaltband lediglich das Laichgewässer als Teilhabitat vom übrigen Jahreslebensraum während des Sommers und Winters trennt. Durch Umsetzen von Alttieren und Laich über einige Jahre kann eine Umsiedlung der Population erreicht werden, so daß die Straße vom größeren Teil des Bestandes nicht mehr überquert wird; auch dazu erfolgen unten nähere Erläuterungen.

Material für Schutzzäune

Für Amphibienschutzzäune – provisorisch oder dauerhaft – eignen sich verschiedene Materialien (Überblick bei FELDMANN und GEIGER 1987): Kunststoffolien (PE oder – umweltbelastender – PVC), gewebeverstärkte Folien, Kunststoff-Gittergeflecht, feste Formelemente aus Kunststoff, Drahtgeflecht und Wellplastik. Für stationäre Zäune an Tierdurchlässen finden daneben auch Konstruktionen aus Holz, Beton oder Metall (Leitplanken) Verwendung.

Am kostengünstigsten erhältlich sind einfache Kunststoffolien (mindestens 0,2 mm stark), die aber nur recht kurzlebig sind und nach zwei, maximal drei Jahren auf den Müll wandern – somit ist dies eine stärker umweltbelastende Methode. Notwendig sind Bahnen von mindestens 60 cm Breite. Die Folie wird oben etwa 10 cm weit in Richtung der anwandernde Amphibien umgeschlagen und mit Hilfe einer zum Spannen dienenden verstärkten Wäscheleine (oder verzinktem Draht) möglichst stabil gehalten. Die Befestigung erfolgt mit Hilfe von Holzpflöcken (Festnageln der Folie nur mit untergelegter Latte, um ein Ausreißen zu verhindern). Ebenso möglich ist die Verwendung entsprechend gebogener Moniereisen, am besten in U-Form. Die umgeschlagene Folie wird mit Wäscheklammern, Heftklammern oder Klebestreifen befestigt oder mit Hilfe eines Folienschweißgerätes verschweißt.

Die Folie muß unbedingt mindestens 5 bis 10 cm tief in den Boden eingegraben werden, damit die Lurche nicht unter ihr hindurchschlüpfen können. Wo dies infolge felsigen Untergrundes nicht möglich ist – aber nur dort –, kann die in Anwanderungsrichtung umgeschlagene Folie auch mit Grassoden und ausreichend Bodenmaterial beschwert werden.

Stabiler und daher als Saisonzäune über mehrere Jahre verwendbar sind gewebeverstärkte Folien und besonders dehnbares Kunststoff-Gittergeflecht.

Detail eines provisorischen Schutzzaunes aus Plastikfolie, der mittels Folienschweißgerät und gebogenen Moniereisen entstand.

Eher für festen, ganzjährigen Einbau sind für Amphibienschutzzäune angebotene Formteile aus Recycling-Kunststoff geeignet, ähnlich auch Drahtgeflecht und (notfalls) Wellplastik. Für Gittergeflechte und Formteile aus Kunststoff spricht ihre dunkle Farbe, die sie im Gegensatz zu vielen Folien besser in die Landschaft einpaßt. Bei (verzinktem) Drahtgeflecht ist darauf zu achten, daß die Maschenweite nicht mehr als 5 mm beträgt – sonst können Molche und junge, frisch metamorphosierte Lurche hindurchschlüpfen.

Ein häufiges Problem bei Folienzäunen ist nicht ausreichende Spannung, so daß Falten und schräg stehende Stellen auftreten, an denen Lurche (besonders Molche) emporklettern und den Zaun überwinden können. Ebenso sind Folienzäune nach Beobachtungen von KUHN (1987b) ungeeignet, die Wanderung von Jungtieren umzuleiten: Jungkröten kletterten im Eimer wie an den Zäunen hoch und kriechen durch Bodenlöcher im Eimer in den Untergrund.

Ein Bergmolch-Männchen wandert einen Schutzzaun entlang, bis es in einen Fangeimer fällt.

Dauerhafte Zäune im Zusammenhang mit Tunnelanlagen müssen eine längerfristige Wetterbeständigkeit zeigen. Positive Erfahrungen wurden mit L- oder U-förmigen Betonfertigteilen sowie zwei übereinandergesetzten Leitplanken (gebrauchte, aufgearbeitete Schutzplanken, an in Wanderrichtung steil ansteigenden Böschungen genügt eventuell auch eine; siehe PODLOUCKY 1990) gesammelt. Konstruktionen aus Holz besitzen den Nachteil, daß sie sich unter Umständen so stark verziehen, daß sie unbrauchbar werden. Mit Hilfe von Doppel-T-Eisen lassen sich einfache Bretterzäune bauen, bei denen durch Einsatz von Nut und Feder dem Verziehen entgegengewirkt werden kann. Auf keinen Fall dürfen dabei Tropenhölzer verwendet werden – Amphibienschutz in unseren Breiten auf Kosten tropischer Regenwälder wäre Irrsinn.

Provisorische Fangzäune

An den als Soforthilfe aufgebauten Schutzzäunen müssen die anwandernden Amphibien in regelmäßigen Einsätzen (mindestens allmorgendlich) gefangen werden. Dazu werden in Abständen von 10 bis 20 m Kunststoffeimer mit einem Fassungsvermögen von 10 l eingegraben. Es ist entscheidend für die Wirksamkeit der gesamten Aktion, hier sorgfältig zu arbeiten. In vielen Fällen wurde in Hessen beobachtet, daß Eimer entweder in zu großem Abstand oder nicht mit ihrer Oberkante exakt ebenerdig eingegraben wurden. Als Folge wandern die Amphibien weiter am Zaun entlang, werden nicht gefangen und können folglich ihr Laichgewässer nicht erreichen. Ebenso häufig bleiben Schlupflöcher unter dem Zaun, weil dieser am Fuße nicht ordentlich genug eingegraben wurde. Um die Eimer in schwierigen Fällen für die Amphibien »unum-

gänglich« zu halten, kann man auf der Gegenseite des Zaunes einen größeren Stein deponieren, der die Folie/das Geflecht über die Oberkante des Eimers drückt. Um 1 oder 2 cm aufragende oder vom Zaun entfernte Eimerränder darf es nicht geben.

Löcher im Boden der Eimer müssen das Ablaufen von Niederschlagswasser gewährleisten – auch unter Rücksicht auf andere in den Eimern landende Tiere wie Laufkäfer, Eidechsen, Mäuse und Spitzmäuse. Hoch anstehendes Grundwasser kann in einzelnen Fällen Eimer hochdrücken – dann muß eine Verankerung durch Eisenhaken im Boden versucht werden.

Da sich Hin- und Rückwanderung verschiedener Amphibienarten – teils auch bei derselben Art – zeitlich überschneiden, ist stets beiderseits des betreffenden Straßenabschnitts ein Zaun zu installieren. Nach Abschluß der Hauptwanderung im Frühjahr und Frühsommer sollten die Zäune wieder abgebaut werden, um den personellen Aufwand für die täglichen Kontrollen einzugrenzen.

Bei dem abendlichen und frühmorgendlichen Kontrollgang werden die in den Eimern gefangenen und eventuell am Zaun gefundenen Lurche in einen mitgeführten Eimer gesetzt und sofort über die Straße getragen, um sie jenseits des gegenüber liegenden Zaunes wieder freizulassen. Es wäre unverantwortlich, die Lurche aus den Eimern entlang des gesamten Zaunes einzusammeln und erst dann gemeinsam freizulassen – es ist nicht auszuschließen, daß die Individuen dann so stark von ihrer ursprünglichen Wanderroute abgebracht werden, daß sie die Orientierung verlieren und ihr Laichgewässer nicht mehr finden. Auch sollte man auf eine helle Kleidung der Helfer achten oder besser reflektierende Warnwesten tragen, um die Unfallgefahr durch vorbeifahrende Autos zu verringern.

Konstruktion von Tierdurchlässen

Durchlässe unter der Straße in Verbindung mit dauerhaft installierten Leitzäunen sollen die Straßenunterquerung sowohl durch hin- und rückwandernde Alttiere aller wandernden Amphibienarten als auch durch frisch metamorphosierte Jungtiere ermöglichen. Diese an sich selbstverständlichen Bedingungen scheinen jedoch bisher nur die wenigsten Anlagen zu erfüllen. Daher müssen vor Ort die Gestalt von Gelände und Straßenquerschnitt, die verschiedenen technischen Möglichkeiten und die Notwendigkeit von Tunneln sorgsam überprüft und erwogen werden. Stets ist die Anlage von Ersatzgewässern, wo sie in bezug auf Geländemorphologie und Wasserhaushalt möglich ist, zu bevorzugen.

Wo Straßen nicht allein Laichgewässer und Jahreslebensraum trennen, sondern mitten durch die Landquartiere außerhalb der Laichperiode führen, sind bei massiertem Auftreten von Amphibien nach Abbau und Renaturierung der Straße oder nächtlicher Straßensperrung Tunnelbauten die einzig mögliche Lösung (vergleiche MÜNCH 1989), weil fast ganzjährig vom Frühjahr bis zum Wintereinbruch zu kontrollierende Fangzäune einen kaum mehr zu bewältigenden Arbeitseinsatz erfordern. Auch können Amphibien massiert nicht allein auf wenigen hundert Metern einer Straße auftreten, sondern kilometerweit – wie PODLOUCKY (1990) für einen 4,65 km langen Straßenabschnitt am Oderstausee belegt. Durchlässe sind hier wohl kaum realisierbar.

Sehr wertvoll, ja Vorbedingung für eine erfolgreiche Planung von Schutzanlagen, ist die genaue Kenntnis von Umfang, Lokalität und Orientierung der die Straße kreuzenden Amphibienwanderungen. Diesbezügliches Wissen können die Aufzeichnungen von vorherigen provisorischen Fangzäunen vermitteln, bei denen die Fangergebnisse nach Eimern getrennt protokolliert wurden. Grundsätzlich bestehen zwei verschiedene Tunnelsysteme:

– **Zweiwegesysteme** mit einer gemeinsamen Röhre für Hin- und Rückwanderung, von beiden Seiten frei zugänglich;
– **Einwegesysteme** (Doppelröhren-Systeme) mit getrennten Röhren für beide Wanderrichtungen, so daß an der jeweiligen Einstiegsseite eine Auffanggrube installieren läßt, die die Lurche zum Durchqueren des Tunnels zwingt. Sie können aber auch von beiden Seiten frei zugänglich sein.

Eine abschließende Empfehlung, welches System am besten geeignet ist, erscheint zum jetzigen Zeitpunkt noch immer nicht möglich – zu unterschiedlich sind die Erfahrungen. KARTHAUS (1985, 1987) stellt fest, daß sich das von beiden Seiten zugängliche Zweiwegesystem durchsetzt, welches sich auch für Jungtiere bewähre. Entscheidend ist eine ausreichend große Dimensionierung der Durchlässe: Je breiter, höher und kürzer der Durchlaß, desto günstiger (KARTHAUS 1987). Geeignet sind Betonrohre oder Betonhalbschalen mit einem Durchmesser von etwa 100 cm als Minimum. KARTHAUS sammelte positive Erfahrungen mit einem Kastenprofil von 1,5 m Breite und 0,75 m Höhe aus Stahlbeton-Fertigteilen, wie sie im Wasserbau Verwendung finden.

Andernorts wurden bei Einweg-Doppelröhren an der Eingangsseite Auffanggruben (Einfallschächte) angelegt, in die die wandernden Lurche

Einbau einer Unterführung als mutmaßlich dauerhafte Lösung – doch die Funktion ist meist mangelhaft.

Ob ein Tunnel genutzt wird, läßt sich mit Hilfe eines am Ausgang vorübergehend eingegrabenen Eimers feststellen.

hineinfallen, zum Beispiel aus aufrecht eingegrabenen Betonrohren (Durchmesser 40 cm) in einem Kiesbett. Ebenerdig führt der Weg nur via Tunnel jenseits der Straße in die Freiheit. Jedoch birgt diese Bauweise Gefahren, wenn – oft infolge falscher Konstruktion – rückwandernde Tiere in die Gruben auf der Hinwanderungsseite fallen und den Ausweg nicht mehr finden. DEXEL und KNEITZ (zitiert bei POLIVKA et al. 1991) berichten von einem Massensterben in Tunneln als Folge senkrechter Einfallschächte. Daher wird von deren Einrichtung abgeraten.

In den Tunneln sollte kein Wasser stehen, daher wird ein leichtes Gefälle von etwa 2° empfohlen. Ab und zu muß kontrolliert werden, ob die Eingänge nicht durch Laub versperrt oder die Leitzäune Durchschlupfmöglichkeiten aufweisen.

In sehr engen, nur 30 cm im Durchmesser großen Betonrohren registrierten BERTHOUD und MÜLLER (1987) Probleme durch ätzenden Zementstaub nach Austrocknen der Röhren – die Amphibien weigerten sich aus diesem Grund, die Röhren

Großvolumige Tunnelanlage mit Leitzaun aus Kunststoffgeflecht, die von Erdkröten dennoch nicht durchwandert wird – die Anlage wird inzwischen wieder durch eine betreuungsintensive Fangaktion mit Hilfe von Eimern ersetzt.

Abb. 43: Konstruktion eines provisorischen Fangzaunes ▷ (oben) und verschiedener Leiteinrichtungen im Zusammenhang mit dauerhaften Unterführungen (unten) (nach JEDICKE 1990b).

zu passieren; nach Durchspülen mit reichlich schlammigem Wasser wurden die Tunnel dagegen problemlos passiert.

Der Abstand zwischen den Tunneln sollte – bei annähernd parallelem Verlauf der Leitzäune zur Straße – in Abständen von maximal 50 m zueinander liegen. Noch besser ist eine trichterförmige Führung der Leitzäune auf die Straße zu, im Falle mehrerer Tunnel also in einem Zickzackband (Abb. 43). Beträgt der Winkel – aus Richtung der anwandernden Amphibien gesehen – weniger als 60°, so erscheinen Distanzen zwischen den Tunneln von maximal 100 bis 150 m tolerabel – doch bedürfen diese vorläufigen Richtwerte der Bestätigung durch Untersuchungen. Eine Gefahr zu großer Abstände liegt darin, daß die Lurche zu stark von ihrer Wanderrichtung abgelenkt werden und dann nicht zur Fortpflanzung schreiten. Nachteilig bei der Zickzack-Aufstellung wirkt der größere Flächenverbrauch (auch Amphibienzäune zerschneiden Tierpopulationen!); als Alternative empfehlen POLIVKA et al. (1991) vor jedem Tunnel eine weitere, trichterförmig auf den Tunneleingang zulaufende

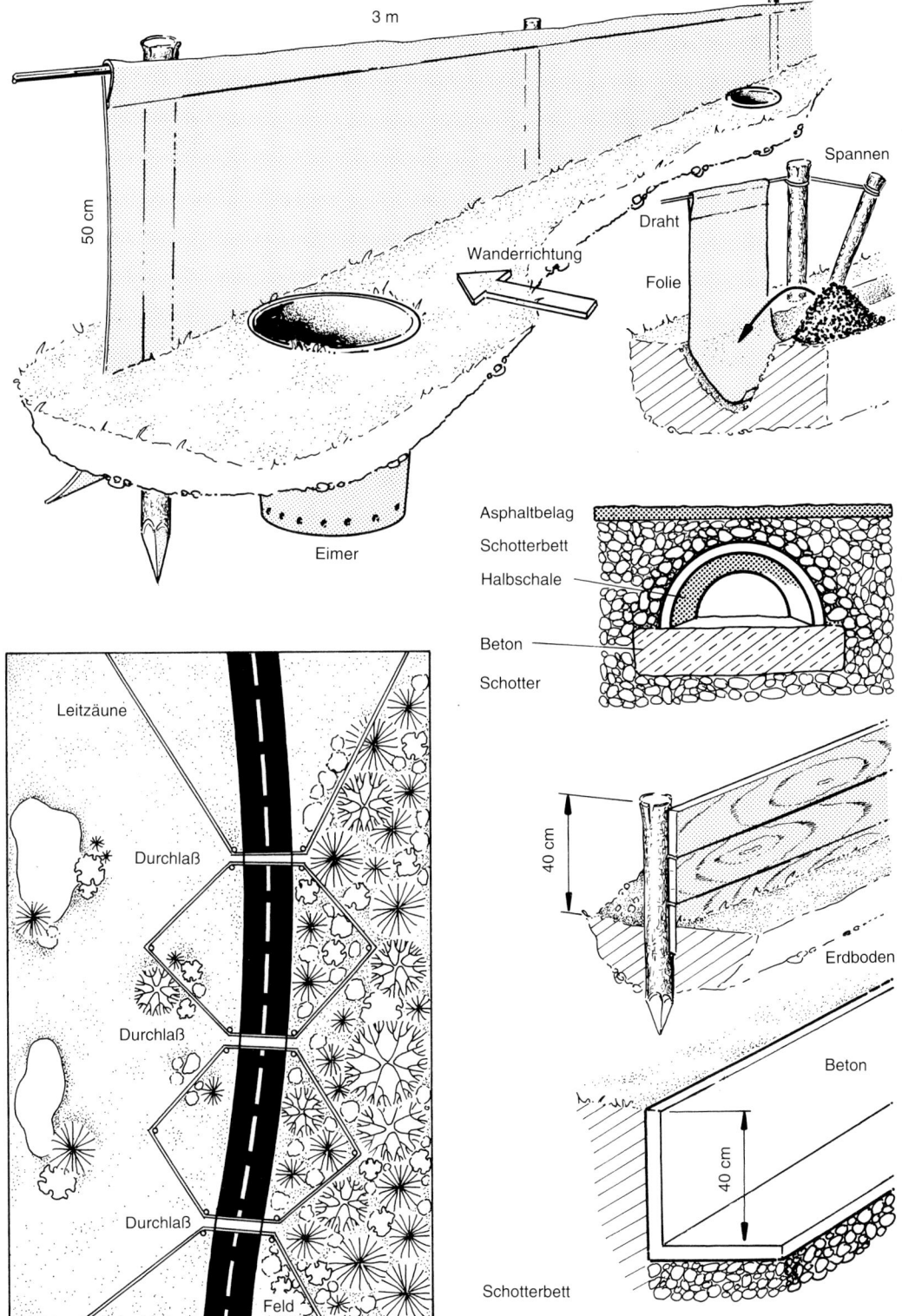

3 m

50 cm

Wanderrichtung

Spannen

Draht

Folie

Eimer

Asphaltbelag

Schotterbett

Halbschale

Beton

Schotter

40 cm

Erdboden

Beton

40 cm

Schotterbett

Leitzäune

Durchlaß

Durchlaß

Durchlaß

Feld

133

Zusatz-Leiteinrichtung – sie wiesen dadurch in zwei Fällen einen deutlich höheren Nutzungsgrad der Tunnel nach (Tunnel eins von 6,1 auf 15,2 % der Erdkröten aller Tunnel, Tunnel zwei von 24,4 auf 35,8 %).

Einer gesonderten Betrachtung bedarf das System der Firma ACO: Es besteht aus Amphibientunnel-Bausteinen aus Polymerbeton von 40 cm Höhe, die in gleicher Höhe mit der Fahrbahnoberfläche eingebaut werden; diese lassen durch ihre geschlitzte Oberseite Licht eindringen, ihr Innenklima kommt dem der Umgebung am nächsten. Auch an den Wänden hochkletternde Molche sollen nach Werksangaben nicht durch die Schlitze auf die Fahrbahn entweichen können. Weitere Bausteine des Systems bilden aus Recycling-Kunststoff hergestellte stationäre Leitwände in gewölbter Form (auf der Straße befindliche Tiere können sie überklettern), Eingangselemente zur Verhinderung des Vorbeilaufens sowie Stoppwände (Gummischürzen), die verhindern, daß Tiere über Nebenwege und Einfahrten auf die Straße gelangen – sie sind mit Kraftfahrzeugen problemlos überfahrbar und richten sich selbständig wieder auf.

POLIVKA et al. (1991) analysierten im Landkreis Marburg-Biedenkopf zwei solcher ACO-Tunnelsysteme mit folgenden Ergebnissen für die Erdkröte: Die Leiteinrichtungen funktionieren, ein Überklettern von der Anwanderungsseite konnte nicht festgestellt werden. Ebenso werden die Tunnel angenommen, wenngleich sich zum Teil eine erhöhte Verweildauer vor dem Zaun und eine Hemmschwelle am Tunneleingang (vielfach Verweilen von über einer Stunde) nachweisen ließ. Negative Auswirkungen auf den Fortpflanzungserfolg seien aber nicht zu erwarten. Auch abwandernde Jungkröten passierten die Tunnel, so daß die Ausfallrate durch den Straßenverkehr reduziert wird; jedoch passierte der größere Teil der Jungtiere die Straße erst jenseits des Zaunes, eventuell aufgrund zu trockener Witterung.

Als Fazit empfehlen POLIVKA et al. (1991) die Installation weitlumiger Zweiwegedurchlässe (> 60 cm, besser größer) überall dort, wo dies die Geländegestalt zuläßt – nach Untersuchungen von DEXEL und KNEITZ sei deren Wirksamkeit belegt, und sie könnten auch von Säugetieren passiert werden. Wo deren Anlage aus bautechnischen Gründen nicht möglich sei, böten die flacheren ACO-Tunnel eine gute Alternative; im Einzelfall könne eine Kombination beider Durchlaßtypen an einem Straßenabschnitt sinnvoll sein. Stets könne der ACO-Leitzaun – unabhängig vom Durchlaßtyp – empfohlen werden.

Jährlich muß der ACO-Tunnel – wie alle Röhren – vor Beginn der Frühjahrswanderung durchgespült werden, um ein Verstopfen durch Laub und mögliche Anreicherungen von Streusalzresten und anderen Schadstoffen wie Reifenabrieb zu verhindern. Bis zur Rückwanderung der Jungkröten, so POLIVKA et al. (1991), habe sich in den Tunneln wieder genügend organisches Material angesammelt, daß das Tunnelinnere nicht zu stark austrockne. Ebenso überprüft werden muß im Frühjahr die Funktionsfähigkeit der gesamten Leitzaunanlage.

Anlage von Ersatz-Laichgewässern

Wo eine existierende Straße Aktionsräume von Amphibien durchschneidet – nicht als vermeintlicher Ausgleich beim Bau einer neuen Straße –, sollte versucht werden, das Problem durch die Anlage von Ersatz-Laichgewässern zu entschärfen. Jedoch kann dies auch nur dann gelingen, wenn die Straße nicht das von Sommerlebensraum und Winterquartier genutzte Areal durchschneidet, sondern diese allein vom Laichgewässer trennt. Besonders wenn das bisherige Laichhabitat relativ isoliert inmitten von Ackerland, in bebautem Gebiet oder unmittelbar neben der Straße liegt, spielt der flächenhafte Lebensraumverlust durch Verlagerung dieses für Amphibienpopulationen lebensnotwendigen Aktionszentrums nur eine untergeordnete Rolle (PODLOUCKY 1990).

Positive Erfahrungen bei der Neubesiedlung eines Ersatz-Laichgewässers durch Erdkröten publizierten SCHLUPP et al. (1990). Ein 750 m² großer, 1986 angelegter Ersatzweiher wurde von der Straße durch eine dauerhafte Barriere aus gebrauchten Schutzplanken abgeschirmt. An der Straße gefangene Erdkröten wurden in das neue Gewässer umgesetzt, ihre Flucht durch einen um 45 bis 60° nach innen geneigten Zaun verhindert, der von außen problemlos überklettert werden kann. Im ersten Jahr nach dem Weiherbau wanderten knapp 30 %, im zweiten knapp 75 % der Erdkröten freiwillig direkt in das Ersatzgewässer ein. Erste Grasfrösche laichten schon einen Monat nach Fertigstellung des Weihers ungezwungen ab. Die Autoren stellen die These auf, daß die an sich ausgesprochen laichplatztreuen Erdkröten in der Lage sein könnten, ihnen unbekannte Gewässer auf deren Eignung als Laichgewässer zu prüfen und zu akzeptieren. Die Daten legten nahe, daß Erdkröten, die zum Kennenlernen eines neuen Gewässers Gelegenheit hatten, sich daran erinnern können und es gezielt zum Ablaichen aufsuchen.

Die Anlage von Ersatz-Laichgewässern kann das Problem des Straßentods dort, wo sie topographisch und hydrologisch möglich ist, langfristig wirkungsvoller verringern als jede Tunnel- und Schutzzaunanlage.

Zwei Bedingungen müssen erfüllt sein, soll ein neues Laichgewässer als Ersatz entstehen (POD-LOUCKY 1990):
– Ohne künstliche Abdichtung ist eine natürliche Wasserhaltung gegeben.
– Der Eingriff bewirkt keine Beeinträchtigung oder Zerstörung von wertvollen Landschaftsstrukturen oder gefährdeten Arten bzw. Lebensgemeinschaften.

Dabei sollte für Erdkröten die Wasserfläche eine Mindestgröße von 500 bis 1000 m² aufweisen und die Ost-West-Ausdehnung zur Nord-Süd-Größe etwa einem Verhältnis von 2:1 entsprechen. Weitere Hinweise sind dem folgenden Abschnitt zu entnehmen.

Zumindest in den ersten Jahren – auf jeden Fall bei nicht vermeidbarer Zerstörung des ursprünglichen Laichgewässers – müssen die laichbereiten Alttiere unter Zwang umgesiedelt werden. Von den durch GROSSENBACHER (1981) genannten Methoden kommen in Betracht:
– Eine Abschrankung aus Maschendraht, Plastikfolie o.ä. von Leitzäunen her bekanntem Material möglichst nahe am oder sogar im Wasser des Ersatzgewässers verhindert ein Entweichen der Tiere; der Zaun muß so nach innen geneigt sein, daß ihn eventuell von außen anwandernde Lurche überklettern können. Nach ein bis drei Wochen wird der Zaun entfernt.
– Im Uferbereich werden Drahtkäfige installiert, in die Alttiere eingesetzt und nach dem Ablaichen sofort freigelassen werden – GROSSENBACHER empfiehlt diese Methode dort, wo Räuber auftreten; aus tierschützerischer Sicht ist die Enge des Gefängnisses (»Krötenknast«) zu bemängeln.
– Über mehrere Jahre wird im alten Gewässer abgesetzter Laich (schwierig im Falle der Kröten-Laichschnüre) und/oder später die Kaulquappen (spätestens unmittelbar vor Verlassen des Teiches) in das Ersatz-Laichgewässer umgesetzt.

8.3 Neuanlage von Laichgewässern

Kleingewässer wurden in den vergangenen Jahrzehnten vielfach auf wenige Prozent ihrer ursprünglichen Zahl reduziert. Durch Neuanlage von Teichen und Tümpeln können die Lebensbedingungen nicht nur für Amphibien, für die das Gewässer als Minimumfaktor fungiert, sondern auch für viele andere Tierarten verbessert werden. Besonders wichtig erscheinen nährstoffarme Gewässer, Tümpel und Teiche in den Bach- und Flußauen und Feuchtbiotope innerhalb der Agrarlandschaften – gerade dort jedoch unter Einbeziehung der Umgebung, die als Pufferzone, Wanderkorridore und in mittlerer Entfernung auch als Jahreslebensraum geeignet sein muß.

Aus Sicht des Amphibienschutzes seien folgende Empfehlungen für den Teich- und Tümpelbau zusammengefaßt (JEDICKE 1982b, 1990b):
- Vorab ist der vorgesehene Standort hinsichtlich bestehender, eventuell schutzwürdiger Pflanzen- und Tiervorkommen genau zu untersuchen. So müssen Teichanlagen innerhalb von Feuchtwiesen mit Orchideen und anderen hochgradig bedrohten Pflanzen generell tabu bleiben. Die Nähe zu stark befahrenen Straßen sollte gemieden werden.
- Mit Folien abgedichtete Teiche sind in hohem Maße vom Menschen abhängig. Wird nach zehn oder 20 Jahren die Folie brüchig, muß umgehend Ersatz geschaffen werden. Mit Ausnahme begründeter Artenschutz-Projekte – zum Beispiel für Gelbbauchunke oder Kreuzkröte –, bei denen anders kein halbwegs dauerhaftes Gewässer gewährleistet werden kann, sollten Folienteiche in der freien Landschaft daher nicht entstehen.

- Die Abdichtung des Untergrundes sollte möglichst der vorhandene Boden übernehmen. Wo dies nicht der Fall ist, kann eine eingebrachte und festgestampfte Tonschicht das Wasser halten. Mit Hilfe eines einfachen Bohrstocks kann zuvor die Bodenbeschaffenheit untersucht werden, um später dann ein Durchstoßen wasserstauender Tonhorizonte in durchlässigere Bereiche zu vermeiden.
- Fließgewässer dürfen niemals in ihrer Gesamtheit aufgestaut werden – dadurch erwärmt sich das Bachwasser, im unterhalb liegenden Bachabschnitt müßten spezialisierte Tiere, wie manche Libellenlarven und andere Wirbellose, ihren Lebensraum aufgeben. Reicht das Grund- und Niederschlagswasser nicht aus, so kann ein Bach angezapft werden (Abb. 44). Dabei sollte nur so viel Wasser abgeleitet werden, wie zum Ausgleich der Verdunstungsverluste im Teich notwendig ist. Ein periodisches Austrocknen im Hochsommer muß nicht generell von Nachteil sein.
- Ein Naturschutzteich, in dem auch Amphibien und manche Lurchlarven überwintern können, muß an seiner tiefsten Stelle mindestens 80 bis 100 cm messen. Diese Tiefe erlaubt auch Alt- und Jungtieren die Flucht vor Menschen und anderen Feinden.
- Die Uferlinie des Gewässers ist möglichst vielgestaltig anzulegen, ohne technisch konzipierte

Abb. 44: Zur Speisung eines Teiches darf ein Fließgewässer nicht aufgestaut, sondern allenfalls angezapft werden. Nach Möglichkeit sollte der durch eine Überlaufschwelle geregelte Zulauf so gering sein, daß er lediglich das durch Verdunstung und Versickern verloren gehende Wasser ausgleicht (aus JEDICKE 1988).

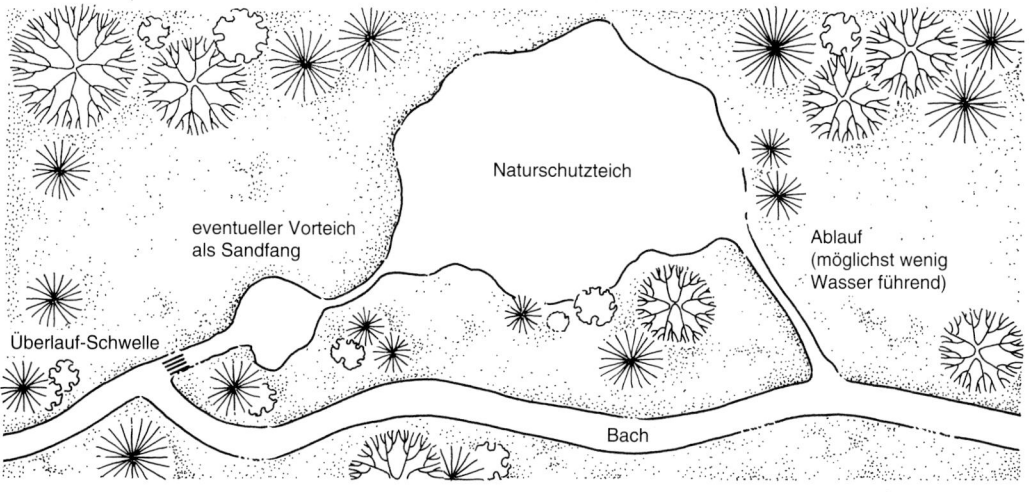

Naturschutzteich

eventueller Vorteich als Sandfang

Ablauf (möglichst wenig Wasser führend)

Überlauf-Schwelle

Bach

Tümpelbau muß in bodenfeuchtem Gelände häufig in Handarbeit erfolgen – Jugendliche haben an derart praktischem Naturschutz jedoch auch ihren Spaß. Stets ist im Vorfeld zu klären, ob durch solche Aktionen nicht schutzwürdige Lebensräume, Tier- und Pflanzenvorkommen geschädigt werden.

Sollprofile. Ausgedehnte Flachwasserzonen in sonnenexponierter Lage sind für die Frühlaicher ein wichtiger Bestandteil des Habitats. Lediglich straßennahe Ersatzgewässer, die über die Verkehrsverbindung führende Laichwanderungen verhindern sollen, müssen straßenseitig ein ausgeprägtes Steilufer erhalten – so läßt sich die Abwanderung frisch metamorphosierter Jungtiere, die normalerweise gleichmäßig in alle Himmelsrichtung führt, innerhalb von gewissen Grenzen beeinflussen.

– Der Erdaushub sollte, wenn irgend möglich, außerhalb jeglicher Feuchtflächen und anderweitig für den Naturschutz interessanter Gebiete deponiert werden. In ungezählten Fällen innerhalb Hessens verschwanden bei wohlmeinend geschaffenen Teichanlagen wertvolle Pflanzenbestände unter dem Erdmaterial.

– Je nach Flächengröße sollte das Gewässer von einem mindestens 10 bis 20 m breiten ungenutzten Uferrandstreifen umgeben sein – um Schadeinflüsse von außen fernzuhalten, zum Beispiel durch eingeschwemmten Boden, Düngemittel und Pestizide benachbarter landwirtschaftlicher Nutzflächen.

– Pflanzen und Tiere gezielt anzusiedeln, sollte im allgemeinen unterbleiben, denn mit solchem Aktionismus beeinflußt der Mensch noch auf Jahrzehnte die Artenkombination und verhindert unter Umständen die Ausbildung einer naturnäheren Lebensgemeinschaft. Die Natur bewerkstelligt die Besiedlung besser und liefert mit einer ungestörten Sukzession zugleich ein interessantes Beobachtungsobjekt. Wo Amphibien gezielt angesiedelt werden sollen – etwa im Falle von Ersatz-Laichgewässern –, darf dies nur durch Fachleute in enger Abstimmung mit der Unteren Naturschutzbehörde erfolgen.

– Ein Besatz mit Fischen darf in Amphibienschutzteichen niemals erfolgen – Ausnahmen können zum Schutz gefährdeter Kleinfische zulässig sein.

– Bei Abgrabungen entstehende Gewässer müssen zu einem großen Teil ohne Einschränkungen dem Naturschutz zur Verfügung gestellt und entsprechend gestaltet werden. Konkurrierende Nutzungen durch Erholung, Fischzucht, Angeln, Wassersport oder Motocross an einem Gewässer bzw. innerhalb eines eng umgrenzten Feuchtgebietskomplexes dürfen nicht zugelassen werden.

137

Im Zuge von Bach-Renaturierungen lassen sich Über-
schwemmungs-Tümpel neu anlegen, die besonders selten
geworden sind (Wißmarbach in Wettenberg, Kreis
Gießen).

Besondere Bedeutung kommt in Abgrabungs-
Komplexen flachen Tümpeln von der Größe ein-
facher Wagenspuren an aufwärts als Laich- bzw.
Jahresbiotop von Kreuzkröte und Gelbbauchunke zu.

Am günstigsten ist es, wenn sich für die Teichanlage
in Frage kommende Flächen in öffentlichem Eigentum befinden – Kommunen, Kreise, Land und
Bund sind verpflichtet, Grundstücke kostenfrei für
Zwecke des Naturschutzes zur Verfügung zu stellen. Generell muß der Grundeigentümer, den man
beim örtlichen Katasteramt ermitteln kann, mit
dem Vorhaben einverstanden sein.

Nach § 17 des Hessischen Wassergesetzes ist bei
fast allen Vorhaben eine wasserrechtliche Erlaubnis
einzuholen. Ausnahmen bilden kleine Gartenteiche
ohne ständigen Wasserzu- und -ablauf und ohne
Grundwasser-Aufschluß. Zuständig ist die Untere
Wasserbehörde bei der Kreisverwaltung. Im Zweifel sollte man rechtzeitig mit der Unteren Natur-
schutz- und Wasserbehörde Kontakt aufnehmen
und klären, ob und welche Eingaben nötig sind.

In der Regel müssen folgende Unterlagen einge-
reicht werden:
1. ein formloses Antragsschreiben mit Erläuterung
   der geplanten Maßnahmen;
2. Übersichtskarte im Maßstab 1 : 25000 (Kopie
   aus dem Meßtischblatt) mit eingezeichneter Lokalität des künftigen Gewässers;
3. Abzeichnung einer Flurkarte (1 : 5000 bis 1 :
   1 000) mit Angabe der Eigentümer;
4. genaue Pläne etwa im Maßstab 1 : 250, und
   zwar Aufsicht und Querschnitt(e) der Teiche,
   ebenso (falls vorgesehen) von der Ableitung aus
   einem Fließgewässer, vom Mönch-Bauwerk
   usw.

Voraussichtlich schwierigere oder größere Projekte
sollten der Behörde zunächst nur durch eine Voran-
frage präsentiert werden, der nur ein Meßtisch-
blatt-Ausschnitt, eine Flurkarte und eine kurze
Erläuterung beiliegen. Im Falle eines positiven
Bescheids werden die restlichen Unterlagen
nachgereicht.

Bei Abgrabungen mit einer Fläche von mehr als
500 m² muß nach § 5 des Hessischen Naturschutzgesetzes zusätzlich eine Genehmigung beim Kreis-
bauamt beantragt werden.

Während sich Tümpel und kleinere Teiche noch
mit der Hand ausheben lassen, ist bei den meisten

Anlagen Maschineneinsatz notwendig. Am leichtesten sind Baggerarbeiten in feuchtem Untergrund bei gefrorenem Boden im Winter durchzuführen; wo möglich, sollte ein Moorbagger mit breiteren Ketten eingesetzt werden.

Mit relativ einfachen Mitteln lassen sich bestehende Gräben im Sinne des Amphibienschutzes verbessern (siehe STÖRKEL 1986):
- Herausnehmen von naturfremden Sohlbefestigungen,
- Abgrenzen eines möglichst breiten, ungenutzten Pufferstreifens beiderseits des Grabens,
- stellenweises Verbreitern auf 1 bis 2 m unter Gestaltung einer vielfältigen Uferlinie, Schaffen von Flachwasserzonen, Einbau von Sohlschwellen, um das Gefälle zu mindern und um tiefere Wasserstellen bzw. eine möglichst lange Wasserführung auch in Trockenzeiten zu bewirken,
- punktuelles Bepflanzen mit Gehölzen (zum Beispiel Schwarzerlen), um eine Beschattung zu erreichen und so zu starkes Verkrauten zu verhindern.

8.4 Pflege- und Erhaltungsmaßnahmen an Gewässern

Kleingewässer benötigen nur ganz selten das Eingreifen des Menschen, um im Interesse des Amphibienschutzes erhalten zu werden (vergleiche auch JEDICKE et al. 1992). So kann in Einzelfällen ein partielles Zurückschneiden von ufernahen Gehölzen sinnvoll sein, soweit die Feuchtbiotope von lichtliebenden Offenlandarten bewohnt werden, die bei zunehmender Beschattung zu verschwinden drohen (etwa Kammolch, Geburtshelferkröte, Gelbbauchunke und Grünfrösche). Andererseits kann zum Beispiel der an sich sonnenliebende Laubfrosch darauf auch empfindlich reagieren, denn ufernahe Gehölze gehören zu seinem Lebensraum.

Droht ein Kleingewässer durch Verlandung ganz zu verschwinden, so kann ein Entschlammen durch Abgraben des Bodenschlamms im Spätherbst oder Winter (wenn nicht von einer Überwinterung von Amphibien am Teichgrund auszugehen ist) angebracht sein. Dies bedeutet einen schweren Eingriff in die Lebensgemeinschaft, solche Maßnahmen dürfen daher maximal die Hälfte des Gewässers betreffen. In ein oder zwei weiteren Durchgängen sollte der Rest dann erst nach ein bis mehreren Jahren entlandet werden.

Mahd ungenutzter Uferstreifen ist nicht nötig, allenfalls einmal in mehrjährigen Abständen im Herbst. Auch hier ist der Eingriff auf kleinere Teil-

flächen und auf mehrere Jahre zu verteilen, um Tieren ausreichende Fluchtmöglichkeit zu belassen. In der Regel ist eine Mahd jedoch verzichtbar.

Eher macht ein sporadisches Mähen größerer Schilf- und Röhrichtgürtel Sinn. Durch eine gezielte Mahd läßt sich die Kontaktzone zwischen Röhricht und offener Wasserfläche verlängern und so eventuell auch die von Grün- und Laubfröschen gern genutzte Zone mit Schwimmblattpflanzen vergrößern. Das Schilf selbst spielt für Amphibien eine weniger bedeutende Rolle (wohl aber für Wasservögel und andere Tierarten); wo es zurückgedrängt werden soll, hilft winterliches Mähen unter dem üblichen Wasserspiegel.

Innerhalb von nicht mehr genutzten Abgrabungen liegende Vorkommen von Kreuzkröte, eingeschränkt auch von Gelbbauchunke und Geburtshelferkröte, fordern vegetationsarme oder -freie Flächen am und in der Umgebung der Laichtümpel. Dort kann in mehrjährigen Abständen ein gezieltes Nachhelfen durch kleinflächiges Abschieben und durch Bodenvertiefungen, die sich mit Wasser füllen, den Bestand halten helfen.

8.5 Schutz der Jahreslebensräume und Biotopverbund

Biotopschutz für Amphibien kann sich nicht mit Sicherung und Neuanlage von Gewässern begnügen. Mindestens ebenso wichtig ist ein großflächiger Schutz der Jahreslebensräume, in welchen die meisten Arten den größten Teil ihres Lebens verbringen. BLAB (1979) geht sogar davon aus, daß die Qualität der Sommerquartiere den eigentlichen abundanzbestimmenden Faktor darstellt. Dort bewohnten die Lurche in der Regel recht stationär ein engräumiges Areal mit einem Radius von bis zu 50 m (BLAB 1979). Notwendige Ausstattungsmerkmale dieser regelmäßig begangenen Habitate müssen ein oder mehrere Verstecke und ausreichende Ernährungsmöglichkeiten bilden (BAEHR 1987).

Als Grundvoraussetzung müssen natürlich die artspezifisch bevorzugten Habitattypen vorhanden sein, die in den Artkapiteln und in Abschnitt 6.2 angesprochen wurden. Indes sind hier weitere Untersuchungen notwendig.

Biotopverbund für Amphibien

Die große Mobilität der meisten Amphibienarten innerhalb ihrer Aktionsräume – und erst recht in Form der darüber hinaus reichenden Ortsveränderungen einzelner Individuen zur Besiedlung anderer und neuer Lebensräume – erfordert eine ebenso großflächige Betrachtung des für sie notwendigen Biotopschutzes. Ein wirkungsvolles Schutzkonzept darf sich nicht allein auf die Sicherung der Laichplätze beschränken. Hier bietet sich die Idee des Biotopverbunds an, deren Realisierung ganz besonders im Hinblick auf den Amphibienschutz von großer Bedeutung ist. Biotopverbund bedeutet die gleichberechtigte Verwirklichung von vier Zielen (siehe JEDICKE 1990a):

1. Großflächig geschützte Lebensräume dienen als genetisch stabile Dauerlebensstätten. Sie müssen über ein Schutzgebietssystem realisiert werden.
2. Trittsteinbiotope zwischen den »Inseln« großer Schutzgebiete sollen eine zeitweise Besiedlung und Vermehrung erlauben, mithin mindestens kleinen Populationen Lebensmöglichkeiten bieten. Ihre Funktion liegt unter anderem darin, eine Zwischenstation für den Individuenaustausch zu bilden.
3. Korridore als Wanderwege verbinden die Schutzgebiete und Trittsteinbiotope zu einem möglichst engmaschigen Netz. Dabei sollte es sich um extensiv bewirtschaftete und ungenutzte Lebensräume handeln, die überwiegend lineare Erstreckung besitzen. Auch für Amphibien wichtige Beispiele sind Feldraine und kleinere Brachflächen, Uferrandstreifen an Fließgewässern, Grabenbiotope und Hecken – Biotoptypen, an denen sich jahresperiodisch wandernde und sich ausbreitende Individuen wahrscheinlich orientieren, zumindest innerhalb von Acker- und Siedlungs-Landschaften.
4. Auf allen übrigen Flächen ist die menschliche Nutzungsintensität drastisch zu reduzieren, sowohl in der Land- als auch in der Forstwirtschaft. Damit sollen auch die Nutzflächen zunehmend wieder durch heimische Tierarten besiedelbar und die von ihnen ausgehenden Umweltbelastungen reduziert werden – im Falle der Amphibien bedeutsam sind etwa Gefahren durch Pestizide und Pflanzennährstoffe. Hier sind Konzepte des biologischen Landbaus und einer (im Kommen begriffenen) naturgemäßen Forstwirtschaft gefragt.

Dimensionen des Großflächenschutzes

Das Instrument der Ausweisung von Naturschutzgebieten (NSG) ist durchaus dazu geeignet, Großflächen für den Amphibienschutz zu sichern. Verschiedene Beispiele aus der Vergangenheit zeigen aber, daß es nicht ausreicht, das Laichgewässer einschließlich seiner Umgebung zu schützen – beson-

ders durch den Straßentod außerhalb des NSG kann so binnen weniger Jahre die gesamte Population erlöschen. In Hessen ebenso wie in anderen Bundesländern ist das Gros der NSG schlicht zu klein: 1987 waren 28 % der hessischen NSG kleiner als 10 ha, 50 % kleiner als 50 ha und nur 3 % größer als 200 ha (JEDICKE 1990a). Legt man den Radius des Aktionsraums einer Laichpopulation der verschiedenen Lurcharten zur Flächenberechnung ihres (theoretischen) Jahreslebensraums zugrunde, so ergibt sich beispielsweise für Berg-, Faden- und Teichmolch eine Fläche von 50 ha, für den Grasfrosch von 200 ha und für die Erdkröte sogar von 1500 ha.

Ein Schutzgebietssystem für die Amphibien muß zunächst alle noch existenten Großpopulationen und – bei den seltensten Arten – sämtliche Restvorkommen betreffen. Höchste Schutzpriorität besitzen somit in Hessen all jene Populationen, die als vorläufige Orientierungswerte folgende Mindestgrößen besitzen (vergleiche auch Populationsgrößenklassen bei KÜHNEL et al. 1991, dort jedoch andere, für Berlin gültige Abgrenzung):

Amphibienschutz darf nicht auf die Laichgewässer reduziert werden, sondern muß gleichfalls die großflächigen Aktionsräume an Land berücksichtigen. Doch es ist fraglich, ob die Ausschilderung der Landschaft mit gesetzlich nicht vorgesehenen Amphibien-Schutzgebieten hier Vorteile bringt.

– > 500 Individuen bei Bergmolch, Teichmolch, Erdkröte und Grasfrosch;
– > 250 Individuen bei Feuersalamander und Grünfröschen, sofern es sich nicht um Vorkommen von Kleinem Teich- oder Seefrosch handelt, die stets Totalschutz benötigen;
– > 100 Individuen bei Fadenmolch, Kammolch und Kreuzkröte;
– > 50 Individuen bei Geburtshelferkröte, Gelbbauchunke und Laubfrosch;
– alle Vorkommen von Knoblauchkröte, Wechselkröte, Moorfrosch, Springfrosch und vermutlich auch von Kleinem Teich- und Seefrosch (nicht der Hybridform des Wasserfrosches).

Indes bedürfen diese Werte in den nächsten Jahren der Überprüfung und Präzisierung durch populationsbiologische Untersuchungen in allen Teilen Hessens. Lokal müssen zudem Abweichungen von diesen Sockelzahlen möglich sein, um der unterschiedlichen Häufigkeit in den einzelnen Naturräumen gerecht zu werden. Für jede Großpopulation gesondert sind durch Abgrenzen der Laich-, Sommer- und Winterquartiere sowie der regelmäßig genutzten Wanderwege die Aktionsräume und dort wirkende Gefahren zu ermitteln. Gleiches gilt bei den vom Aussterben bedrohten Arten für jedes noch erhaltene Vorkommen.

Die Leitzahlen für die Bewertung größerer Amphibienpopulationen sollen einen ersten Schritt zu einem etwas differenzierteren Betrachten der Naturschutz-Bedeutung bilden. Die artenschutzorientierte Bewertung sollte nämlich nicht, wie auch GLANDT (1981) unterstreicht, durch alleinige Berücksichtigung der Roten Listen durchgeführt werden – die dort nicht bzw. »nur« als potentiell gefährdet genannten Arten spielen in der Regel wohl eine entscheidendere Rolle im Ökosystem als die Raritäten.

Trittstein- und Korridorbiotope

In einem zweiten Schritt sind die Lebensstätten kleinerer Populationen im Sinne des Trittstein-Schutzes zu sichern und zu verbessern. Auch hier ist gleichermaßen die Berücksichtigung von Gewässern und Landlebensräumen notwendig. Bei potentiell drohenden Gefahren für den Fortbestand dieser Lebensräume – vor allem von Laichgewässern und flächigen Feuchtbiotopen – kann eine rechtliche Sicherung als Naturdenkmale, geschützte Landschaftsbestandteile oder NSG angeraten sein.

Drittens erfordert die Erhaltung und vor allem Neuanlage von linearen Korridorbiotopen verstärkte Anstrengungen. Zunächst sind hier verbesserte Verbindungen zwischen Laichgewässern und Jahreslebensräumen durch naturnahe Landschaftsstrukturen zu schaffen, dann auch zwischen den Laichgewässern benachbarter Populationen. Hier kommt feuchten Grabenbiotopen eine besondere Bedeutung zu, wie REH und SEITZ (1990) am Beispiel des Grasfrosches nachwiesen: Grünland, insbesondere bei dessen Durchdringung mit Gräben, ermöglicht einen Individuenaustausch über Distanzen zwischen 2 und 7 km.

Umweltschonende Flächennutzung

Eine flächendeckende Nutzungsextensivierung schließlich sollte parallel zu diesen Maßnahmen angestrebt werden. In den Staatsforsten lenkte der Hessische Minister für Landesentwicklung, Wohnen, Landwirtschaft, Forsten und Naturschutz per Erlaß den Weg in die Richtung einer naturgemäßen Forstwirtschaft. Kernpunkte sind darin
– das Ablösen der bestandsweisen Bewirtschaftung durch Einzelstamm-Wirtschaft,
– ein Verzicht auf Kahlschläge und Reinbestände einer einzigen Baumart,
– das Fördern der natürlichen Verjüngung in längeren Zeiträumen, und das Aufwachsen junger Bäume unter dem Schutz von Altbeständen,
– ein Vermeiden des Einsatzes von Bioziden.

Kahlschläge von über 0,5 ha Fläche müssen über ein gesondertes Prüfungsverfahren genehmigt werden. Es bleibt abzuwarten, wie dieser Erlaß mittel- bis langfristig umgesetzt und durch Ausführungsbestimmungen konkretisiert wird. Für Amphibien sind keine Untersuchungen bekannt, wie sie durch eine gewandelte forstliche Nutzungsweise beeinflußt werden, doch kann davon ausgegangen werden, daß die Vorteile einer naturgemäßen Waldwirtschaft überwiegen. Besonders wichtig für Amphibien ist auch das Belassen von liegendem Totholz und Baumstubben.

Schwieriger gestaltet sich eine Umstellung der landwirtschaftlichen Nutzung auf extensivere Betriebsformen. Mit Hilfe von Landesprogrammen, zum Beispiel zur schonenden Grünlandnutzung, lassen sich auf freiwilliger Vertragsbasis punktuell Extensivierungen und Wiedervernässungen in der Umgebung wertvoller Amphibien-Lebensräume erreichen. Grundlegende Veränderungen sind jedoch nur durch ein Umdenken in der EG-Agrarpolitik und in der Förderung biologischer Betriebsumstellungen auf der Ebene der Bundesrepublik zu erwarten.

Im Sinne des Biotopverbunds erfordert Amphibienschutz auch den Stopp von Straßenneu- und

-ausbaumaßnahmen. Verkehrstrassen isolieren Amphibienpopulationen auch dort voneinander, wo nicht ein spektakulärer Massentod während der Laichwanderungen stattfindet. Alle bestehenden Kreuzungspunkte zwischen Straßen und Wanderwegen von Lurchen sind durch geeignete Maßnahmen zu entschärfen: durch die Anlage von Ersatz-Laichgewässern oder alternativ geeigneten Landlebensräumen; in dafür nicht geeigneten Fällen auch durch sorgfältig geplante Tierdurchlaß- und Leiteinrichtungen.

Laichplatz-Verbund im Raum Bad Wildungen/Edertal

MAI (1989) berichtet über den in Hessen vermutlich bisher größten Versuch zu einem Verbundsystem von Amphibien-Laichgewässern. Auf den 235 km großen Gemarkungsflächen von Bad Wildungen und Edertal bewirkte er in den Jahren 1980 bis 1988 (besonders 1984 bis 1987) die Neuanlage von 98 Kleingewässern an 53 verschiedenen Standorten, die möglichst nahe an bereits bestehenden Gewässern realisiert wurden. Die größte Entfernung zum nächsten Laichgewässer betrug 2500 m, die kürzeste 50 m, im Mittel 600 m. Damit wurde die Leitlinie von BLAB (1986) realisiert, Komplexe aus mehreren Kleingewässern in enger Nachbarschaft anzulegen, die ihrerseits nicht weiter als 3 km vom nächsten gleichartigen Komplex entfernt sind.

Innerhalb von ein bis fünf Jahren wurden die 53 Standorte von durchschnittlich vier Arten besiedelt, und zwar von folgenden Spezies (in Klammern die Zahl der Standorte): Bergmolch (41), Erdkröte (39), Teichmolch (31), Fadenmolch (29), Grasfrosch (28), Feuersalamander (17), Grünfrösche (10), Geburtshelferkröte (8), Laubfrosch (6), Kammolch (4) und Kreuzkröte (3). Mit wachsendem Alter der noch jungen Gewässer, vor allem ihrer Vegetation, ist mit weiteren Ansiedlungen zu rechnen.

In das Verbundkonzept integrierte MAI (1989) spezielle Schutzprogramme für Kreuzkröte und Laubfrosch als besonders gefährdete Arten. Alle vier bekannten Vorkommen der Kreuzkröte waren durch Zerstörung der Laichplätze oder zu rasches Austrocknen der Wasserstellen vom Verschwinden bedroht. Drei Vorkommen ließen sich durch Anlage von fünf Folienteichen erhalten bzw. sogar vergrößern. Da sie in 2 bzw. 3 km Entfernung zueinander liegen, geht MAI bei dieser wanderfreudigen Art von einem funktionierenden Verbund durch sporadischen Individuenaustausch aus.

Für den Laubfrosch bildet das untere Edertal ein Hauptverbreitungsgebiet in Hessen. Zur Rettung der auch dort stark rückläufigen Bestände wurden zwischen 1984 und 1988 an zwölf Standorten 18 neue Laichgewässer angelegt – unter Einziehen der Umgebung, die bis zu einer maximalen Größe von 0,5 ha in der Regel als Ruderalfläche gestaltet oder erhalten wurde. Vier Standorte mit sechs Laichgewässern waren bis 1989 besiedelt. Allerdings erloschen im selben Zeitraum drei andere Laubfrosch-Vorkommen durch Gewässerverschmutzung, erhöhten Fischbesatz und Verfüllung (MAI 1989).

Diese Beispiele aus dem Kreis Waldeck-Frankenberg beweisen, daß durch konsequente Schutzkonzepte die Amphibienbestände durchaus stabilisiert und vermehrt werden können.

8.6 Möglichkeiten der Finanzierung von Maßnahmen des Amphibienschutzes

Amphibienschutz kostet Geld – doch von den Maßnahmen profitieren in der Regel auch zahlreiche andere Pflanzen- und Tierarten. Deshalb sind die Mittel gerade in den Biotopschutz sinnvoll und mit vielfältigen Auswirkungen investiert. An dieser Stelle kann, gerade aufgrund der sich möglicherweise rasch verändernden politisch-administrativen Situation, kein vollständiger Überblick über Fördermöglichkeiten gegeben werden. Jedoch sei (mit Stand von April 1992) auf die wichtigsten Geldquellen hingewiesen:

- **Waldbauliche Maßnahmen**: Die Anlage von Feldholzinseln und Schutzpflanzungen in der freien Landschaft können nach dem Gesetz über die Gemeinschaftsaufgabe »Verbesserung der Agrarstruktur und des Küstenschutzes« gefördert werden. Der Fördersatz beträgt maximal 80 % der reinen Anlage- und Lohnkosten, aber höchstens DM 11000/ha Feldholzinsel oder pro 1 km dreireihiger Schutzpflanzung. Privatpersonen und kommunale Verwaltungen sind antragsberechtigt.
- **Investitionsprogramm**: Zu 100 % werden sämtliche Anlagekosten einschließlich der Aufwendungen für die Planung bei Maßnahmen nach dem hessischen Investitionsprogramm zur Schaffung, Sicherung und Erhaltung naturnaher Lebensräume (zum Beispiel Anlage von Amphibien-Biotopen aller Art) gefördert. Die Arbeiten müssen unter entsprechenden Fachfirmen öffentlich ausgeschrieben und vergeben werden. Auch

hier können sowohl Privatpersonen als auch Kommunen Anträge stellen.

– **Vertragsnaturschutz**: Das Förderprogramm des Landes »Vertragsnaturschutz zur Erhaltung und Entwicklung von Natur und Landschaft« soll besonders dort Anwendung finden, wo sich Eigentümer bzw. Nutzungsberechtigte von Grundstücken bereiterklären, eine naturschutzgerechte Nutzung oder Pflege gegen Bezahlung auszuführen – etwa auf Grünland oder Wegrainen. Nur private Nutzer selbst können entsprechende Zuwendungen erhalten, nicht aber die betreffenden Kommunen, wenn sie nutzungsberechtigt sind.

– **Maßnahmen gegen den Straßentod**: An Konfliktpunkten zwischen Straßenverkehr und Wanderwegen von Amphibien ist der Straßenbaulastträger als Verursacher heranzuziehen. An Bundes- und Landesstraßen ist dies das Land, an Kreisstraßen die Kreisverwaltungen, an Gemeindestraßen die jeweilige Kommune.

Generell gilt bei öffentlichen Zuschüssen, daß keine Maßnahme vor der Bewilligung entsprechender Gelder begonnen werden darf. Ansprechpartner bei den Förderprogrammen unter den ersten drei genannten Punkten sind die zuständigen Ämter für Landwirtschaft und Landentwicklung. Ebenso kann bei den Unteren und Oberen Naturschutzbehörden (angesiedelt beim Kreis bzw. Regierungspräsident), bei den Forstämtern und den Stadt- und Gemeindeverwaltungen um Informationen nachgefragt werden.

8.7 Zehn Leitsätze zum Amphibienschutz in Hessen

Zusammenfassend und als dringende Handlungsempfehlung seien als Hauptergebnis des vorliegenden Buches zum Schluß zehn Leitsätze zum Amphibienschutz aufgestellt. Ihre rasche und konsequente Durchführung erscheint dringend geboten, soll der drastische Bestandsrückgang der heimischen Lurche gestoppt und eventuell in einen positiven Bestandtrend umgekehrt werden.

1. Die Auswertung einer Kartierung der in Hessen vorkommenden Amphibien ergab mit 10501 erfaßten Vorkommen in 3893 Laichgewässern bzw. Gewässerkomplexen die Notwendigkeit, die bisherige vorläufige Rote Liste der gefährdeten Lurche neu zu bearbeiten. Die Ergebnisse belegen eine erschreckende Bestandsbedrohung der heimischen Lurche: Elf von 18 Arten – die drei Grünfrosch-Formen als eigene Arten gerechnet – sind hochgradig bestandsbedroht, drei Arten bestandsbedroht; alle übrigen vier Arten sind potentiell bedroht. Somit erfordert der Amphibienschutz in Hessen ein rasches und konsequentes Handeln.

2. Maßgebliche Ursachen der massiven Bedrohung liegen in folgenden Faktoren: Nutzung von Laichgewässern als Fischteiche, direkte Zerstörung von meist kleineren Stillgewässern und der Landhabitate, Veränderungen im Gewässerchemismus, Einflüsse von Land- und Forstwirtschaft auf die Habitate, Anwendung von Pestiziden, Straßentod, Landschaftsverbrauch durch Überbauung, Verinselung von Populationen sowie lokal Fang und Verschleppen durch den Menschen.

3. Den bekannten Gefährdungsursachen muß mit einem landesweit konzipierten und finanziell entsprechend ausgestatteten Amphibienschutz-Programm konzertiert entgegengewirkt werden. Thematische Schwerpunkte dazu reißen die folgenden Punkte an. Auf allen Ebenen der Planung, insbesondere in der gemeindlichen Landschaftsplanung, muß herpetologischen Untersuchungen und darauf basierenden Erfordernissen des Amphibienschutzes ein starkes Gewicht gegeben werden.

4. Alle Kreuzungspunkte zwischen massiert benutzten Wanderstrecken von Amphibien und Straßen sind zu erfassen und mit Hilfe eines mindestens über eine Wanderperiode betreuten provisorischen Fangzaunes bezüglich Artenspektrum, Individuenzahl, Wanderungsrichtung und Breite des betroffenen Straßenabschnitts zu untersuchen. Daraus sind notwendige Schutzmaßnahmen abzuleiten mit folgender Priorität: vollständige Straßensperrung und Renaturierung – Anlage von Ersatz-Laichgewässern oder -Landlebensräumen unter Umsiedlung der Population – stationäre Leiteinrichtungen und sorgfältig geplante Tierdurchlässe; anschließend muß über mehrere Jahre eine Erfolgskontrolle durchgeführt werden.

5. Der immense Verlust an Laichgewässern ist durch die massive Neuanlage von Tümpeln und Teichen unterschiedlicher Größenordnung wenigstens teilweise auszugleichen. Anzustreben sind in allen Landschaften, in denen die hydrologischen Voraussetzungen erfüllt sind, Komplexe aus jeweils vier bis sechs Kleingewässern in enger Benachbarung, die ihrerseits nicht weiter als 3 km vom nächsten gleichartigen Komplex entfernt sind. Die Belange eines umfassenden Arten- und Habitatschutzes sind dabei zu

berücksichtigen, um nicht Vorkommen seltener Tier- und Pflanzenarten oder besonders schutzwürdiger Habitate zu schädigen.

6. Fischteich-Nutzung und Amphibienschutz schließen sich aus. Neuanlagen von Fischgewässern zum Angeln sind generell, insbesondere in den Talauen, abzulehnen; bestehende Gewässer, außer bisher genutzten Teichanlagen, dürfen nicht mit Nutzfischen besetzt werden. Innerhalb existierender Fischteich-Komplexe ist ein Anteil von 20 % der Gewässer ohne jede Nutzung für den Amphibienschutz zur Verfügung zu stellen.

7. Besonderes Augenmerk muß den Jahreslebensräumen der Amphibien als für viele Populationen mutmaßlich wichtigster bestandsbegrenzender Faktor gelten. Dies sind allgemein reich strukturierte Landschaften: in landwirtschaftlich genutzten Gebieten Gehölzstrukturen, Feuchtgrünland und Brachland, in den Forsten die Laubwälder mit kleinräumiger Kammerung, Strauchvegetation und am Boden liegendem Totholz als Versteck und Ort der Nahrungssuche. Von besonderer Bedeutung sind auch Feuchtwälder.

8. Mittel- bis langfristig ist ein landesweites Biotopverbundsystem unter dem vorrangigen Gesichtspunkt des Amphibienschutzes aufzubauen, welches sich gleichwertig stützt auf
   – großflächige Schutzgebiete als Lebensraum ausreichend großer, stabiler Lurchpopulationen,
   – Trittsteinbiotope mit kleineren Populationen,
   – ein engmaschiges Netz linearer Korridorbiotope, welches jahresperiodische und der Ausbreitung dienende Bewegungen der einzelnen Individuen erlaubt und als Wanderwege verschiedene Jahres- und Laichhabitate ebenso wie Populationen miteinander verbindet,
   – eine flächendeckende Nutzungsextensivierung, um die Nutzflächen auch für Amphibien wieder besiedelbar zu gestalten und vor allem um die von ihnen für Lurche ausgehenden Belastungen durch Pestizide und Pflanzennährstoffe zu verringern.

9. Vorrangig und in höchstem Maße schutz- und entwicklungsbedürftig erscheinen die noch erhaltenen großen Populationen: > 500 Individuen bei Bergmolch, Teichmolch, Erdkröte und Grasfrosch; > 250 Individuen bei Feuersalamander und Wasserfrosch; > 100 Individuen bei Fadenmolch, Kammolch und Kreuzkröte; > 50 Individuen bei Gelbbauchunke und Laubfrosch. Gleichrangig sind sämtliche verbliebenen Lebensstätten der seltensten Arten zu sichern: Knoblauchkröte, Wechselkröte, Moorfrosch, Springfrosch, Kleiner Teichfrosch und Seefrosch.

10. Parallel zur Einleitung umfassender Schutzbemühungen für die hessischen Amphibien muß eine aktualisierende und genauere Kartierung im gesamten Bundesland erfolgen, möglichst unter der fachlichen Betreuung durch ein dringend neu zu schaffendes Landesamt für Naturschutz. Mit der Ausführung sind qualifizierte Herpetologen zu beauftragen, die unter exakter Anleitung wesentlich differenziertere, auch ökologische Erkenntnisse erarbeiten müssen. Dabei sind ebenso gewässerchemische Untersuchungen dringend notwendig.

Verzeichnis der Mitarbeiter

Allen nachfolgend genannten Mitarbeitern der landesweiten Amphibienkartierung, die ausgefüllte Erfassungsbögen zurückschickten, sei für ihre Hilfe gedankt. Handschriftliche Notizen auf den Bögen konnten in zwei Fällen leider nicht entziffert werden; ebenso fehlen zum Teil die Vornamen. Die Namen der Personen bzw. Gruppen sind alphabetisch geordnet, nach dem Doppelpunkt folgen jeweils die Nummern der bearbeiteten Meßtischblätter.

Adam, Wolfgang: 5023
Adrian, Arnold: 5722
Alles, Erich: 6118
Apitz, Siegmar: 4722
Appel, Hans-Gerd: 4520, 4620, 4621
Arnold, Günter: 6219
Backhaus, J.: 5216
Bader, G.: 5814
Balser, Wolfgang: 5318
Bauschmann, Gerd: 5320, 5322, 5422, 5518, 5519, 5618
Beck, Hans: 6218
Becker, Marion: 5119
Becker, Thomas: 4623
Becker, Dr. Walter: 4621, 4721
Behmel, Christian: 5318
Behrend, Walter: 4423, 4424
Beinlich, Burkhard: 5018, 5019, 5118
Belz, V.: 4421
Berger: 6217, 6317
Berndt, Karl-Heinz: 4925
Bierfreund, Rolf: 5017
Blessing: 6318
Blösser, Winfried: 6019
Böger: 6119
Böhm, Adolf: 5120, 5220
Boller, Günter: 4622
Bosch, Rainer: 5219
Both, Karl-Heinz: 5024
Brahm: 6018
Brauer, Kurt: 5520
Braun, Frank: 5520
Brauneis, Jörg: 4624, 4625, 4726, 4825, 4926

Breitlow, Petra: 6017
Brettschneider, Horst: 5223
Breuer, Peter: 5715, 5716, 5813, 5815, 5817, 6016, 6119, 6216, 6217, 6219, 6220, 6317, 6319, 6320
Broll, August: 5720
Buchholz, Ernst: 5816
Büchs, Stefan: 5816
BUND Stockstadt: 6116, 6117, 6216
Burger, Erhard: 5814
Burghagen, Dr. Harald: 4723
Christl, Heino: 5224
Cöster, Norbert: 4421, 4521, 4522
Daeuch: 5224
Damm, A.W.: 5418
DBV Annerod: 5418
DBV Staufenberg: 5318
DBV Ulrichstein: 5421
Desch: 5820
Diel, Dirk-Alexander: 6019
Dietrich, Georg: 6218
Dilling, Alfred: 4725
Dilling, Hartwig: 4725
Dittgen, H.G.: 5517, 5518
Döring, Bernd: 5319, 5419
Dorsch, Andreas: 5816
Dreuw, Isolde: 5020, 5120
Dröge, Dr. Waldemar: 5618
Droste, Manfred: 5619
Eckstein, Reinhard: 4620, 5118, 5217
Eger, Werner: 4819
Egert, Robert: 5017, 5117
Elend, Heinz-Jürgen: 4925
Emrich, Christine: 4522
Emrich, W.: 5260
Enders, Bernd: 4621
Englert, Hans-Joachim: 5817
Ermisch, Alfred: 4818
Ernst, Matthias: 6018
Euler, Heinz: 5023
Euler, Karl: 5517
Ewald, Wolfgang: 6016
Fengel, Heinz: 6019, 6020, 6119, 6120
Fernau, Günter: 4322, 4323
Fippl, R.: 5417
Fischbach, Horst: 5814
Fischer, Axel: 5023
Frey, Kurt: 5221, 5222

Freytag, Sybille: 5118
Fritz, Hans-Georg: 6117, 6217, 6218
Fritzges: 6118
Fröde, Ralf: 4722
Führ, Frauke: 5023
Funke, Andrea: 5817
Gaulrapp, Karl-Heinz: 5819
Geck, Klaus Werner: 5618
Geissler: 5919
Geisthardt, Dr. Michael: 5815, 5915
Georg, Hartmut: 5118
Gerhard, Uwe: 5122
Gerhold, Fritz: 4722, 4822
Gerk, Helmut: 5422
Gerlach, Heinz: 4722
Germann, Gerhard: 6220
Göbel, Dieter: 5919, 6020, 6119, 6120
Gottwald, Frank: 6018
Gräser, Karl: 5522
Grandl, Alfred: 5821
Grebe, Cornelia: 5023
Grebe, Kurt: 5026
Grosch: 6119
Groß, Peter: 5018, 5019, 5218, 6018
Grund, Erwin: 6117
Haafke, Jörg: 4722, 4723
Häde, Dr.: 5916, 6016, 6017
Häupl, Armin: 4422
Hahn, Wilfried: 5125
Hamann, K.: 4921
Happel, Ernst: 5420, 5520
Harms, Jürgen: 5819, 5820
Hartig, Steffen: 5714, 5814
Haussner, Detlef: 6117
Hedderich, Matthias: 5117
Heesen, Jörg: 6117
Heimer, Wolfgang: 6018, 6019, 6118, 6119, 6218
Heinig, Dr.: 5119
Heinold, Klaus: 5618
Heinze, Jürgen: 6118
Hell: 6119
Hellmann, Susanne: 5318, 5417, 5418
Herbig, Gottfried: 5224, 5225
Herrmann, Hans Werner: 4917, 4918, 5016, 5017, 5118

Herth, Klaus-D.: 6217, 6218
Herzig, Lothar: 5423
Herzog, Sven: 5319
Hesse, Horst: 4718
Heyer: 5418
Hildebrandt, Gertrud: 5522
Hille, Wilhelm: 5820
Hinze: 5115, 5116, 5215
Hoffmann, Ingrid: 6018
Hofmann, Andreas: 5518
Hofmann, Gerd: 5815
Hofmann, Hans-Peter: 5223
Hofmann, Margot: 6219, 6319
Hofmann, Michael: 6219
Hofmann, Silvia: 5815
Hoh, Michaela: 5918
Hohmann, Marie-Luise: 6117
Holfeld, Harald: 5518, 5618
Holler, Rainer: 5418
Hoppe, Klaus: 5818
Horr, Richard: 5521
Hottonia e.V.: 6018
Hotzler, Fritz: 4725
Huhn: 6219
Humburg: 4722
Jäger, Markus: 5816
Jäger, Dr. Siegfried: 5716, 5816, 5917
Jedicke, Eckhard: 4520, 4618, 4619, 4620, 4719
Joger, Ulrich: 5218
Jost, Jürgen: 5321
Jourdan, Karl: 6017
Jüngling, Lutz: 5022, 5121, 5023, 5122
Jungbluth, Dr. Jürgen: 6519
Kalden, Gerhard: 4918
Kalinna, Bernd: 5119
Kaltenschnee, Rudolf: 5521
Kamke, Herrmann: 4924
Kanngieser, Ewald: 4924
Karwelies, Detlef: 5418
Katschinski: 4721
Kauer, Peter: 6016
Kipling, Angelika: 5023
Kircher, Wilhelm: 5820
Klein, Andreas: 5621
Klose, Reinhold: 6118, 6119
Klühs, Peter: 5617, 5716
Klugkist, Henrich: 5317, 5417, 5418, 5916
Knös, Klaus: 5518
Knüttel, Herrmann: 5325, 5426, 5522, 5525, 5526, 5622, 5623
Koch, Gerhard: 5423, 5521
Köhl, Herrmann: 5422
König, Peter: 5418
Könnemann, Jürgen: 5017, 5117
Kohl, Fritz: 5514
Kohl, R.: 5023

Kopp, F.: 6317, 6318, 6319, 6417, 6418, 6518, 6519
Kordges, Thomas: 5413, 5514
Korze, Erwin: 6018, 6019, 6118, 6119
Kozuschek, Klaus: 5318
Krämer, Lothar: 5117
Kraft, Gerhard: 5216, 5217
Krapf, Götz: 4524, 4525, 4925, 5025
Kratz, Wilhelm: 4820, 4821, 4920
Krebs, Helmut: 6019, 6020, 6119, 6120
Krebs, Martin: 6318
Künanzhaus/Schotten: 5421
Kürzl, Bernhard: 5621
Lakes, Reinhard: 5118
Lannert, Reinhold: 6314, 6419
Le Guillarme, André: 5017
Lebelt: 4721
Lehmann, Gerhard: 4926, 4927
Lehmann, Wolfgang: 4718
Lehr, Manfred: 5218
Liebetrau, Ralf: 5919
Linker, Kurt: 5219
Lipp, M.: 4722
Löb, Gerhard: 5819, 5919
Löbrich, Heinz: 5518
Löhr, Paul-Walter: 5320
Ludwig, Marion: 5023, 5225
Luley, Roland: 5123, 5124
Lucan, Volker: 4421, 4621, 4720
Mai, Hartmut: 4720, 4818, 4821, 4920, 4921
Malkmus, Rudolf: 5822, 5823, 5922, 5923
Manns-Lentert: 5224
Markert, Michael: 5917
Martin, K.: 4523, 4725, 4823, 4824, 4921, 4922, 4923
Masser, Roland: 5324, 5325
Mauer, Horst: 5816, 5916
Mauss: 5125
Mederake, Ralph: 6117
Mengel, Walter: 5019
Merz, Dr.: 5120
Merz, Manfred: 5720
Metzger, Georg: 4621
Meyer, Claus: 4523, 5223, 5322, 5323, 5325, 5424, 5425
Meyer, Gerhard: 4921
Meyer-Arndt, Silke: 5118
Möller, Anette: 5316, 5317, 5414, 5415, 5516, 5614, 5615
Möller, Bodo: 5316, 5317, 5414, 5415, 5516, 5614, 5615
Mohr: 6118
Mühlig, Margret: 5318
Müller, Friedrich: 5416
Müller, Heiko: 4721

Müsch, Hans-Dieter: 5413, 5514
Müllerschön, Harald: 6017, 6018, 6118
Muster, Wilhelm: 4722
Nagel, Joachim: 4722
Nagel, Karl-Otto: 5720
Nau, Oskar: 5323, 5423
Nauke, Heinz: 5319, 5418, 5419
Naumann, Jörg: 5319
Neckermann, Claus: 5119
Nesemann, Hasko: 5816
Netscher, Erwin: 6119
Neumann, Volker: 6017
Nieter, Detlef: 5717, 5718
Nitsch, Jörg: 5918
Nitsche, Lothar: 4522
Noll, Gerd: 5820
Norgall, Thomas: 5318, 5319, 5417, 5418, 5517
Nottbohm: 4624
Nowotne, Frank: 5721
Nürnberger, Frank: 4724, 5217
Offer, Armin: 5218
Orth, Bärbel: 5018, 5019, 5218
Orth, Elke: 5519
Orth, Kurt: 5418, 5419
Ott, Jürgen: 6316
Otter, Heinrich: 5124
Paar, Udo: 4919
Panek, Norbert: 4718
Parr, Willi: 4521
Peter, Werner: 5821
Petermann, Peter: 6217
Pfingst, Reinhart: 5716
Plag, Dieter-A.: 5516
Plasa, Dr. Lutz: 6218
Platz, Ulrich: 4322
Pleines, Erwin: 5816
Plies, E.: 5318
Pohl, Hans-Wilhelm: 5919, 6019
Polivka, Roland: 5018, 5019, 5118
Post, Manfred: 5914
Prager, Norbert: 5820
Prediger, Werner: 5815
Preller, Georg: 5616
Rank, Manfred: 6316
Rath, Reiner: 5917
Rathay: 5421
Rauch, Hans: 5418
Ravior, Wolfgang: 4824
Reichold, Edgar: 5719
Reinhard, Gerhard: 5718, 5818
Reinhard, Otto: 4621
Reising: 6119
Reufenhäuser, Johannes: 5912
Richter, H.P.: 6017
Richter, Siegfried: 5020, 5121
Riehm: 4722
Riepenhausen, Dorothea: 5119
Rimrott, Dr. Elisabeth: 5219

Literaturverzeichnis

ARNOLD, A. (1983): Veränderung des pH-Wertes der Laichgewässer einheimischer Amphibien. Arch. Naturschutz Landschaftsforsch. Berlin 23, 35–40.

ARNOLD, E.N., BURTON, J.A. (1979): Pareys Reptilien- und Amphibienführer Europas. Verlag Paul Parey, Hamburg/Berlin.

ASSMANN, O. (1977): Die Lebensräume der Amphibien Bayerns und ihre Erfassung in der Biotopkartierung. Schr.-R. Natursch. Landschaftspflege 8, 43–56.

AUHAGEN, A. (1991): Vorschlag für eine Präzisierung der Definition der in Roten Listen verwendeten Gefährdungsgrade. In: AUHAGEN, A., PLATEN, R., SUKOPP, H. (Hrsg.): Rote Listen der gefährdeten Pflanzen und Tiere in Berlin. Landschaftsentwicklung und Umweltforschung S 6, 15–23.

BAEHR, M. (1987): Zur Biologie der einheimischen Amphibien und Reptilien. Beih. Veröff. Naturschutz Landschaftspflege Bad.-Württ. 41, 7–70.

BAUER, S. (1987): Verbreitung und Situation der Amphibien und Reptilien in Baden-Württemberg (Stand 1983). Beih. Veröff. Naturschutz Landschaftspflege Bad.-Württ. 41, 71–155.

BEHRENS, H., FIEDLER, K., KLAMBERG, H., MÖBUS, K. (1985): Verzeichnis der Vögel Hessens. Kommentierte Artenliste als Prodomus einer »Avifauna von Hessen«. Selbstverlag der Hessischen Gesellschaft für Ornithologie und Naturschutz, Frankfurt/M.

BERTHOUD, G., MÜLLER, S. (1987): Amphibien-Schutzanlagen: Wirksamkeit und Nebeneffekte. Beih. Veröff. Naturschutz Landschaftspflege Bad.-Württ. 41, 197–222.

BITTNER, C., VIERTEL, B. (1980): Vorläufige Rote Liste der Lurche (Amphibia). 2. Fassung, Stand Juni 1980. In: BITTNER, C., FELTEN, H., KOCK, D., LELEK, A., VIERTEL, B.: Rote Liste der in Hessen ausgestorbenen, verschollenen und gefährdeten Wirbeltiere, Stand 1980. Hrsg. vom Hessischen Ministerium für Landwirtschaft, Forsten und Naturschutz, Wiesbaden, 25–27.

BLAB, J. (1979): Amphibienfauna und Landschaftsplanung. Natur und Landschaft 54, (1), 3–7.

BLAB, J. (1986): Biologie, Ökologie und Schutz von Amphibien. Hrsg. Bundesforschungsanstalt für Naturschutz und Landschaftsökologie, Bonn-Bad Godesberg, 3. Aufl.

BLAB, J., NOWAK, E., TRAUTMANN, W., SUKOPP, H. (Hrsg., 1984): Rote Liste der gefährdeten Tiere und Pflanzen in der Bundesrepublik Deutschland. Naturschutz aktuell 1, Kilda-Verlag, Greven, 4. Aufl.

BLANKE, R., METZGER, M. (1987): Die Beziehungen zwischen Wanderverhalten und Amphibienschutz bei einer Population der Erdkröte (*Bufo bufo*) in der Umgebung des NSG »Weingartener Moor«, Landkreis Karlsruhe. Beih. Veröff. Naturschutz Landschaftspflege Bad.-Württ. 41, 223–234.

BLAUSCHECK, R. (1985): Amphibien und Reptilien Deutschlands. Landbuch-Verlag, Hannover.

BREHM, J. (1982): Zum Frühjahrszug der Erdkröte, *Bufo bufo* (L.). Beitr. Naturkde. Osthessen 18, 115–136.

CLAUSNITZER, H.-J. (1979): Durch Umwelteinflüsse gestörte Entwicklung beim Laich des Moorfrosches (*Rana arvalis* L.). Beitr. Naturkunde Niedersachsens 32, (3), 68–78.

DIERKING-WESTPHAL, U. (Bearb., 1981): Zur Situation der Amphibien und Reptilien in Schleswig-Holstein. Hrsg. vom Landesamt für Naturschutz und Landschaftspflege Schleswig-Holstein, Kiel.

EIKHORST, R. (1981): Zur Unterscheidung der heimischen Grünfrösche. Beitr. Naturk. Niedersachsens 34, 137–140.

FELDMANN, R. (Hrsg., 1981): Die Amphibien und Reptilien Westfalens. Abh. Landesmus. Naturk. Münster in Westfalen 43, (4), 1–161.

FELDMANN, R., GEIGER, A. (1987): Amphibienschutz an Straßen in Nordrhein-Westfalen. LÖLF-Mitteilungen 4/1987, 8–19.

FILODA, H. (1981): Die Vorkommen von Amphibien in Fischgewässern des östlichsten Teils Lüchow-Dannenbergs. Beitr. Naturk. Niedersachsen 34, 185–189.

FRÖHLICH, G., OERTNER, J., VOGEL, S. (1987): Schützt Lurche und Kriechtiere. VEB Deutscher Landwirtschaftsverlag, Berlin.

GLANDT, D. (1981): Amphibienschutz aus der Sicht der Ökologie. Ein Beitrag zur Artenschutz-Theorie. Natur und Landschaft 56, (9), 304–310.

GODT, J., GROSSE-BRAUCKMANN, G., POPP, D., STEIN, J., WIENHAUS, H. (1988): Naturnahe Entwicklung der Wälder in Hessen. Botanik und Naturschutz in Hessen, Beiheft 1, Frankfurt am Main, 1–69.

GROSSENBACHER, K. (1981): Amphibien und Verkehr. Publikation Nr. 1 der Koordinationsstelle für Amphibien- und Reptilienschutz in der Schweiz, Bern, 1–22.

HEHMANN, F., ZUCCHI, H. (1985): Fischteiche und Amphibien – eine Feldstudie. Natur und Landschaft 60, (10), 402–408.

HEIMER, W. (1981): Amphibienvorkommen im Ostteil des Landkreises Darmstadt-Dieburg. Hessische Faunistische Briefe 1, (2), 20–23.

HEINE, G. (1987): Einfache Meß- und Rechenmethode zur Ermittlung der Überlebenschance wandernder Amphibien beim Überqueren von Straßen. Beih. Veröff. Naturschutz Landschaftspflege Bad.-Württ. 41, 473–479.

Hessisches Statistisches Landesamt (1948): Statistisches Handbuch für Hessen. Bollwerck-Verlag, Offenbach.

Hessisches Statistisches Landesamt (1961/1981/1991): Statistisches Taschenbuch für das Land Hessen. 4./6./11. Ausgabe, Wiesbaden.

HEUSSER, H. (1968): Die Lebensweise der Erdkröte, *Bufo bufo* L. Wanderungen und Sommerquartiere. Rev. Suisse Zool. 75, 927–982.

HEUSSER, H. (1969): Die Lebensweise der Erdkröte, *Bufo bufo* L. Das Orientierungsproblem. Rev. Suisse Zool. 76, 443–518.

HONEGGER, R.E. (1978): Threatened amphibians and reptiles in Europe. Nature and Environment Series 15, Council of Europe, Strasbourg, 1–123.

JEDICKE, E. (1979): Die Amphibien im Raum Arolsen: Bestand, Gefährdung und mögliche Schutzmaßnahmen. Unveröff. Mskr., Arolsen.

JEDICKE, E. (1982a): Das Wasservogelparadies Twistesee, ein Schutzgebiet aus Menschenhand. Naturschutz in Nordhessen, Sonderheft 3, Grebenstein, 1–36.

JEDICKE, E. (1982b): Anlage von Vogelschutz- und Amphibienteichen, eine Möglichkeit des gestaltenden Naturschutzes. Vogelk. Hefte Edertal 8, 128–137.

JEDICKE, E. (1990a): Biotopverbund. Grundlagen und Maßnahmen einer neuen Naturschutzstrategie. Verlag Eugen Ulmer, Stuttgart.

JEDICKE, E. (1990b): Amphibien: Ökologie, Gefährdung, Schutz. Otto Maier Verlag, Ravensburg.

JEDICKE, E. (1991a): Kleinstrukturen, Amphibien und Straßenbau in einer Agrarlandschaft, Isolation durch Straßen und Grundlagen zum Biotopverbund. Naturschutz und Landschaftsplanung 23, (2), 78–84.

JEDICKE, E. (1991b): NSG »Vorsperre Twistetalsperre«, Schutzwürdigkeitsgutachten zur Erweiterung, Pflege- und Entwicklungsplan. Unveröff. Gutachten im Auftrag des RP Kassel, Wettenberg.

JEDICKE, E., FREY, W., HUNDSDORFER, M., STEINBACH, E. (1992): Praktische Landschaftspflege, Grundlagen und Maßnahmen. Verlag Eugen Ulmer, Stuttgart.

JEDICKE, L., JEDICKE, E. (1992): Farbatlas Landschaften und Biotope Deutschlands. Verlag Eugen Ulmer, Stuttgart.

KARTHAUS, G. (1985): Schutzmaßnahmen für wandernde Amphibien vor einer Gefährdung durch den Straßenverkehr: Beobachtungen und Erfahrungen. Natur und Landschaft 60, (6), 242–247.

KARTHAUS, G. (1987): Schutzanlagen an Straßen: Sinn, Zweck und Funktion. LÖLF-Mitteilungen 4/1987, 20–22.

KLAUSING, O. (1988): Die Naturräume Hessens + Karte 1:200000. Umweltplanung, Arbeits- und Umweltschutz 67, 1–43 + Kartenbeilage.

KÜHNEL, K.-D., RIECK, W., KLEMZ, C., NABROWSKY, H., BIEHLER, A. (1991): Rote Liste der gefährdeten Amphibien und Reptilien von Berlin. In: AUHAGEN, A., PLATEN, R., SUKOPP, H. (Hrsg.): Rote Listen der gefährdeten Pflanzen und Tiere in Berlin. Landschaftsentwicklung und Umweltforschung S 6, 143–155.

KUHN, J. (1987a): Straßentod der Erdkröte (*Bufo bufo* L.): Verlustquoten und Verkehrsaufkommen, Verhalten auf der Straße. Beih. Veröff. Naturschutz Landschaftspflege Bad.-Württ. 41, 175–186.

KUHN, J. (1987b): Provisorische Amphibien-Schutzzäune: Aufbau – Betreuung – Datensammlung; Beobachtungen zur Wirksamkeit. Beih. Veröff. Naturschutz Landschaftspflege Bad.-Württ. 41, 187–195.

LEMMEL, G. (1977): Die Lurche und Kriechtiere Niedersachsens: Grundlagen für ein Schutzprogramm. Natursch. Landschaftspflege Niedersachsen 5, 1–75.

LOSKE, R. (1984): Steinbrüche als Amphibienlebensräume. Beobachtungen aus dem Kreis Soest. Natur und Landschaft 59, (3), 91–94.

MAI, H. (1984): Untersuchungen zum Amphibienvorkommen auf fünf MTB der Landkreise Waldeck-Frankenberg und Schwalm-Eder (Nordhessen). Vogelk. Hefte Edertal 10, 104–128.

MAI, H. (1989): Amphibien und Reptilien im Landkreis Waldeck-Frankenberg: Verbreitung und Schutz. Naturschutz in Waldeck-Frankenberg 2, 1–200.

MALKMUS, R. (1975): Die Verbreitung der Amphibien und Reptilien im hessischen Spessart. Beitr. Naturkde. Osthessen 9/10, 113–128.

MARTINI, E. (1971): Zur Ernährung des Waldkauzes und der Waldohreule im Gebiet von Bieberstein/Rhön. Beitr. Naturkde. Osthessen 4, 49–52

MERTENS, R. (1947): Die Lurche und Kriechtiere des Rhein-Main-Gebietes. Verlag Kramer, Frankfurt/M.

MÜLLER, H., STEINWARZ, D. (1987): Landschaftsökologische Aspekte der Jungkrötenwanderung, Untersuchungen an einer Erdkröten-Population (*Bufo bufo* L.) im Siebengebirge. Natur und Landschaft 62, (11), 473–476.

MÜNCH, D. (1989): Jahresaktivität, Gefährdung und Schutz von Amphibien und Säugetieren an einer Waldstraße. Beitr. Erforsch. Dortmunder Herpetofauna 11, 1–144.

NIEKISCH, M. (1982): Beitrag zu Biologie und Schutz der Kreuzkröte (*Bufo calamita* LAUR.). Decheniana 135, 88–103.

PLASA, L. (1981): Verbreitung und Taxonomie des Feuersalamanders im Raum Darmstadt. Hess. Faunist. Briefe 1, (1), 16–17.

PLETSCH, A. (1989): Hessen. Wissenschaftliche Länderkunden, Bd. 8/III. Darmstadt.

PODLOUCKY, R. (1990): Amphibienschutz an Straßen: Beispiele und Erfahrungen aus Niedersachsen. Inform.d. Naturschutz Nieders. 10, (1), 1–11.

POLIVKA, R., KIST, U., GROSS, P., BEINLICH, B. (1991): Zur Funktionsfähigkeit von ACO-Amphibienschutzanlagen an zwei Kreisstraßen im Landkreis Marburg-Biedenkopf. Natur und Landschaft 66, (7/8), 375–383.

REH, W., SEITZ, A. (1990): The influence of land use on the genetic structure of populations of the Common Frog *Rana temporaria*. Biological Conservation 54, 239–249.

SCHLUPP, I., PODLOUCKY, R., KIETZ, M., STOLZ, F.-M. (1990): Pilotprojekt »Braken«: Erste Ergebnisse zur Neubesiedlung eines Ersatzlaichgewässers durch adulte Erdkröten (*Bufo bufo* L.). Inform.d. Naturschutz Nieders. 10, (1), 12–18.

149

SCHMIDT, E. (1986): Tödlicher Laichvorgang beim Moorfrosch (*Rana arvalis*). Beitr. Naturk. Wetterau 6, (2), 199–200.

SCHÖNHALS, W. (1954): Die Böden Hessens und ihre Nutzung. Abh. des Hess. Landesamtes für Bodenforschung 2, Wiesbaden.

SCHUBERT, R. (Hrsg., 1984): Lehrbuch der Ökologie. Gustav Fischer Verlag, Jena.

SCHÜTTE, E. (1986): Auszug der Jung-Erdkröten (*Bufo bufo*). Beitr. Naturk. Wetterau 6, (1), 73–75.

SCHWABE, H.W. (1977): Studien zur potentiellen landwirtschaftlichen Bedeutung der Kreuzkröten im Rhein-Main-Gebiet. Zeitschr. angew. Zool. 64, 331–351.

STÖRKEL, K.-U. (1986): Naturschutz und Entwässerungsgräben: Anregungen und Tips. Vogel und Umwelt 4, (2), 117–120.

THIELCKE, G., HUTTER, C.-P., HERRN, C.-P., SCHREIBER, R.L. (1991): Rettet die Frösche. Edition Weitbrecht, Stuttgart, 2. Aufl.

ZIMMERMANN, H. (1989): Die Waldstandorte in Hessen und ihre Bestockung. Waldbauliche Leitlinien und Empfehlungen für den öffentlichen Wald. Mitt. Hess. Landesforstverw. 20, 235 S., Frankfurt/M., 2. Auflage.

Bezugsquellen für Amphibien-Leiteinrichtungen
(nur die im Text gesondert besprochenen Systeme)

ACO Severin Ahlmann GmbH & Co. KG, Postfach 320, 2370 Rendsburg (Leitsystem ACO PRO aus Recycling-Kunststoff sowie Tunnelelemente aus Beton)

Johannes Beilharz KG, Unternehmensbereich Straßenleiteinrichtungen, Postfach 40, 7243 Vöhringen (für Ganzjahreseinsatz geeigneter Schutzzaun aus Polyäthylen-Geflecht)

Forstgerätestelle Waldemar Grube KG, 3045 Hützel (grünes Kunststoff-Geflecht)

Bildquellen

Baumeister, W.: Abb. Seite 45 (2), 67, 128.
König, R.: Abb. Seite 51 unten, 64, 81.
Reinhard, H.: Abb. Seite 48, 51 oben, 54, 75.

Alle anderen Fotos stammen von Leonie und Eckhard Jedicke.

Zeichnungen: Helmut Flubacher, Fellbach.